高职高专“十二五”会计与财务管理专业系列规划教材

财务会计模拟实训

CAIWU KUAIJI MONI SHIXUN

主　编　安春梅　张正环　李　清

内容提要

本书是按照《企业会计准则》、《企业会计准则应用指南》的要求编写的，旨在培养学生的职业技能水平，增强学生的职业能力，实现学生与就业岗位的零距离对接。本书分为两部分，第一部分为财务会计单元模拟实训，共有二十八个单元，每个单元内容相对独立，内容难易有度，重点突出；第二部分为财务会计综合模拟实训，涵盖财务会计的全部内容，是对单元学习的一个总结和延伸，可以考察学生对单元技能的掌握程度，同时检验学生的业务处理能力和职业判断能力。

本书可供采用项目化教学的高职高专财会类专业教学使用，也可以作为财务会计课程的实训教材，还可以作为会计培训及相关人员自学的教材。

前言

Foreword

本书是按照《企业会计准则》、《企业会计准则应用指南》的要求而编写的，旨在培养学生的职业技能水平，增强学生的职业能力，实现学生与就业岗位的零距离对接。

本书以提高学生的实际动手能力为出发点，强调理论与实际的紧密结合，由简单到复杂，由单元到综合，循序渐进。根据企业的实际情况，模拟现行企业的实际业务，有针对性地学习和训练，让学生熟练正确地掌握企业的核算方法及业务流程，可大大提高学生的会计基本技能。

本书分为两部分，第一部分为财务会计单元模拟实训，共有二十八个单元，每个单元内容相对独立，内容难易有度，重点突出；第二部分为财务会计综合模拟实训，涵盖财务会计的全部内容，是对单元学习的总结和延伸，可以考察学生对单元技能的掌握程度，同时检验学生的业务处理能力和职业判断能力。

本书可供采用项目化教学的高职高考财会类专业教学使用，也可以作为财务会计课程的实训教材，还可以作为会计培训及自学教材。

本书由黑龙江林业职业技术学院安春梅、张正环、李清担任主编；安春梅编写了第一部分中的实训一、实训二和第二部分综合模拟实训，张正环编写了第一部分的实训三至实训十八，李清编写了第一部分的实训十九至实训二十八；安春梅提出了编写大纲，并对全书进行了修改和统稿。

本书在编写过程中参阅了许多专家学者的论著和教材，在此谨向他们致以衷心的感谢。

由于编者水平所限，书中难免会出现不足之处，敬请使用本书的读者批评指正。

编　者

2014 年 5 月

目录

Contents

第一部分　财务会计单元模拟实训

实训一　库存现金

一、实训目的

通过现金业务的实训,使学生熟悉现金的使用范围,了解现金业务的处理程序,掌握现金的结算及会计处理方法,掌握现金的清查方法。

二、实训要求

1. 根据期初资料开设现金总账、明细账、日记账。

2. 根据各项经济业务完成有关表格的计算和有关原始凭证填制,并编制记账凭证。

3. 审核记账凭证,并根据审核无误的记账凭证登记有关总账、明细账、日记账。

三、实训组织

1. 所需学时:2 学时。

2. 所需资料:原始凭证、记账凭证、三栏式明细账、日记账、三栏式总账。

四、实训资料

(一)企业概况

企业名称:智慧电子股份有限公司

法人代表:王牧之

企业性质:股份有限公司

地址:南汇市江都区桂花路 24 号

开户银行:中国工商银行南汇市爱民支行

银行账号:3293290689224

税号:643329857321657

电话:6566660

邮编:150222

(二)期初资料

2013 年 11 月 1 日智慧电子股份有限公司有关总账与明细账期初余额如表 1-1 所示。

表 1-1　总账与明细账期初余额表

单位:元

总账账户	明细账户	借方余额
库存现金		2 800
银行存款		526 000
其他应收款	总务部(备用金)	2 000
	黄莉	1 200
	李伟强	2 500
合计		534 500

(三)核算方法

公司对总务部实行定额备用金制度,定额为 2 000 元。

(四)有关业务

智慧电子股份有限公司 2013 年 11 月发生了下列有关现金的经济业务:

1.11 月 1 日,公司行政部购买办公用品 400 元,用现金支付。(见所附凭证,填费用报销单)

2.11 月 2 日,销售部张虎出差预借差旅费 2 000 元,用现金支付。(代张虎填借款单)

3.11 月 4 日,签发现金支票从银行提取现金 3 000 元备用。(填现金支票)

4.11 月 5 日,李伟强出差归来报销差旅费 2 240 元,归还多余现金。(代李伟强填差旅费报销单及现金收据:目的地北京,单程卧铺车票 360 元,出差共 7 天,住宿 6 天,每天住宿费 160 元,出差每日补助 80 元)

5.11 月 7 日,总务部报销业务招待费 1 600 元,用现金补足备用金。(见所附凭证,填费用报销单)

6.11 月 10 日,向个人出售产品 2 台,价值 360 元,增值税 61.2 元,收取现金 421.2 元。(填增值税专用发票)

7.11 月 14 日,黄莉出差归来报销差旅费 1 600 元,不足部分用现金补付。(代黄莉填差旅费报销单:目的地沈阳,单程卧铺车票 200 元,住宿费每天 160 元,出差共 5 天,每日补助 80 元)

8.11 月 18 日,出售旧报纸收入 720 元现金。(见所附凭证)

9.11 月 29 日,盘点现金库时发现短款 30 元,原因待查。(见所附凭证)

10.11 月 30 日,11 月 29 日的短款系出纳员的责任,已由出纳员赔偿。(见所附凭证,填收据)

附表 1-1-1①

商品零售发票

购货单位:智慧电子股份有限公司　　2013 年 11 月 1 日

货号	品名规格	单位	数量	单价	金额									备注
					百	十	万	千	百	十	元	角	分	
	打印纸	包	2	60					1	2	0	0	0	
	炭素笔	盒	10	12					1	2	0	0	0	
	日记本	本	40	4					1	6	0	0	0	
合　计人民币(大写)肆佰元整								¥	4	0	0	0	0	

复核:　　收款:王璎　　开票:方兴

附表 1-1-2

费用报销单

年　月　日

单位:				金额									备注
				百	十	万	千	百	十	元	角	分	
用途:													
人民币(大写)													
单位领导	财务负责人	部门负责人	报销人										

① 全书附表序号以经济业务序号编排。

附表 1-2-1

借款单

年 月 日

<table>
<tr><td rowspan="2">借款单位</td><td colspan="3" rowspan="2"></td><td colspan="9">金 额</td><td rowspan="2">备注</td></tr>
<tr><td>百</td><td>十</td><td>万</td><td>千</td><td>百</td><td>十</td><td>元</td><td>角</td><td>分</td></tr>
<tr><td colspan="4">人民币(大写)</td><td></td><td></td><td></td><td></td><td></td><td></td><td></td><td></td><td></td><td></td></tr>
<tr><td colspan="4">借款事由：</td><td></td><td></td><td></td><td></td><td></td><td></td><td></td><td></td><td></td><td></td></tr>
<tr><td>单位领导</td><td>财务负责人</td><td>部门负责人</td><td colspan="11">借款人</td></tr>
<tr><td></td><td></td><td></td><td colspan="11"></td></tr>
</table>

附表 1-3-1

中国工商银行现金支票存根

支票号码：

签发日期：

收款人：
金额：
用途：
备注：

单位主管： 会计：

复 核： 记账：

中国工商银行**现金支票** 支票号码：

签发日期(大写)： 年 月 日 开户行名称：

收款人： 签发人账号：

<table>
<tr><td>人民币
(大写)</td><td>千</td><td>百</td><td>十</td><td>万</td><td>千</td><td>百</td><td>十</td><td>元</td><td>角</td><td>分</td></tr>
<tr><td></td><td></td><td></td><td></td><td></td><td></td><td></td><td></td><td></td><td></td><td></td></tr>
</table>

用途：

上列款项请从 复核

我账户内支付 记账

签发人盖章 验印

附表 1-4-1

C070028 南汇 售

南 汇 **K266** 次 北 京

NanHui → BeiJing

2013 年 **10** 月 **21** 日 **13: 33** 开 **5** 车 **6** 号下铺

¥360元 新空调硬卧

限当日当次车

李伟强

****

********** *******

附表 1-4-2

T070029 北京 售

北 京 **K265** 次 南 汇

BeiJing → NanHui

2013 年 **10** 月 **27** 日 **13: 57** 开 **7** 车 **15** 号下铺

¥360元 新空调硬卧

限当日当次车

李伟强

****

********** *******

附表 1-4-3

北京市旅店专用发票

旅客姓名:李伟强　　2013 年 10 月 27 日　　北京地税监制:NO.0026289

摘要	入住日期	离店日期	住宿天数	单价	金额						备注
					千	百	十	元	角	分	
住宿	10.21	10.27	6	160		9	6	0	0	0	
小写金额合计					¥	9	6	0	0	0	
合计人民币(大写)玖佰陆拾元整											

单位:　　收款员:刘冰

附表 1-4-4

差旅费报销单

单位:　　年　月　日

出发地			到达地			公出补助			车船飞机费	卧铺	住宿费	市内车费	邮电费	其他	合计
月	日	地点	月	日	地点	天数	标准	金额							
小计															
合计人民币(大写):															
备注:预支　核销　退补															

主管:　　部门:　　公出人姓名:　　审核人:

附表 1-4-5

收　据

年　月　日　　第　号

今收到					
人民币(大写)			¥		
事　由			现金		
			支票第　号		
收款单位		财务主管		收款人	

附表 1-5-1

饮食业专用发票

发票联

2013 年 11 月 7 日

项目:餐费

金额:1 600.00

人民币(大写)壹仟陆佰元整

2013 年地税 0000879

单位(盖章):　　收款:李山林

附表 1－5－2

费用报销单

年　月　日

单位：	金额									备注
	百	十	万	千	百	十	元	角	分	
用途：										
人民币(大写)										

单位领导	财务负责人	部门负责人	报销人

附表 1－6－1

增值税专用发票

记账联

开票日期：

购货单位	名称		纳税人登记号	
	地址、电话		开户银行及账号	

商品或劳务名	计量单位	数量	单价	金额								税率	税额							
				十	万	千	百	十	元	角	分	%	十	万	千	百	十	元	角	分
合计																				
价税合计(大写)																				

销货单位	名称		纳税人登记号	
	地址、电话		开户银行及账号	
备注				

第四联 记账联 销货方记账

销货单位(章)：(印)　　收款人：　　复核：　　开票人：

附表 1－7－1

差旅费报销单

单位：　　年　月　日

出发地			到达地			公出补助			车船飞机费	卧铺	住宿费	市内车费	邮电费	其他	合计
月	日	地点	月	日	地点	天数	标准	金额							
小计															
合计人民币(大写)：															
备注：预支　核销　退补															

主管：　　部门：　　公出人姓名：　　审核人：

附表 1-8-1

南汇市兴旺废品回收公司

收购单

年 月 日 NO.2589741

项目	单位	数量	单价	收购金额										备注
				千	百	十	万	千	百	十	元	角	分	
旧报纸	kg	3 600	0.20						7	2	0	0	0	
人民币金额合计(小写)								¥	7	2	0	0	0	
人民币金额合计(大写)			柒佰贰拾元整											

收款单位盖章: 开票:梁红霞

附表 1-8-2

现金收据

2013 年 11 月 18 日

今收到 南汇市兴旺废品回收公司 人民币柒佰贰拾元整 ¥720.00 该款系 出售旧报纸款 单位盖章:智慧电子股份有限公司 经手人:李季卉	备注:

附表 1-9-1

现金盘点报告表

2013 年 11 月 29 日

名称	单位	单价	账面数	实存数	盘盈数		盘亏数		盘亏原因	备注
					数量	金额	数量	金额		
人民币	元							30	待查	
合计								30		

部门主管:王金海 出纳员:李季卉 复核人:张青

附表 1-10-1

现金短款处理审批表

2013 年 11 月 30 日

名称	盘亏数		盈亏原因	领导批示
	数量	金额		
人民币	3 张	30 元	出纳员责任	按规定处理 沈力 2013 年 11 月 30 日
合 计		30 元		

部门主管:王金海 出纳员:李季卉 复核人:张青

附表 1-10-2

收 据

年 月 日 第 号

<table>
<tr><td colspan="4">今收到</td><td></td></tr>
<tr><td colspan="4">人民币(大写)</td><td>¥</td></tr>
<tr><td colspan="4" rowspan="3">事 由</td><td>现金</td></tr>
<tr><td>支票第 号</td></tr>
<tr><td></td></tr>
<tr><td>收款单位</td><td></td><td>财务主管</td><td></td><td>收款人</td></tr>
</table>

实训二 银行存款、其他货币资金

一、实训目的

通过银行存款及其他货币资金业务的实训,学生能够根据银行账户的管理办法开设银行账户,运用银行结算方式办理业务并进行会计处理;学生能够根据其他货币资金业务进行会计处理并登记其他货币资金总账。

二、实训要求

1.根据期初资料开设银行存款及其他货币资金总账、明细账、日记账。

2.根据各项经济业务完成有关表格的计算和有关原始凭证填制,并编制记账凭证。

3.审核记账凭证,并根据审核无误的记账凭证登记有关总账、明细账、日记账。

三、实训组织

1.所需学时:6 学时。

2.所需资料:原始凭证、记账凭证、三栏式明细账、日记账、三栏式总账。

四、实训资料

(一)企业概况

企业名称:智慧电子股份有限公司

法人代表:王牧之

企业性质:股份有限公司

地址:南汇市江都区桂花路 24 号

开户银行:中国工商银行南汇市爱民支行

银行账号:3293290689224

税号:643329857321657

电话:6566660

邮编:150222

(二)期初资料

2013 年 11 月 1 日智慧电子股份有限公司有关总账与明细账期初余额如表 2-1 所示。

表 2-1 总账与明细账期初余额表 单位:元

总账账户	明细账户	借方余额
银行存款	—	1 633 825.37
其他货币资金	外埠存款	400 000
	银行汇票存款	50 000
	银行本票存款	10 000
	信用卡存款	15 000
	小　计	475 000
合计	—	2 583 825.37

(三)有关业务

智慧电子股份有限公司 2013 年 11 月发生了下列有关银行存款、其他货币资金的经济业务:

1.11 月 1 日,将库存多余现金 6 248 元缴存银行,现金的面额分别为 100 元 55 张,面额 50 元 12 张,面额 20 元 6 张,面额 10 元 2 张,壹元 8 枚。(填银行现金存款单)

2.11 月 2 日,用外埠存款采购 B 材料 300 000 元,进项税额为 51 000 元。(见所附凭证)

3.11 月 3 日,接到银行的收款通知,收到江川公司支付的欠款 105 300 元。(见所附凭证)

4.11 月 4 日,预付丹华公司货款 40 000 元。(见所附凭证)

5.11 月 4 日,支付总务部备用金 6 000 元。(填借款单、现金支票)

6.11 月 6 日,销售产品 400 件,每件 200 元,按 17%计算销项税,收到银行汇票一张,面值为 93 600 元,存入银行。(见所附凭证,填增值税专用发票、银行进账单)

7.11 月 8 日,支付银行手续费 70.86 元。(见所附凭证)

8.11 月 8 日,购入材料价款 40 000 元,开出一张 4 个月期的银行承兑汇票 46 800 元给付对方。(见所附凭证,填入库单)

9.11 月 9 日,开出转账支票支付上月所欠电费 6 000 元。(见所附凭证,填转账支票)

10.11 月 11 日,收到一张 3 个月期限商业承兑汇票,面值 81 900 元,抵偿前欠货款。(见所附凭证)

11.11 月 12 日,汇往上海当地银行开设采购专户 100 000 元。(见所附凭证)

12.11 月 15 日,销售商品 500 件,每件 200 元,委托开户银行向江城公司收回价税合计货款为 117 000 元。(见所附凭证,填产品出库单、增值税专用发票)

13.11 月 18 日,开出定额银行本票 10 000 元给采购员李俊用于采购原材料。(见所附凭证)

14.11 月 20 日,用上月开出的 50 000 元银行汇票结算采购材料款 46 800 元,并退回多余款项。(见所附凭证)

15.11 月 21 日,用信用卡支付生产用水费 5 850 元。(见所附凭证)

16.11 月 25 日,企业进口材料一批,开出信用证 200 000 元。

17.11 月 29 日,接到银行通知,银行存款利息 2 634.29 元已入账。(见所附凭证)

附表 2-1-1

中国工商银行现金存款单(回单)

年 月 日

交款单位	全称				款项来源		
	账号		开户银行		交款单位		
人民币(大写)						万 千 百 拾 元 角 分	
辅币	券别	五角	贰角	壹角	五分	贰分	壹分	收款员 收讫 复核员
	张数							
主币	券别	一百元	五十元	拾元	五元	贰元	壹元
	张数						

第一联银行盖章退回

附表 2-2-1

增值税专用发票

发票联

开票日期:2013 年 11 月 2 日

购货单位	名称	智慧电子股份有限公司			纳税人登记号		643329857321657	
	地址、电话	南汇市江都区桂花路 24 号 6566660			开户银行及账号		中国工商银行南汇市爱民支行 3293290689224	
商品或劳务名	计量单位	数量	单价		金额(十 万 千 百 十 元 角 分)		税率%	税额(十 万 千 百 十 元 角 分)
B 产品	件	6 000	50		3 0 0 0 0 0 0 0		17	5 1 0 0 0 0 0
合计					3 0 0 0 0 0 0 0			5 1 0 0 0 0 0
价税合计(大写)		叁拾伍万壹仟元整						￥351 000.00
销货单位	名称	丽人公司			纳税人登记号		64332985798325	
	地址、电话	5689745			开户银行及账号		建行东城支行 1383293366954	
备注								

第二联发票联 购货方记账

销货单位(章):(印) 收款人:郭珏 复核:赵阳 开票人:张琴

附表 2-3-1

托收承付凭证(收账通知)

委托日期 2013 年 11 月 3 日

收款人	全称	智慧电子股份有限公司	付款人	全称	江川有限责任公司
	账号或地址	3293290689224		账号或地址	2982259874563
	开户银行	工行南汇市爱民支行		开户银行	农行为民支行
委托收款金额	人民币(大写)壹拾万伍仟叁佰元整			百 十 万 千 百 十 元 角 分	￥ 1 0 5 3 0 0 0 0
附件		商品发运情况		交易合同号码	
寄单证张	2 张	商品已通过铁路运输		0325912	
备注		上列托收款项如超过承付期限并未拒付时即视同合同承付		付款人开户行盖章	

附表 2-4-1

中国工商银行电汇凭证(回单)

委托日期 2013 年 11 月 4 日　　　　第 51 号

<table>
<tr><td rowspan="3">汇款人</td><td>全称</td><td colspan="3">智慧电子股份有限公司</td><td rowspan="3">收款人</td><td>全称</td><td colspan="3">丹华公司</td></tr>
<tr><td>账号或住址</td><td colspan="3">32932906689224</td><td>账号或住址</td><td colspan="3">396456951357</td></tr>
<tr><td>汇出地点</td><td>南汇市江都区桂花路24号</td><td>汇出行名称</td><td>工行爱民支行</td><td>汇入地点</td><td>长春</td><td>汇入行名称</td><td>农行北方支行</td></tr>
<tr><td>金额</td><td colspan="9">人民币(大写)肆万元整　　百 十 万 千 百 十 元 角 分：¥ 4 0 0 0 0 0 0</td></tr>
<tr><td colspan="5">汇款用途:前欠货款
上列款项已根据委托办理。如需查询,请持此回单面洽。
单位主管:李为　会计:叶小凡　出纳:　记账:</td><td colspan="5">汇出行盖章
2013 年 11 月 4 日</td></tr>
</table>

附表 2-5-1

借款单

年　月　日

<table>
<tr><td colspan="3" rowspan="2">借款单位:</td><td colspan="9">金　额</td><td rowspan="2">备注</td></tr>
<tr><td>百</td><td>十</td><td>万</td><td>千</td><td>百</td><td>十</td><td>元</td><td>角</td><td>分</td></tr>
<tr><td colspan="3">人民币(大写)</td><td></td><td></td><td></td><td></td><td></td><td></td><td></td><td></td><td></td><td rowspan="2"></td></tr>
<tr><td colspan="3">借款事由:</td><td></td><td></td><td></td><td></td><td></td><td></td><td></td><td></td><td></td></tr>
<tr><td>单位领导</td><td>财务负责人</td><td>部门负责人</td><td colspan="9">借款人</td><td rowspan="2"></td></tr>
<tr><td></td><td></td><td></td><td colspan="9"></td></tr>
</table>

附表 2-5-2

中国工商银行现金支票存根

支票号码:

签发日期:

收款人:
金额:
用途:
备注:

单位主管:　　会计:

复　　核:　　记账:

<table>
<tr><td colspan="11">中国工商银行**现金支票**　　　　支票号码:
签发日期(大写):　年　月　日　　开户行名称:
收款人:　　　　签发人账号:</td></tr>
<tr><td rowspan="2">人民币(大写)</td><td>千</td><td>百</td><td>十</td><td>万</td><td>千</td><td>百</td><td>十</td><td>元</td><td>角</td><td>分</td></tr>
<tr><td></td><td></td><td></td><td></td><td></td><td></td><td></td><td></td><td></td><td></td></tr>
<tr><td colspan="11">用途:________
上列款项请从　　　　复核
我账户内支付　　　　记账
签发人盖章　　　　验印</td></tr>
</table>

附表 2-6-1

中国工商银行银行汇票

NO 00001008
第 号

出票日期(大写):贰零壹叁年壹拾壹月零陆日									
代理付款银行:中国工商银行南汇市爱民支行 行号:									
收款人:智慧电子股份有限公司									
出票金额人民币(大写)玖万叁仟陆佰元整 (压数机压印出票金额)									
实际结算金额人民币(大写)	千	百	万	千	百	十	元	角	分
		¥	9	3	6	0	0	0	0

申请人:上海电器厂　　账号或住址:2543290689998

多余金额								科目(借) 对方科目(贷) 兑付日期 年 月 日 复核 记账
十	万	千	百	十	元	角	分	

出票行:上海工行　　行号:
备注:购货款
凭票付款:
出票行签章:

附表 2-6-2

增值税专用发票

记账联

开票日期:

购货单位	名称		纳税人登记号																		
	地址、电话		开户银行及账号																		
商品或劳务名		计量单位	数量	单价	金额								税率%	税额							
					十	万	千	百	十	元	角	分		十	万	千	百	十	元	角	分
合计																					
价税合计(大写)																					
销货单位	名称		纳税人登记号																		
	地址、电话		开户银行及账号																		
备注																					

第四联记账联 销货方记账

销货单位(章):(印)　　收款人:　　复核:　　开票人:

附表 2-6-3

中国工商银行进账单(收款通知)

年 月 日　　第 号

付款人	全称		收款人	全称											
	账号			账号											
	开户行			开户行											
人民币(大写)				亿	千	百	十	万	千	百	十	元	角	分	
票据种类															
票据张数															
单位主管: 会计: 复核: 记账:			收款人开户盖章												

附表 2-7-1

中国工商银行收费(转账)凭证

2013 年 11 月 8 日

交费单位:智慧电子股份有限公司			账号:3293290689224						
种类	份数	单价	金额						备注
			千	百	十	元	角	分	
手续费	1	70.86			7	0	8	6	
人民币(大写)	柒拾元捌角陆分			¥	7	0	8	6	

附表 2-8-1

银行承兑汇票

汇票号码 AG067891

签发日期:2013 年 11 月 8 日　　第 025 号

收款单位	全称	矫人公司		付款人	全称	智慧电子股份有限责任公司					
	账号或地址	4564321569997			账号或地址	3293290689224					
	开户银行	建行	行号		开户银行	工行爱民支行	行号				
金额	人民币(大写)肆万陆仟捌佰元整			千	百	十	万	千	百	十	元	角	分
					¥	4	6	8	0	0	0	0	
汇票到期日	2014 年 3 月 8 日			交易合同号码 6578							
本汇票已经本单位承兑,到期日无条件支付票款。 付款人盖章 负责:黄珊 经办:童辉 2013 年 11 月 8 日				货款							

附表 2-8-2

增值税专用发票

发票联

开票日期:2013 年 11 月 8 日

购货单位	名称	智慧电子股份有限公司			纳税人登记号								643329857321657								
	地址、电话	南汇市江都区桂花路24 号 6566660			开户银行及账号								中国工商银行南汇市爱民支行 3293290689224								
商品或劳务名		计量单位	数量	单价	金额								税率%	税额							
					十	万	千	百	十	元	角	分		十	万	千	百	十	元	角	分
C 产品		件	500	80		4	0	0	0	0	0	0	17			6	8	0	0	0	0
合计							4	0	0	0	0	0				6	8	0	0	0	0
价税合计(大写)		肆万陆仟捌佰元整											¥46 800.00								
销货单位	名称	矫人公司			纳税人登记号								52632985798479								
	地址、电话	6689675			开户银行及账号								建行东城支行 4564321569997								
备注																					

第二联 发票联 购货方记账

销货单位(章):(印)　收款人:王言　复核:刘小文　开票人:李成

附表 2-8-3

入库单

年 月 日 发票号码:NO

材料编号	材料名称及规格	计量单位	数量		价格		运杂费	合计
			应收	实收	单价	金额		
合计								

第三联 记账联

仓库负责人: 材料会计: 收料人: 经办人: 制单:

附表 2-9-1

南汇市电业局电费专业票据

2013 年 11 月 9 日

注册号			
税号	643329857321657	电话	6566660
户名	智慧电子股份有限公司		
地址	南汇市江都区桂花路 24 号		
用电量	12 000 度		
电费	6 000.00		
附加费			
合计	(大写)陆仟元整	¥6 000.00	

附表 2-9-2

中国工商银行转账支票存根

支票号码:

签发日期:

收款人:
金额:
用途:
备注:

单位主管: 会计:

复 核: 记账:

中国工商银行**转账支票**

支票号码:

签发日期(大写): 年 月 日

开户行名称:

收款人:

签发人账号:

人民币(大写)	千	百	十	万	千	百	十	元	角	分

用途:______________

上列款项请从
我账户内支付
签发人盖章

复核
记账
验印

附表 2-10-1

商业承兑汇票 3

汇票号码 SC02566

第 015 号

签发日期:2013 年 11 月 11 日

收款单位	全称	悟真实业股份有限公司		付款单位	全称	智慧电子股份有限公司	
	账号或地址	687789634325			账号或地址	3293290689224	
	开户银行	工行	行号		开户银行	工行爱民支行	行号

金额	人民币(大写)捌万壹仟玖佰元整	十	万	千	百	十	元	角	分
		¥	8	1	9	0	0	0	0

汇票到期日	2014 年 2 月 11 日	交易合同号码 6579
本汇票已经本单位承兑,到期日无条件支付票款。 付款人盖章 负责: 经办: 2013 年 11 月 11 日		

附表 2-11-1

中国工商银行信汇凭证(回单)

委托日期 2013 年 11 月 12 日　　　　第 6 号

汇款人	全称	智慧电子股份有限公司			收款人	全称	江志有限公司		
	账号或住址	3293290689224				账号或地址	6585897463487		
	汇出地点	南汇市	汇出行名称	工行		汇入地点	上海市	汇入行名称	徐家汇办事处

金额	百	十	万	千	百	十	元	角	分
人民币(大写)壹拾万元整	¥	1	0	0	0	0	0	0	0

汇款用途:外埠存款	
上列款项已根据委托办理,如需查询,请持此回单来行面洽。	汇出行盖章 2013 年 11 月 12 日
单位主管:　会计:　复核:　记账:	

附表 2-12-1

委托收款凭证(回单)

委托日期 2013 年 11 月 15 日　　　　委托号码:3654

付款人	全　称	南汇市江城公司	收款人	全　称	智慧电子股份有限公司
	账　号	3293290689325		账　号	3293290689224
	开户行	工行江东支行		开户行	工行爱民支行

金额	百	十	万	千	百	十	元	角	分
人民币(大写)壹拾壹万柒仟元整	¥	1	1	7	0	0	0	0	0

款项内容	贷款	委托收款票据名称	增值税专用发票
备注:			

单位主管:梁杜　　审计:秦红　　复核:刘光明　　记账:江建设

附表 2-12-2

产品出库单

用途:　　　　年　月　日　　　　编号:

产品名称	规格型号	计量单位	出库数量	单位成本	总成本	备注
合　计						

财务:　　　　仓库主管:　　　　仓库经手人:

附表 2-12-3

增值税专用发票

记账联

开票日期:

购货单位	名称				纳税人登记号																	
	地址、电话				开户银行及账号																	
商品或劳务名		计量单位	数量	单价	金额								税率%	税额								
					十	万	千	百	十	元	角	分		十	万	千	百	十	元	角	分	
合计																						
价税合计(大写)																						
销货单位	名称				纳税人登记号																	
	地址、电话				开户银行及账号																	
备注																						

第四联记账联　销货方记账

销货单位(章):(印)　　收款人:　　复核:　　开票人:

附表 2－13－1

中国工商银行本票申请书(存根)

申请日期 2013 年 11 月 18 日　　　　第 2354 号

<table>
<tr><td>申请人</td><td colspan="2">智慧电子股份有限公司</td><td>收款人</td><td colspan="10">南汇市奇特科技公司</td></tr>
<tr><td>账号或住址</td><td colspan="2">3293290689224</td><td>账号或住址</td><td colspan="10">496789638256</td></tr>
<tr><td>用途</td><td colspan="2">购料</td><td>代理付款行</td><td colspan="10">建行黄花支行</td></tr>
<tr><td rowspan="2">本票金额</td><td colspan="3" rowspan="2">人民币(大写)壹万元整</td><td>千</td><td>百</td><td>十</td><td>万</td><td>千</td><td>百</td><td>十</td><td>元</td><td>角</td><td>分</td></tr>
<tr><td></td><td></td><td>¥</td><td>1</td><td>0</td><td>0</td><td>0</td><td>0</td><td>0</td><td>0</td></tr>
<tr><td colspan="4">备注：</td><td colspan="10">科目
对方科目
财务主管：　　复核：　　经办：</td></tr>
</table>

附表 2－14－1

增值税专用发票

发票联

开票日期:2013 年 11 月 20 日

<table>
<tr><td rowspan="2">购货单位</td><td>名称</td><td colspan="3">智慧电子股份有限公司</td><td colspan="8">纳税人登记号</td><td colspan="9">643329857321657</td></tr>
<tr><td>地址、电话</td><td colspan="3">南汇市江都区桂花路 24 号 6566660</td><td colspan="8">开户银行及账号</td><td colspan="9">中国工商银行南汇市爱民支行 3293290689224</td></tr>
<tr><td colspan="2" rowspan="2">商品或劳务名</td><td rowspan="2">计量单位</td><td rowspan="2">数量</td><td rowspan="2">单价</td><td colspan="8">金　额</td><td>税率</td><td colspan="8">税　额</td></tr>
<tr><td>十</td><td>万</td><td>千</td><td>百</td><td>十</td><td>元</td><td>角</td><td>分</td><td>%</td><td>十</td><td>万</td><td>千</td><td>百</td><td>十</td><td>元</td><td>角</td><td>分</td></tr>
<tr><td colspan="2">甲材料</td><td>件</td><td>200</td><td>200</td><td></td><td>4</td><td>0</td><td>0</td><td>0</td><td>0</td><td>0</td><td>0</td><td>17</td><td></td><td></td><td>6</td><td>8</td><td>0</td><td>0</td><td>0</td><td>0</td></tr>
<tr><td colspan="2"></td><td></td><td></td><td></td><td></td><td></td><td></td><td></td><td></td><td></td><td></td><td></td><td></td><td></td><td></td><td></td><td></td><td></td><td></td><td></td><td></td></tr>
<tr><td colspan="2">合计</td><td></td><td></td><td></td><td></td><td></td><td>4</td><td>0</td><td>0</td><td>0</td><td>0</td><td>0</td><td></td><td></td><td></td><td>6</td><td>8</td><td>0</td><td>0</td><td>0</td><td>0</td></tr>
<tr><td colspan="2">价税合计(大写)</td><td colspan="11">肆万陆仟捌佰元整</td><td colspan="9">¥46 800.00</td></tr>
<tr><td rowspan="2">销货单位</td><td>名称</td><td colspan="3">碧雪公司</td><td colspan="8">纳税人登记号</td><td colspan="9">89632985798563</td></tr>
<tr><td>地址、电话</td><td colspan="3">5689756</td><td colspan="8">开户银行及账号</td><td colspan="9">建行东城支行 4564321569589</td></tr>
<tr><td>备注</td><td colspan="21"></td></tr>
</table>

第二联 发票联 购货方记账

销货单位(章)：(印)　　收款人：刘佳　　复核：付丽丽　　开票人：杨朝霞

附表 2－14－2

出票期 壹个月

中国工商银行　银行汇票　4(多余款项收账通知)

汇票号码 第 025 号

<table>
<tr><td>出票日期(大写)</td><td colspan="3">贰零壹叁年壹拾壹月贰拾日</td><td colspan="10">代理付款行：工行南汇市爱民支行
代号：</td></tr>
<tr><td colspan="14">收款人：碧雪公司</td></tr>
<tr><td>出票金额</td><td>人民币(大写)</td><td colspan="12">伍万元整</td></tr>
<tr><td rowspan="2">实际结算金额</td><td rowspan="2">人民币(大写)</td><td colspan="2" rowspan="2">肆万陆仟捌佰元整</td><td>千</td><td>百</td><td>十</td><td>万</td><td>千</td><td>百</td><td>十</td><td>元</td><td>角</td><td>分</td></tr>
<tr><td></td><td></td><td>¥</td><td>4</td><td>6</td><td>8</td><td>0</td><td>0</td><td>0</td><td>0</td></tr>
<tr><td colspan="4">申请人：智慧电子股份有限公司</td><td colspan="10">账号或住址：</td></tr>
</table>

出票行：工行南汇市爱民支行
行号：
备注：
出票行盖章：
年　月　日

多余款项									左列退回多余金额已收入你账户
百	十	万	千	百	十	元	角	分	
		¥	3	2	0	0	0	0	

附表 2-15-1

增值税专用发票

发票联

开票日期:2013 年 11 月 21 日

购货单位	名称	智慧电子股份有限公司	纳税人登记号	643329857321657
	地址、电话	南汇市江都区桂花路24 号 6566660	开户银行及账号	中国工商银行南汇市爱民支行 3293290689224

商品或劳务名	计量单位	数量	单价	金额 十	万	千	百	十	元	角	分	税率%	税额 十	万	千	百	十	元	角	分
水费	吨	2 000	2.5			5	0	0	0	0	0	17				8	5	0	0	0
合计						5	0	0	0	0	0					8	5	0	0	0

价税合计(大写)	伍仟捌佰伍拾元整		¥5 850.00	
销货单位 名称	南汇市自来水公司	纳税人登记号	89632985798563	
地址、电话	6689745	开户银行及账号	建行东安支行 4564321569587	
备注				

第二联发票联 购货方记账

销货单位(章):(印)　　收款人:葛威　　复核:王丽丽　　开票人:刘记

附表 2-17-1

中国工商银行利息计算凭证(收款通知)

2013 年 11 月 29 日

户　名:智慧电子股份有限公司									账号:3293290689224
计息时间:2013 年 10 月 29 日—2013 年 11 月 29 日									左列利息:你单位上述存款利息已收入你单位账户
计息积数共计:¥2 634.29									
存款利率:　月　　共计　　‰	十	万	千	百	十	元	角	分	
			2	6	3	4	2	9	
加收:									
合　　计		¥	2	6	3	4	2	9	(银行盖章)

实训三　应收票据

一、实训目的

通过应收票据的实训,使学生了解商业汇票的种类和计价方法,掌握应收票据到期日和贴现期的计算,掌握应收票据及贴现的核算。

二、实训要求

1. 根据期初余额开设"应收票据"总账及明细账,并登记期初余额。
2. 填制并审核原始凭证。
3. 根据原始凭证填制记账凭证。
4. 审核记账凭证,并根据原始凭证和记账凭证登记"应收票据"总账和明细账。

三、实训组织

1. 所需学时:4 学时。

2.所需资料:转账支票、银行进账单、材料入库单、记账凭证、总账、三栏式明细账。

四、实训资料

(一)企业概况

企业名称:智慧电子股份有限公司

法人代表:王牧之

企业性质:股份有限公司

地址:南汇市江都区桂花路24号

开户银行:中国工商银行南汇市爱民支行

银行账号:3293290689224

税号:643329857321657

电话:6566660

邮编:150222

(二)期初资料

智慧电子股份有限公司2013年1月初应收票据明细资料如表3-1所示。

表3-1 应收票据总账与明细账期初余额表 单位:元

总账	明细账	金额	备注
应收票据	江华公司	60 000	2012年10月24日签发6个月期,不带息
	光达工厂	1 006 500	(其中面值1 000 000元,应收利息6 500元) 2012年10月31日签发4个月期,利率为3.9%
	宝莱公司	120 000	2012年12月31日签发,期限为90天,利率为4%
合计		1 186 500	—

(三)核算方法

(1)应收票据按其面值计价。

(2)对于确实无法收回的应收票据款,应及时转入应收账款。

(四)有关业务

智慧电子股份有限公司2013年发生了下列有关应收票据的经济业务:

1.2013年1月15日,销售产品80 000元,销项税额为13 600元,企业收到旺运公司期限为三个月的无息商业承兑汇票一张。(见所附凭证)

2.2013年2月18日,收到了伟光公司一张6个月期限的不带息商业承兑汇票100 000元,以抵付前欠货款。(见所附凭证)

3.2013年2月28日,光达工厂的票据到期收回票款,存入银行。(填进账单)

4.2013年3月30日,宝莱公司票据到期收到票款。(填进账单)

5.2013年4月15日,旺运公司票据到期,但旺运公司无力偿还票款,转为应收账款。

6.2013年4月24日,收到到期的江华公司票据款,存入银行。(填进账单)

7.2013年7月20日,销售产品100 000元给飞扬公司,销项税额为17 000元,用转账支票代垫运费2 000元,收到期限为3个月的不带息商业承兑汇票一张,面值119 000元。(见所附凭证,填转账支票)

8.2013年8月5日,销售产品50 000元,销项税额为8 500元,企业收到了美迪公司给付的一张120天到期、票面利率为4%的银行承兑汇票一张。(见所附凭证)

9.2013年8月18日,伟光公司票据到期收到票款存入银行。(填进账单)

10.2013 年 8 月 20 日，由于缺少流动资金将飞扬公司的商业汇票向银行申请贴现，贴现率为 6%，银行扣除贴息后将剩余款项交给企业。（填进账单）

11.2013 年 10 月 20 日，飞扬公司的票据到期，贴现银行没有从飞扬公司收到票款，因而扣回贴现的金额。（填进账单）

12.2013 年 11 月 3 日，企业将美迪公司的票据向银行贴现，贴现率为 6%，银行扣除贴息后将剩余款项交给企业。（填进账单）

13.2013 年 11 月 25 日，销售产品 40 000 元给双城公司，销项税额为 6 800 元，收到对方给付的 3 个月无息商业汇票一张。（见所附凭证）

14.2013 年 12 月 5 日，企业从丽格公司购进材料 40 000 元，进项税额为 6 800 元，企业用双城公司的商业汇票背书转让给丽格公司以抵付购料款，材料验收入库。（见所附凭证，填入库单）

附表 3-1-1

增值税专用发票

记账联

开票日期：2013 年 1 月 15 日

购货单位	名称	旺运公司			纳税人登记号								643329857983256									
	地址、电话	南汇市江都区桂花路39 号 6566660			开户银行及账号								中国工商银行南汇市爱民支行 3293290689669									
商品或劳务名		计量单位	数量	单价	金额								税率	税额								
					十	万	千	百	十	元	角	分	%	十	万	千	百	十	元	角	分	
A 产品		件	1 600	50		8	0	0	0	0	0	0	17		1	3	6	0	0	0	0	
合计						8	0	0	0	0	0	0			1	3	6	0	0	0	0	
价税合计（大写）		玖万叁仟陆佰元整												¥93 600.00								
销货单位	名称	智慧电子股份有限公司			纳税人登记号								643329857321657									
	地址、电话	6566660			开户银行及账号								工行爱民支行 3293290689224									
备注																						

第四联记账联 购货方记账

销货单位（章）：（印）　　收款人：郭珏　　复核：赵阳　　开票人：张琴

附表 3-1-2

商业承兑汇票 3

汇票号码 SC02567

第 016 号

签发日期：2013 年 1 月 15 日

收款单位	全　称	智慧电子股份有限公司		付款单位	全　称	旺运公司						
	账号或地址	3293290689224			账号或地址	3293290689669						
	开户银行	工行爱民支行	行号		开户银行	工商爱民支行	行号					
金额	人民币（大写）玖万叁仟陆佰元整				十	万	千	百	十	元	角	分
					¥	9	3	6	0	0	0	0
汇票到期日	3 个月				交易合同号码							
本汇票已经本单位承兑，到期日无条件支付票款。 付款人盖章 负责：　经办：　2013 年 1 月 15 日												

附表 3-2-1

商业承兑汇票 3

汇票号码 SC02369

签发日期：2013 年 2 月 18 日

第 086 号

<table>
<tr><td rowspan="3">收款单位</td><td>全　称</td><td colspan="3">智慧电子股份有限公司</td><td rowspan="3">付款单位</td><td>全　称</td><td colspan="9">伟光公司</td></tr>
<tr><td>账号或地址</td><td colspan="3">3293290689224</td><td>账号或地址</td><td colspan="9">8873290689473</td></tr>
<tr><td>开户银行</td><td>工行爱民支行</td><td>行号</td><td></td><td>开户银行</td><td>中行爱民支行</td><td>行号</td><td colspan="7"></td></tr>
<tr><td rowspan="2">金额</td><td colspan="5" rowspan="2">人民币（大写）壹拾万元整</td><td>百</td><td>十</td><td>万</td><td>千</td><td>百</td><td>十</td><td>元</td><td>角</td><td>分</td></tr>
<tr><td>¥</td><td>1</td><td>0</td><td>0</td><td>0</td><td>0</td><td>0</td><td>0</td><td>0</td></tr>
<tr><td colspan="2">汇票到期日</td><td colspan="3">6 个月</td><td colspan="10">交易合同号码</td></tr>
<tr><td colspan="5">本汇票已经本单位承兑，到期日无条件支付票款。
付款人盖章
负责：　经办：　2013 年 2 月 18 日</td><td colspan="10"></td></tr>
</table>

附表 3-3-1

中国工商银行进账单（收款通知）

年　月　日　　　　第　　号

<table>
<tr><td rowspan="3">付款人</td><td>全　称</td><td></td><td rowspan="3">收款人</td><td>全　称</td><td colspan="11"></td></tr>
<tr><td>账　号</td><td></td><td>账　号</td><td colspan="11"></td></tr>
<tr><td>开户行</td><td></td><td>开户行</td><td colspan="11"></td></tr>
<tr><td rowspan="2">人民币（大写）</td><td colspan="3" rowspan="2"></td><td>亿</td><td>千</td><td>百</td><td>十</td><td>万</td><td>千</td><td>百</td><td>十</td><td>元</td><td>角</td><td>分</td></tr>
<tr><td></td><td></td><td></td><td></td><td></td><td></td><td></td><td></td><td></td><td></td><td></td></tr>
<tr><td colspan="2">票据种类</td><td></td><td colspan="13" rowspan="3">收款人开户盖章</td></tr>
<tr><td colspan="2">票据张数</td><td></td></tr>
<tr><td colspan="3">单位主管：　会计：　复核：　记账：</td></tr>
</table>

附表 3-4-1

应收票据利息计算表

年　月　日

票据种类	付款人	出票日期	到期日	票据面值	票面利率（年）	本期计息天数	本期应计利息
合计							

会计：　　　　复核：　　　　制单：

附表 3－4－2

中国工商银行进账单(收款通知)

年　月　日　　　　　　第　　号

<table>
<tr><td rowspan="3">付款人</td><td>全　称</td><td colspan="2"></td><td rowspan="3">收款人</td><td>全　称</td><td colspan="11"></td></tr>
<tr><td>账　号</td><td colspan="2"></td><td>账　号</td><td colspan="11"></td></tr>
<tr><td>开户行</td><td colspan="2"></td><td>开户行</td><td colspan="11"></td></tr>
<tr><td rowspan="2">人民币
(大写)</td><td colspan="5" rowspan="2"></td><td>亿</td><td>千</td><td>百</td><td>十</td><td>万</td><td>千</td><td>百</td><td>十</td><td>元</td><td>角</td><td>分</td></tr>
<tr><td></td><td></td><td></td><td></td><td></td><td></td><td></td><td></td><td></td><td></td><td></td></tr>
<tr><td colspan="2">票据种类</td><td></td><td colspan="14" rowspan="3">收款人开户盖章</td></tr>
<tr><td colspan="2">票据张数</td><td></td></tr>
<tr><td colspan="3">单位主管：　会计：　复核：　记账：</td></tr>
</table>

附表 3－6－1

中国工商银行进账单(收款通知)

年　月　日　　　　　　第　　号

<table>
<tr><td rowspan="3">付款人</td><td>全　称</td><td colspan="2"></td><td rowspan="3">收款人</td><td>全　称</td><td colspan="11"></td></tr>
<tr><td>账　号</td><td colspan="2"></td><td>账　号</td><td colspan="11"></td></tr>
<tr><td>开户行</td><td colspan="2"></td><td>开户行</td><td colspan="11"></td></tr>
<tr><td rowspan="2">人民币
(大写)</td><td colspan="5" rowspan="2"></td><td>亿</td><td>千</td><td>百</td><td>十</td><td>万</td><td>千</td><td>百</td><td>十</td><td>元</td><td>角</td><td>分</td></tr>
<tr><td></td><td></td><td></td><td></td><td></td><td></td><td></td><td></td><td></td><td></td><td></td></tr>
<tr><td colspan="2">票据种类</td><td></td><td colspan="14" rowspan="3">收款人开户盖章</td></tr>
<tr><td colspan="2">票据张数</td><td></td></tr>
<tr><td colspan="3">单位主管：　会计：　复核：　记账：</td></tr>
</table>

附表 3－7－1

增值税专用发票

记账联

开票日期:2013 年 7 月 20 日

<table>
<tr><td rowspan="2">购货单位</td><td>名称</td><td colspan="3">飞扬公司</td><td colspan="8">纳税人登记号</td><td colspan="9">643329857984452</td></tr>
<tr><td>地址、电话</td><td colspan="3">海通市 75666789</td><td colspan="8">开户银行及账号</td><td colspan="9">工行东安支行 5586587921223</td></tr>
<tr><td colspan="2" rowspan="2">商品或劳务名</td><td rowspan="2">计量单位</td><td rowspan="2">数量</td><td rowspan="2">单价</td><td colspan="8">金　额</td><td rowspan="2">税率%</td><td colspan="8">税　额</td></tr>
<tr><td>十</td><td>万</td><td>千</td><td>百</td><td>十</td><td>元</td><td>角</td><td>分</td><td>十</td><td>万</td><td>千</td><td>百</td><td>十</td><td>元</td><td>角</td><td>分</td></tr>
<tr><td colspan="2">甲产品</td><td>件</td><td>1 000</td><td>100</td><td>1</td><td>0</td><td>0</td><td>0</td><td>0</td><td>0</td><td>0</td><td>0</td><td>17</td><td></td><td>1</td><td>7</td><td>0</td><td>0</td><td>0</td><td>0</td><td>0</td></tr>
<tr><td colspan="2"></td><td></td><td></td><td></td><td></td><td></td><td></td><td></td><td></td><td></td><td></td><td></td><td></td><td></td><td></td><td></td><td></td><td></td><td></td><td></td><td></td></tr>
<tr><td colspan="2">合计</td><td></td><td></td><td></td><td>1</td><td>0</td><td>0</td><td>0</td><td>0</td><td>0</td><td>0</td><td>0</td><td></td><td></td><td>1</td><td>7</td><td>0</td><td>0</td><td>0</td><td>0</td><td>0</td></tr>
<tr><td colspan="2">价税合计(大写)</td><td colspan="11">壹拾壹万柒仟元整</td><td colspan="9">￥117 000.00</td></tr>
<tr><td rowspan="2">销货单位</td><td>名称</td><td colspan="3">智慧电子股份有限公司</td><td colspan="8">纳税人登记号</td><td colspan="9">643329857321657</td></tr>
<tr><td>地址、电话</td><td colspan="3">南汇市江都区桂花路 24 号 6566660</td><td colspan="8">开户银行及账号</td><td colspan="9">中国工商银行南汇市爱民支行 3293290689224</td></tr>
<tr><td>备注</td><td colspan="21"></td></tr>
</table>

第四联　记账联　销货方记账

销货单位(章):(印)　　收款人:郭珏　　复核:赵阳　　开票人:张琴

附表 3-7-2

公路运输货车统一发票

NO 874520

托运单位:智慧电子股份有限公司　　　　运输日期:2013 年 7 月 20 日

货物名称	起讫地址		公里	重量	计量单位	单价	运输金额
	起点	终点					
甲产品	南汇	海通	1 000	4 000	吨公里	2	2 000.00
运费合计(大写)贰仟元整							

车号:　　　　收款单位:(盖章有效)　　　　收款人:江在阳

地址:

附表 3-7-3

商业承兑汇票 3

汇票号码 SC02892

签发日期:2013 年 7 月 20 日　　　　第 056 号

收款单位	全称	智慧电子股份有限公司			付款单位	全称	飞扬公司		
	账号或地址	3293290689224				账号或地址	5586587921223		
	开户银行	工行爱民支行	行号			开户银行	工行爱民支行	行号	

金额	人民币(大写)壹拾壹万玖仟元整	百	十	万	千	百	十	元	角	分
		¥	1	1	9	0	0	0	0	0

汇票到期日	3 个月	交易合同号码
本汇票已经本单位承兑,到期日无条件支付票款。 付款人盖章 负责:　　经办:　　2013 年 7 月 20 日		

附表 3-7-4

中国工商银行转账支票存根

支票号码:

签发日期:

收款人:
金额:
用途:
备注:

单位主管:　　会计:

复　核:　　记账:

中国工商银行**转账支票**　　　　支票号码:

签发日期(大写):　　年　月　日　　　　开户行名称:

收款人:　　　　签发人账号:

人民币 (大写)	千	百	十	万	千	百	十	元	角	分

用途:________

上列款项请从　　　　复核

我账户内支付　　　　记账

签发人盖章　　　　验印

附表 3－8－1

增值税专用发票

记账联

开票日期:2013 年 8 月 5 日

<table>
<tr><td rowspan="2">购货单位</td><td>名称</td><td colspan="3">美迪公司</td><td colspan="8">纳税人登记号</td><td colspan="9">543329857984459</td></tr>
<tr><td>地址、电话</td><td colspan="3">吉林市 75666789</td><td colspan="8">开户银行及账号</td><td colspan="9">中行人民支行 5259568741581</td></tr>
<tr><td colspan="2" rowspan="2">商品或劳务名</td><td rowspan="2">计量单位</td><td rowspan="2">数量</td><td rowspan="2">单价</td><td colspan="8">金额</td><td rowspan="2">税率%</td><td colspan="8">税额</td></tr>
<tr><td>十</td><td>万</td><td>千</td><td>百</td><td>十</td><td>元</td><td>角</td><td>分</td><td>十</td><td>万</td><td>千</td><td>百</td><td>十</td><td>元</td><td>角</td><td>分</td></tr>
<tr><td colspan="2">乙产品</td><td>件</td><td>1 000</td><td>50</td><td></td><td>5</td><td>0</td><td>0</td><td>0</td><td>0</td><td>0</td><td>0</td><td>17</td><td></td><td></td><td>8</td><td>5</td><td>0</td><td>0</td><td>0</td><td>0</td></tr>
<tr><td colspan="2"></td><td></td><td></td><td></td><td></td><td></td><td></td><td></td><td></td><td></td><td></td><td></td><td></td><td></td><td></td><td></td><td></td><td></td><td></td><td></td><td></td></tr>
<tr><td colspan="2">合计</td><td></td><td></td><td></td><td></td><td>5</td><td>0</td><td>0</td><td>0</td><td>0</td><td>0</td><td>0</td><td></td><td></td><td></td><td>8</td><td>5</td><td>0</td><td>0</td><td>0</td><td>0</td></tr>
<tr><td colspan="2">价税合计(大写)</td><td colspan="12">伍万捌仟伍佰元整</td><td colspan="8">¥58 500.00</td></tr>
<tr><td rowspan="2">销货单位</td><td>名称</td><td colspan="3">智慧电子股份有限公司</td><td colspan="8">纳税人登记号</td><td colspan="9">643329857321657</td></tr>
<tr><td>地址、电话</td><td colspan="3">南汇市江都区桂花路24 号 6566660</td><td colspan="8">开户银行及账号</td><td colspan="9">中国工商银行南汇市爱民支行 3293290689224</td></tr>
<tr><td>备注</td><td colspan="21"></td></tr>
</table>

第四联记账联 销货方记账

销货单位(章):(印)　　收款人:郭珏　　复核:赵阳　　开票人:张琴

附表 3－8－2

银行承兑汇票

汇票号码　AG067878

签发日期:2013 年 8 月 5 日　　第 025 号

<table>
<tr><td rowspan="3">收款单位</td><td>全　称</td><td colspan="3">智慧电子股份有限公司</td><td rowspan="3">付款单位</td><td>全　称</td><td colspan="9">美迪公司</td></tr>
<tr><td>账号或地址</td><td colspan="3">3293290689224</td><td>账号或地址</td><td colspan="9">4584569877433</td></tr>
<tr><td>开户银行</td><td>工行爱民支行</td><td>行号</td><td></td><td>开户银行</td><td colspan="3">中行人民支行</td><td colspan="3">行号</td><td colspan="3"></td></tr>
<tr><td rowspan="2">委托收款金额</td><td colspan="5" rowspan="2">人民币(大写)伍万捌仟伍佰元整</td><td>千</td><td>百</td><td>十</td><td>万</td><td>千</td><td>百</td><td>十</td><td>元</td><td>角</td><td>分</td></tr>
<tr><td></td><td></td><td>¥</td><td>5</td><td>8</td><td>5</td><td>0</td><td>0</td><td>0</td><td>0</td></tr>
<tr><td colspan="2">汇票到期日</td><td colspan="4">2013 年 12 月 3 日</td><td colspan="10">交易合同号码 2361</td></tr>
<tr><td colspan="6">本汇票已经本单位承兑,到期日无条件支付票款。

付款人盖章</td><td colspan="10">本汇票请予以承兑,到期日付款利率(年)4%。
付款人盖章
负责:赵波　经办:连进　2013 年 8 月 5 日</td></tr>
</table>

附表 3－9－1

中国工商银行进账单(收款通知)

年　月　日　　　　第　　号

<table>
<tr><td rowspan="3">付款人</td><td>全　称</td><td></td><td rowspan="3">收款人</td><td>全　称</td><td colspan="10"></td></tr>
<tr><td>账　号</td><td></td><td>账　号</td><td colspan="10"></td></tr>
<tr><td>开户行</td><td></td><td>开户行</td><td colspan="10"></td></tr>
<tr><td rowspan="2">人民币(大写)</td><td colspan="3" rowspan="2"></td><td>亿</td><td>千</td><td>百</td><td>十</td><td>万</td><td>千</td><td>百</td><td>十</td><td>元</td><td>角</td><td>分</td></tr>
<tr><td></td><td></td><td></td><td></td><td></td><td></td><td></td><td></td><td></td><td></td><td></td></tr>
<tr><td colspan="2">票据种类</td><td></td><td colspan="12" rowspan="3">收款人开户盖章</td></tr>
<tr><td colspan="2">票据张数</td><td></td></tr>
<tr><td colspan="3">单位主管:　会计:　复核:　记账:</td></tr>
</table>

附表 3-10-1

中国工商银行进账单(收款通知)

年 月 日 第 号

<table>
<tr><td rowspan="3">付款人</td><td>全称</td><td></td><td rowspan="3">收款人</td><td>全称</td><td colspan="11"></td></tr>
<tr><td>账号</td><td></td><td>账号</td><td colspan="11"></td></tr>
<tr><td>开户行</td><td></td><td>开户行</td><td colspan="11"></td></tr>
<tr><td rowspan="2">人民币(大写)</td><td colspan="3" rowspan="2"></td><td>亿</td><td>千</td><td>百</td><td>十</td><td>万</td><td>千</td><td>百</td><td>十</td><td>元</td><td>角</td><td>分</td></tr>
<tr><td></td><td></td><td></td><td></td><td></td><td></td><td></td><td></td><td></td><td></td><td></td></tr>
<tr><td colspan="2">票据种类</td><td></td><td colspan="13" rowspan="3">收款人开户盖章</td></tr>
<tr><td colspan="2">票据张数</td><td></td></tr>
<tr><td colspan="3">单位主管： 会计： 复核： 记账：</td></tr>
</table>

附表 3-11-1

中国工商银行进账单(收款通知)

年 月 日 第 号

<table>
<tr><td rowspan="3">付款人</td><td>全称</td><td></td><td rowspan="3">收款人</td><td>全称</td><td colspan="11"></td></tr>
<tr><td>账号</td><td></td><td>账号</td><td colspan="11"></td></tr>
<tr><td>开户行</td><td></td><td>开户行</td><td colspan="11"></td></tr>
<tr><td rowspan="2">人民币(大写)</td><td colspan="3" rowspan="2"></td><td>亿</td><td>千</td><td>百</td><td>十</td><td>万</td><td>千</td><td>百</td><td>十</td><td>元</td><td>角</td><td>分</td></tr>
<tr><td></td><td></td><td></td><td></td><td></td><td></td><td></td><td></td><td></td><td></td><td></td></tr>
<tr><td colspan="2">票据种类</td><td></td><td colspan="13" rowspan="3">收款人开户盖章</td></tr>
<tr><td colspan="2">票据张数</td><td></td></tr>
<tr><td colspan="3">单位主管： 会计： 复核： 记账：</td></tr>
</table>

附表 3-12-1

中国工商银行进账单(收款通知)

年 月 日 第 号

<table>
<tr><td rowspan="3">付款人</td><td>全称</td><td></td><td rowspan="3">收款人</td><td>全称</td><td colspan="11"></td></tr>
<tr><td>账号</td><td></td><td>账号</td><td colspan="11"></td></tr>
<tr><td>开户行</td><td></td><td>开户行</td><td colspan="11"></td></tr>
<tr><td rowspan="2">人民币(大写)</td><td colspan="3" rowspan="2"></td><td>亿</td><td>千</td><td>百</td><td>十</td><td>万</td><td>千</td><td>百</td><td>十</td><td>元</td><td>角</td><td>分</td></tr>
<tr><td></td><td></td><td></td><td></td><td></td><td></td><td></td><td></td><td></td><td></td><td></td></tr>
<tr><td colspan="2">票据种类</td><td></td><td colspan="13" rowspan="3">收款人开户盖章</td></tr>
<tr><td colspan="2">票据张数</td><td></td></tr>
<tr><td colspan="3">单位主管： 会计： 复核： 记账：</td></tr>
</table>

附表 3-13-1

增值税专用发票

记账联

开票日期:2013 年 11 月 25 日

购货单位			
名称	双城公司	纳税人登记号	643329857983357
地址、电话	南汇市爱民区兴平路 28 号 65666253	开户银行及账号	中国工商银行南汇市爱民支行 3293290689687

商品或劳务名	计量单位	数量	单价	金额 十	万	千	百	十	元	角	分	税率%	税额 十	万	千	百	十	元	角	分
甲产品	件	400	100		4	0	0	0	0	0	0	17			6	8	0	0	0	0
合计					4	0	0	0	0	0	0				6	8	0	0	0	0
价税合计(大写)	肆万陆仟捌佰元整												¥46 800.00							

销货单位			
名称	智慧电子股份有限公司	纳税人登记号	643329857321657
地址、电话	6566660	开户银行及账号	工行爱民支行 3293290689224
备注			

第四联记账联 销货方记账

销货单位(章):(印) 收款人:郭珏 复核:赵阳 开票人:张琴

附表 3-13-2

商业承兑汇票 3

汇票号码 SC02895

签发日期:2013 年 11 月 25 日 第 051 号

收款单位				付款单位			
全称	智慧电子股份有限公司			全称	双城公司		
账号或地址	3293290689224			账号或地址	3293290689687		
开户银行	工行爱民支行	行号		开户银行	工行爱民支行	行号	

金额	十	万	千	百	十	元	角	分
人民币(大写)肆万陆仟捌佰元整	¥	4	6	8	0	0	0	0

汇票到期日	3 个月	交易合同号码	
本汇票已经本单位承兑,到期日无条件支付票款。 付款人盖章 负责: 经办: 2013 年 11 月 25 日			

附表 3-14-1

增值税专用发票

发票联

开票日期:2013 年 12 月 5 日

购货单位			
名称	智慧电子股份有限公司	纳税人登记号	6643329857321657
地址、电话	南汇市汇都区桂花路 24 号 6566660	开户银行及账号	中国工商银行南汇市爱民支行 3293290689224

商品或劳务名	计量单位	数量	单价	金额 十	万	千	百	十	元	角	分	税率%	税额 十	万	千	百	十	元	角	分
D产品	件	200	200		4	0	0	0	0	0	0	17			6	8	0	0	0	0
合计					4	0	0	0	0	0	0				6	8	0	0	0	0
价税合计(大写)	肆万陆仟捌佰元整												¥46 800.00							

销货单位			
名称	丽格公司	纳税人登记号	89632985798563
地址、电话	0451-5689772	开户银行及账号	农行太平支行 2562587413852
备注			

第二联发票联 购货方记账

销货单位(章):(印) 收款人:纪扬 复核:刘学军 开票人:李傅

附表 3-14-2

入库单

年 月 日 发票号码:NO

材料编号	材料名称及规格	计量单位	数量		价格		运杂费	合计
			应收	实收	单价	金额		
合计								

第三联 记账联

仓库负责人: 材料会计: 收料人: 经办人: 制单:

实训四 应收账款

一、实训目的

通过应收账款的实训,使学生了解商业折扣和现金折扣;理解坏账准备的计提方法;掌握应收账款的核算。

二、实训要求

1. 根据期初余额开设“应收账款”总账及明细账,并登记期初余额。
2. 填制并审核原始凭证。
3. 根据原始凭证填制记账凭证。
4. 审核记账凭证,并根据原始凭证和记账凭证登记“应收账款”总账及明细账。

三、实训组织

1. 所需学时:2 学时。
2. 所需资料:原始凭证、记账凭证、总账、三栏式明细账。

四、实训资料

(一)企业概况

企业名称:智慧电子股份有限公司

法人代表:王牧之

企业性质:股份有限公司

地址:南汇市江都区桂花路 24 号

开户银行:中国工商银行南汇市爱民支行

银行账号:3293290689224

税号:643329857321657

电话:6566660

邮编:150222

(二)期初资料

2013 年 3 月 1 日智慧电子股份有限公司有关应收账款总账与明细账期初余额如表 4-1 所示:

表 4-1 应收账款总账与明细账期初余额表 单位:元

总 账	明细账	金 额	备 注
应收账款	华夏公司	60 000	
	长江公司	250 000	
	百威公司	200 000	2013 年 2 月 27 日发生,付款条件为 2/10、1/20、N/30
合 计		510 000	—

(三)核算方法

应收账款采用总价法进行核算。

(四)有关业务

智慧电子股份有限公司 2013 年 3 月有关应收账款业务资料如下:

1.3 月 1 日,企业销售 A 产品 500 件给君乐公司,单价 140 元,货款为 70 000 元,增值税销项税额为 11 900 元,计 81 900 元,付款条件为 2/10、1/20、N/30,已办好托收手续。(见所附凭证,填增值税专用发票)

2.3 月 4 日,企业收到华夏公司支票一张,偿付前欠货款 60 000 元。(见所附凭证,填进账单)

3.3 月 6 日,企业销售 B 产品 600 件给江城公司,单价为 150 元,货款 90 000 元,销项税额为 15 300 元,用银行存款代垫运费 400 元,价款 105 700 元,付款条件为 2/10、1/20、N/30,已办好委托收款手续。(见所附凭证,填增值税专用发票)

4.3 月 10 日,长江公司给付一张 6 个月的商业承兑汇票,面值为 250 000 元,抵付前欠货款。(见所附凭证)

5.3 月 13 日,企业销售 C 商品 1 000 件给万达公司,单价为 20 元,货款为 20 000 元,销项税额为 3 400 元,用现金代垫运费 200 元,计 23 600 元,企业已办好委托收款手续,付款条件为 2/10、1/20、N/30,但只对货款折扣。(见所附凭证,填增值税专用发票)

6.3 月 16 日,收到百威公司所欠货款。(填进账单)

7.3 月 21 日,收到万达公司货款。(填进账单)

8.3 月 25 日,企业销售 B 产品 800 件给强生公司,单价为 140 元,货款计 112 000 元,销项税额为 19 040 元,计 131 040 元,货款尚未收到。(填增值税专用发票)

9.3 月 30 日,收到江城公司货款。(填进账单)

附表 4-1-1

托收承付凭证(回单)

委托日期 2013 年 3 月 1 日

<table>
<tr><td rowspan="3">收款人</td><td>全 称</td><td colspan="2">智慧电子股份有限公司</td><td rowspan="3">付款人</td><td>全 称</td><td colspan="9">君乐公司</td></tr>
<tr><td>账号或地址</td><td colspan="2">3293290689224</td><td>账号或地址</td><td colspan="9">3687459874524</td></tr>
<tr><td>开户银行</td><td colspan="2">中国工商银行
南汇市爱民支行</td><td>开户银行</td><td colspan="9">农行阳光支行</td></tr>
<tr><td rowspan="2" colspan="2">委托收款金额</td><td rowspan="2" colspan="4">人民币(大写)捌万壹仟玖佰元整</td><td>百</td><td>十</td><td>万</td><td>千</td><td>百</td><td>十</td><td>元</td><td>角</td><td>分</td></tr>
<tr><td></td><td>¥</td><td>8</td><td>1</td><td>9</td><td>0</td><td>0</td><td>0</td><td>0</td></tr>
<tr><td colspan="2">附件</td><td colspan="4">商品发运情况</td><td colspan="9">交易合同号码</td></tr>
<tr><td>寄单证张</td><td>2 张</td><td colspan="4">商品已通过铁路运输</td><td colspan="9">0456987</td></tr>
</table>

附表 4-1-2

增值税专用发票

记账联

开票日期：

购货单位	名称		纳税人登记号																
	地址、电话		开户银行及账号																
商品或劳务名		计量单位	数量	单价	金额								税率%	税额							
					十	万	千	百	十	元	角	分		十	万	千	百	十	元	角	分
合计																					
价税合计(大写)																					
销货单位	名称		纳税人登记号																		
	地址、电话		开户银行及账号																		
备注																					

第四联 记账联 销货方记账

销货单位(章)：(印) 收款人： 复核： 开票人：

附表 4-2-1

中国银行转账支票

支票号码：

签发日期：贰零壹叁年零叁月零肆日 开户银行名称：

收款人：智慧电子股份有限公司 签发人账号：

本支票付款期限十天

人民币(大写)陆万元整	十	万	千	百	十	元	角	分
	￥	6	0	0	0	0	0	0

用途：支付货款 科目(借)

上列款项请从我户内支付 对方科目(贷)

转账日期 年 月 日

签发人盖章 复核：黄珊 记账：蒋燕

附表 4-2-2

中国工商银行进账单(收款通知)

年 月 日 第 号

付款人	全称		收款人	全称										
	账号			账号										
	开户行			开户行										
人民币(大写)				亿	千	百	十	万	千	百	十	元	角	分
票据种类														
票据张数														
单位主管： 会计： 复核： 记账：			收款人开户盖章											

附表 4-3-1

哈尔滨铁路局货物运单

货位：

运输号码： 2013 年 3 月 6 日

发货人填写					铁路填写			
发站	黑龙江		到站	吉林	车种车号	J3579	货车标重	
到站所属省(市)					施封号码	铁路货车篷布号		
发货人	智慧电子股份有限公司				经由	集装箱号		
收货人	江城公司					集装箱箱型		
货物名称	件数	发货人确定重量		铁路确定重量	计费重量	运费		400.00
B产品	600	500		500	500	装费		
						合计		400.00

附表 4-3-2

委托收款凭证(回单)

委托日期 2013 年 3 月 6 日

付款人	全称	智慧电子股份有限公司	收款人	全称	江城公司							
	账号	3293290689224		账号	496789634125456							
	开户行	工行爱民支行		开户行	农行爱民支行							
金额	人民币(大写)壹拾万伍仟柒佰元整			百	十	万	千	百	十	元	角	分
				¥	1	0	5	7	0	0	0	0
款项内容	贷款	委托收款票据名称		增值税专用发票								
备注：												

单位主管：乔丽　　审计：刘红姗　　复核：张江北　　记账：尹慧慧

附表 4-3-3

增值税专用发票

记账联

开票日期：

购货单位	名称				纳税人登记号																	
	地址、电话				开户银行及账号																	
商品或劳务名		计量单位	数量	单价	金额								税率%	税额								
					十	万	千	百	十	元	角	分		十	万	千	百	十	元	角	分	
合计																						
价税合计(大写)																						
销货单位	名称				纳税人登记号																	
	地址、电话				开户银行及账号																	
备注																						

第四联记账联 销货方记账

销货单位(章)：(印)　　收款人：　　复核：　　开票人：

附表 4－4－1

商业承兑汇票 3

汇票号码 SC02824

签发日期：2013 年 3 月 10 日　　　　第 055 号

<table>
<tr><td rowspan="3">收款单位</td><td>全　称</td><td colspan="3">智慧电子股份有限公司</td><td rowspan="3">付款单位</td><td>全　称</td><td colspan="3">长江公司</td></tr>
<tr><td>账号或地址</td><td colspan="3">3293290689224</td><td>账号或地址</td><td colspan="3">6313290689654</td></tr>
<tr><td>开户银行</td><td>工行爱民支行</td><td>行号</td><td></td><td>开户银行</td><td>工行西安区支行</td><td>行号</td><td></td></tr>
</table>

<table>
<tr><td rowspan="2">金额</td><td rowspan="2">人民币（大写）贰拾伍万元整</td><td>百</td><td>十</td><td>万</td><td>千</td><td>百</td><td>十</td><td>元</td><td>角</td><td>分</td></tr>
<tr><td>¥</td><td>2</td><td>5</td><td>0</td><td>0</td><td>0</td><td>0</td><td>0</td><td>0</td></tr>
</table>

<table>
<tr><td>汇票到期日</td><td>6 个月</td><td>交易合同号码</td><td></td></tr>
<tr><td colspan="2">本汇票已经本单位承兑，到期日无条件支付票款。
付款人盖章
负责：　经办：　2013 年 3 月 10 日</td><td colspan="2"></td></tr>
</table>

附表 4－5－1

哈尔滨铁路局货物运单

货位：

运输号码：　　2013 年 3 月 13 日

<table>
<tr><td colspan="5">发货人填写</td><td colspan="3">铁路填写</td></tr>
<tr><td>发站</td><td>黑龙江</td><td>到站</td><td colspan="2">长春</td><td>车种车号</td><td>J3579</td><td>货车标重</td></tr>
<tr><td colspan="2">到站所属省（市）</td><td colspan="3"></td><td>施封号码</td><td colspan="2">铁路货车篷布号</td></tr>
<tr><td>发货人</td><td colspan="4">智慧电子股份有限公司</td><td>经由</td><td>集装箱号</td><td></td></tr>
<tr><td>收货人</td><td colspan="4">万达公司</td><td></td><td>集装箱箱型</td><td></td></tr>
<tr><td>货物名称</td><td>件数</td><td>发货人确定重量</td><td>铁路确定重量</td><td>计费重量</td><td colspan="2">运费</td><td>200.00</td></tr>
<tr><td>C 产品</td><td>1 000</td><td>250</td><td>250</td><td>250</td><td colspan="2">装费</td><td></td></tr>
<tr><td></td><td></td><td></td><td></td><td></td><td colspan="2"></td><td></td></tr>
<tr><td></td><td></td><td></td><td></td><td></td><td colspan="2"></td><td></td></tr>
<tr><td></td><td></td><td></td><td></td><td></td><td colspan="2">合计</td><td>200.00</td></tr>
</table>

附表 4－5－2

委托收款凭证（回单）

委托日期　2013 年 3 月 13 日

<table>
<tr><td rowspan="3">付款人</td><td>全　称</td><td>智慧电子股份有限公司</td><td rowspan="3">收款人</td><td>全　称</td><td>万达公司</td></tr>
<tr><td>账　号</td><td>3293290689224</td><td>账　号</td><td>496789634125456</td></tr>
<tr><td>开户行</td><td>工行爱民支行</td><td>开户行</td><td>中行江北支行</td></tr>
</table>

<table>
<tr><td rowspan="2">金额</td><td rowspan="2">人民币（大写）贰万叁仟陆佰元整</td><td>百</td><td>十</td><td>万</td><td>千</td><td>百</td><td>十</td><td>元</td><td>角</td><td>分</td></tr>
<tr><td></td><td>¥</td><td>2</td><td>3</td><td>6</td><td>0</td><td>0</td><td>0</td><td>0</td></tr>
</table>

<table>
<tr><td>款项内容</td><td>贷款</td><td>委托收款票据名称</td><td>增值税专用发票</td></tr>
<tr><td colspan="3">备注：</td><td></td></tr>
</table>

单位主管：乔丽　　审计：刘红姗　　复核：张江北　　记账：尹慧慧

附表 4-5-3

增值税专用发票

记账联

开票日期：

购货单位	名称		纳税人登记号																
	地址、电话		开户银行及账号																
商品或劳务名		计量单位	数量	单价	金额								税率%	税额							
					十	万	千	百	十	元	角	分		十	万	千	百	十	元	角	分
合计																					
价税合计(大写)																					
销货单位	名称		纳税人登记号																		
	地址、电话		开户银行及账号																		
备注																					

第四联记账联 销货方记账

销货单位(章)：(印)　　收款人：　　复核：　　开票人：

附表 4-6-1

中国工商银行进账单(收款通知)

年　月　日　　　　第　　号

付款人	全　称		收款人	全　称											
	账　号			账　号											
	开户行			开户行											
人民币(大写)				亿	千	百	十	万	千	百	十	元	角	分
票据种类														
票据张数														
单位主管：　会计：　复核：　记账：			收款人开户盖章											

附表 4-7-1

中国工商银行进账单(收款通知)

年　月　日　　　　第　　号

付款人	全　称		收款人	全　称											
	账　号			账　号											
	开户行			开户行											
人民币(大写)				亿	千	百	十	万	千	百	十	元	角	分
票据种类														
票据张数														
单位主管：　会计：　复核：　记账：			收款人开户盖章											

附表 4－8－1

增值税专用发票

记账联

开票日期：

<table>
<tr><td rowspan="2">购货单位</td><td>名称</td><td colspan="6"></td><td colspan="2">纳税人登记号</td><td colspan="9"></td><td rowspan="13">第四联记账联　销货方记账</td></tr>
<tr><td>地址、电话</td><td colspan="6"></td><td colspan="2">开户银行及账号</td><td colspan="9"></td></tr>
<tr><td colspan="2" rowspan="2">商品或劳务名</td><td rowspan="2">计量单位</td><td rowspan="2">数量</td><td rowspan="2">单价</td><td colspan="8">金　额</td><td rowspan="2">税率%</td><td colspan="8">税　额</td></tr>
<tr><td>十</td><td>万</td><td>千</td><td>百</td><td>十</td><td>元</td><td>角</td><td>分</td><td>十</td><td>万</td><td>千</td><td>百</td><td>十</td><td>元</td><td>角</td><td>分</td></tr>
<tr><td colspan="2"></td><td></td><td></td><td></td><td></td><td></td><td></td><td></td><td></td><td></td><td></td><td></td><td></td><td></td><td></td><td></td><td></td><td></td><td></td><td></td><td></td></tr>
<tr><td colspan="2"></td><td></td><td></td><td></td><td></td><td></td><td></td><td></td><td></td><td></td><td></td><td></td><td></td><td></td><td></td><td></td><td></td><td></td><td></td><td></td><td></td></tr>
<tr><td colspan="2">合计</td><td></td><td></td><td></td><td></td><td></td><td></td><td></td><td></td><td></td><td></td><td></td><td></td><td></td><td></td><td></td><td></td><td></td><td></td><td></td><td></td></tr>
<tr><td colspan="2">价税合计(大写)</td><td colspan="20"></td></tr>
<tr><td rowspan="2">销货单位</td><td>名称</td><td colspan="8"></td><td colspan="4">纳税人登记号</td><td colspan="8"></td></tr>
<tr><td>地址、电话</td><td colspan="8"></td><td colspan="4">开户银行及账号</td><td colspan="8"></td></tr>
<tr><td>备注</td><td colspan="21"></td></tr>
</table>

销货单位(章)：(印)　　收款人：　　复核：　　开票人：

附表 4－9－1

中国工商银行进账单(收款通知)

年　月　日　　　　　　第　　号

<table>
<tr><td rowspan="3">付款人</td><td>全　称</td><td colspan="2"></td><td rowspan="3">收款人</td><td>全　称</td><td colspan="11"></td></tr>
<tr><td>账　号</td><td colspan="2"></td><td>账　号</td><td colspan="11"></td></tr>
<tr><td>开户行</td><td colspan="2"></td><td>开户行</td><td colspan="11"></td></tr>
<tr><td rowspan="2">人民币(大写)</td><td colspan="4" rowspan="2"></td><td>亿</td><td>千</td><td>百</td><td>十</td><td>万</td><td>千</td><td>百</td><td>十</td><td>元</td><td>角</td><td>分</td></tr>
<tr><td></td><td></td><td></td><td></td><td></td><td></td><td></td><td></td><td></td><td></td><td></td></tr>
<tr><td colspan="2">票据种类</td><td></td><td colspan="14" rowspan="3">收款人开户盖章</td></tr>
<tr><td colspan="2">票据张数</td><td></td></tr>
<tr><td colspan="3">单位主管：　会计：　复核：　记账：</td></tr>
</table>

实训五　预付账款及其他应收款

一、实训目的

通过预付账款及其他应收款的实训，使学生了解预付账款及其他应收款的核算内容，并掌握预付账款及其他应收款的核算。

二、实训要求

1. 根据期初余额开设“预付账款”及“其他应收款”明细账，并登记期初余额。

2. 填制并审核原始凭证。

3. 根据原始凭证填制记账凭证。

4. 审核记账凭证，并根据原始凭证和记账凭证登记“预付账款”及“其他应收款”总账及明细账。

三、实训组织

1.所需学时:2 学时。

2.所需资料:原始凭证、记账凭证、三栏式明细账。

四、实训资料

(一)企业概况

企业名称:智慧电子股份有限公司

法人代表:王牧之

企业性质:股份有限公司

地址:南汇市江都区桂花路 24 号

开户银行:中国工商银行南汇市爱民支行

银行账号:3293290689224

税号:643329857321657

电话:6566660

邮编:150222

(二)期初资料

2013 年 3 月 1 日智慧电子股份有限公司有关预付账款及其他应收款期初余额如表 5-1 所示。

表 5-1 预付账款及其他应收款总账与明细账期初余额表 单位:元

总 账	明细账	金 额	备 注
预付账款	红仓公司	20 000	预付货款
其他应付款	刘江山	2 500	预借差旅费
	平安保险公司	3 500	汽车保险
合 计		26 000	—

(三)有关业务

智慧电子股份有限公司 2013 年 3 月发生如下经济业务:

1.3 月 2 日,预付广茂公司采购材料款 40 000 元,通过银行电汇。(填电汇凭证)

2.3 月 6 日,刘江山出差归来报销差旅费 2 200 元,归还现金 380 元。(见所附凭证,代刘江山填差旅费报销单:目的地沈阳,单程卧铺车票 370 元,出差共 7 天,住宿 6 天,住宿费每天 150 元,出差每日补助 80 元)

3.3 月 10 日,对总务部实行备用金制度,用转账支票拨付备用金 5 000 元。(填转账支票)

4.3 月 12 日,行政部张乐出差预借差旅费 5 000 元,用现金支付。(填借款单)

5.3 月 15 日,红仓公司发来甲材料 4 吨,每吨单价为 20 000 元,货款 80 000 元,进项税额为 13 600 元,计 93 600 元,用电汇补付剩余款项。(见所附凭证,填电汇凭证、入库单)

6.3 月 17 日,用转账支票为职工刘奇祥垫付医药费 6 000 元。(填转账支票)

7.3 月 20 日,用银行存款预付江陵公司的材料款 30 000 元。(填信汇凭证)

8.3 月 25 日,收到平安保险公司的赔偿金 3 500 元,存入银行。(见所附凭证)

9.3 月 28 日,收到广茂公司发来的乙材料 200 件,每件 150 元,计 30 000 元,进项税额为

5 100元，价税合计 35 100 元，余款退回。（见所附凭证，填入库单）

10. 3 月 29 日，总务部报销购买开水煲 10 个，每个 120 元，计 1 200 元，用现金补足备用金。（见所附凭证，填费用报销单）

附表 5－1－1

中国工商银行电汇凭证(回单)

委托日期　　年　月　日　　　　　　　　第　　号

<table>
<tr><td rowspan="3">汇款人</td><td>全称</td><td colspan="4"></td><td rowspan="3">收款人</td><td>全称</td><td colspan="4"></td></tr>
<tr><td>账号或住址</td><td colspan="4"></td><td>账号或住址</td><td colspan="4"></td></tr>
<tr><td>汇出地点</td><td></td><td>汇出行名称</td><td colspan="2"></td><td>汇入地点</td><td></td><td>汇入行名称</td><td colspan="2"></td></tr>
<tr><td>金额</td><td colspan="6">人民币（大写）</td><td colspan="5">百 十 万 千 百 十 元 角 分</td></tr>
<tr><td colspan="7">汇款用途：前欠货款</td><td colspan="5" rowspan="2">汇出行盖章
年 月 日</td></tr>
<tr><td colspan="7">上列款项已根据委托办理。如需查询，请持此回单面洽。</td></tr>
</table>

单位主管：　　会计：　　出纳：　　记账：

附表 5－2－1

T06128　　南汇　售

南 汇　　K296 次　　沈阳北

NanHui　　→　　SenYangBei

2013 年 **2** 月 **26** 日 **11:38** 开　　**3**车 **3** 号下铺

￥370元　　新空调硬卧

限当日当次车

刘江山

****

********** *******

附表 5－2－2

T06129　　沈阳北　售

沈阳北　　K295 次　　南 汇

SenYangBei　　→　　NanHui

2013 年 **3** 月 **5** 日 **21:11** 开　　**5** 车 **7** 号下铺

￥370元　　新空调硬卧

限当日当次车

刘江山

****

********** *******

附表 5-2-3

沈阳市旅店专用发票

旅客姓名：刘江山　　2013 年 3 月 5 日　　沈地税监制：NO.0026547

摘要	入住日期	离店日期	住宿天数	单价	金额						备注
					千	百	十	元	角	分	
住宿	2.26	3.5	6	150		9	0	0	0	0	
小写金额合计					¥	9	0	0	0	0	
合计：人民币(大写)玖佰元整											

单位：　　收款员：刘冰

附表 5-2-4

差旅费报销单

单位：　　年　月　日

出发地			到达地			公出补助			车船飞机费	卧铺	住宿费	市内车费	邮电费	其他	合计
月	日	地点	月	日	地点	天数	标准	金额							
小计															
合计人民币(大写)：															
备注：预支　核销　退补															

主管：　部门：　公出人姓名：　审核人：

附表 5-3-1

中国工商银行转账支票存根

支票号码：

签发日期：

收款人：
金额：
用途：
备注：

单位主管：　会计：

中国工商银行**转账支票**　　支票号码：

签发日期(大写)：　年　月　日　　开户行名称：

收款人：　　签发人账号：

人民币(大写)	千	百	十	万	千	百	十	元	角	分

用途：

上列款项请从我账户内支付　　复核

签发人盖章　　记账

验印

附表 5－4－1

借款单

年　月　日

借款单位：			金额									备注
			百	十	万	千	百	十	元	角	分	
人民币(大写)												
借款事由：												
单位领导	财务负责人	部门负责人	借款人									

附表 5－5－1

增值税专用发票

发票联

开票日期:2013 年 3 月 15 日

购货单位	名称	智慧电子股份有限公司	纳税人登记号	643329857321657
	地址、电话	南汇市汇都区桂花路 24 号 6566660	开户银行及账号	中国工商银行南汇市爱民支行 3293290689224

商品或劳务名	计量单位	数量	单价	金额								税率	税额							
				十	万	千	百	十	元	角	分	%	十	万	千	百	十	元	角	分
甲材料	吨	4	20 000		8	0	0	0	0	0	0	17		1	3	6	0	0	0	0
合计					8	0	0	0	0	0	0			1	3	6	0	0	0	0

价税合计(大写)	玖万叁仟陆佰元整		￥93 600.00
销货单位 名称	红仓公司	纳税人登记号	36632985798581
销货单位 地址、电话	0451－5548967	开户银行及账号	建行太平支行 4562587468831
备注			

第二联 发票联 购货方记账

销货单位(章)：(印)　　收款人：庞庆林　　复核：刘惠　　开票人：姜红

附表 5－5－2

中国工商银行电汇凭证(回单)

委托日期　年　月　日　　　　第　号

汇款人	全称			收款人	全称		
	账号或住址				账号或住址		
	汇出地点		汇出行名称		汇入地点		汇入行名称

金额	人民币(大写)	百	十	万	千	百	十	元	角	分

汇款用途：

上列款项已根据委托办理。如需查询，请持此回单面洽。

单位主管：　　会计：　　出纳：　　记账：

汇出行盖章

年　月　日

附表 5-5-3

入库单

年 月 日　　　发票号码:NO

材料编号	材料名称及规格	计量单位	数量		价格		运杂费	合计
			应收	实收	单价	金额		
合计								

第三联 记账联

仓库负责人:　　材料会计:　　收料人:　　经办人:　　制单:

附表 5-6-1

中国工商银行转账支票存根

支票号码:

签发日期:

收款人:
金额:
用途:
备注:

单位主管:　　会计:

中国工商银行**转账支票**　　支票号码:

签发日期(大写):　年　月　日　　开户行名称:

收款人:　　签发人账号:

人民币(大写)	千	百	十	万	千	百	十	元	角	分

用途:

上列款项请从　　复核

我账户内支付　　记账

签发人盖章　　验印

附表 5-7-1

中国工商银行信汇凭证(回单)

委托日期　　年　月　日　　　第　号

<table>
<tr><td rowspan="3">汇款人</td><td>全称</td><td colspan="3"></td><td rowspan="3">收款人</td><td>全称</td><td colspan="9"></td></tr>
<tr><td>账号或住址</td><td colspan="3"></td><td>账号或地址</td><td colspan="9"></td></tr>
<tr><td>汇出地点</td><td></td><td>汇出行名称</td><td></td><td>汇入地点</td><td colspan="2"></td><td>汇入行名称</td><td colspan="6"></td></tr>
<tr><td rowspan="2">金额</td><td colspan="5" rowspan="2">人民币(大写)</td><td>百</td><td>十</td><td>万</td><td>千</td><td>百</td><td>十</td><td>元</td><td>角</td><td>分</td></tr>
<tr><td></td><td></td><td></td><td></td><td></td><td></td><td></td><td></td><td></td></tr>
<tr><td colspan="6">汇款用途:</td><td colspan="9">汇出行盖章
年 月 日</td></tr>
</table>

附表 5－8－1

中国工商银行进账单(收款通知)

2013 年 3 月 25 日　　　　第 3654 号

付款人			收款人									
付款人	全　称	平安保险公司	收款人	全　称	智慧电子股份有限公司							
	账　号	3293290689325		账　号	3293290689224							
	开户行	工行东安支行		开户行	工行爱民支行							
人民币(大写)	叁仟伍佰元整		百	十	万	千	百	十	元	角	分	
					¥	3	5	0	0	0	0	
票据种类	转账支票											
票据张数	1 张											
单位主管：　会计：　复核：　记账：			收款人开户盖章									

附表 5－9－1

增值税专用发票

发票联

开票日期:2013 年 3 月 28 日

购货单位	名称	智慧电子股份有限公司	纳税人登记号		643329857321657																		
	地址、电话	南汇市汇都区桂花路24 号 6566660	开户银行及账号		中国工商银行南汇市爱民支行 3293290689224																		
商品或劳务名		计量单位	数量	单价	金额								税率%	税额							
					十	万	千	百	十	元	角	分		十	万	千	百	十	元	角	分
甲材料		吨	200	150		3	0	0	0	0	0	0	17			5	1	0	0	0	0
合计						3	0	0	0	0	0	0				5	1	0	0	0	0
价税合计(大写)		叁万伍仟壹佰元整			¥35 100.00																
销货单位	名称	广茂公司	纳税人登记号		36632985798581																
	地址、电话	0451－5548921	开户银行及账号		中行太平支行 4562587468825																
备注																					

第二联　发票联　购货方记账

销货单位(章)：(印)　　收款人：杜聪　　复核：王得利　　开票人：刘莉莉

附表 5－9－2

中国工商银行进账单(收款通知)

2013 年 3 月 28 日　　　　第 3655 号

付款人			收款人									
付款人	全　称	广茂公司	收款人	全　称	智慧电子股份有限公司							
	账　号	4562587468825		账　号	3293290689224							
	开户行	中行太平支行		开户行	工行爱民支行							
人民币(大写)	肆仟玖佰元整		百	十	万	千	百	十	元	角	分	
					¥	4	9	0	0	0	0	
票据种类	转账支票											
票据张数	1 张											
单位主管：　会计：　复核：　记账：			收款人开户盖章									

附表 5-9-3

入库单

年 月 日 发票号码:NO

材料编号	材料名称及规格	计量单位	数量		价格		运杂费	合计
			应收	实收	单价	金额		
合计								

第三联 记账联

仓库负责人: 材料会计: 收料人: 经办人: 制单:

附表 5-10-1

商品零售发票

购货单位:智慧电子股份有限公司 2013 年 3 月 29 日

货号	品名规格	单位	数量	单价	金额									备注
					百	十	万	千	百	十	元	角	分	
	开水煲	个	10	120				1	2	0	0	0	0	
合 计:人民币(大写)壹仟贰佰元整							¥	1	2	0	0	0	0	

复核: 收款:李戚 开票:吴应真

附表 5-10-2

费用报销单

年 月 日

	金额									备注
单位:	百	十	万	千	百	十	元	角	分	
用途:										
人民币(大写)										

单位领导	财务负责人	部门负责人	报销人

实训六 坏账准备

一、实训目的

通过坏账准备的实训,使学生掌握坏账准备的计提方法及坏账准备的核算。

二、实训要求

1. 根据期初余额开设"坏账准备"总账及明细账,并登记期初余额。
2. 填制并审核原始凭证。
3. 根据原始凭证填制记账凭证。
4. 审核记账凭证,并根据原始凭证和记账凭证登记"坏账准备"总账及明细账。

三、实训组织

1. 所需学时:4 学时。
2. 所需资料:原始凭证、记账凭证、三栏式明细账。

四、实训资料

(一)企业概况

企业名称:智慧电子股份有限公司

法人代表:王牧之

企业性质:股份有限公司

地址:南汇市江都区桂花路 24 号

开户银行:中国工商银行南汇市爱民支行

银行账号:3293290689224

税号:643329857321657

电话:6566660

邮编:150222

(二)期初资料

智慧电子股份有限公司 2013 年 1 月初有关"坏账准备"明细资料如表 6-1 所示。

表 6-1 坏账准备期初余额表

单位:元

总账	明细账	金额
坏账准备	应收账款	16 000(贷方)
	其他应收款	500(贷方)
合计	—	16 500

(三)核算方法

企业对应收账款采用年末余额百分比法计提坏账准备,对应收账款按 3%的比例,对其他应收款按 1%的比例。

(四)有关业务

智慧电子股份有限公司 2013—2016 年发生以下有关坏账准备的经济业务:

1. 2013 年 6 月 24 日,应收美达工厂的货款三年未收回,因美达工厂倒闭无法收回,确认坏账 15 000 元。(填坏账损失确认表)

2. 2013 年 12 月 31 日,应收账款余额为 400 000 元,其他应收账款余额为 60 000 元。(填坏账准备计提表)

3.2014 年 4 月 5 日，上半年已确认的应收账款坏账又收回 3 000 元。(填进账单)

4.2014 年 8 月 2 日，应收职工王宝丽的欠款 4 000 元因王宝丽的去世无法收回。(填坏账损失确认表)

5.2014 年 12 月 31 日，应收账款余额为 300 000 元，其他应收账款余额为 45 000 元。(填坏账准备计提表)

6.2015 年 7 月 9 日，应收光明工厂的欠款 20 000 元，因光明工厂连年发生严重亏损，已进入破产程序，确实无法收回。(填坏账损失确认表)

7.2015 年 12 月 31 日，应收账款余额为 800 000 元，其他应收账款余额为 9 600 元。(填坏账准备计提表)

8.2016 年 10 月 2 日，原已确认的其他应收款坏账又收回 2 000 元。(填进账单)

9.2016 年 12 月 31 日，应收账款余额为 250 000 元，其他应收账款余额为 10 000 元。(填坏账准备计提表)

附表 6-1-1

坏账损失确认表

年 月 日

欠款单位	欠款金额	逾期年限	逾期原因	处理意见

主管： 制单： 领导签字：

附表 6-2-1

坏账准备计提表

年 月 日

项 目	账面余额	计提比例	应计提准备数	账面已提数	应补提(或冲减)数
应收账款					
其他应收款					
合 计					

附表 6-3-1

中国工商银行进账单(收款通知)

年 月 日 第 号

<table>
<tr><td rowspan="3">付款人</td><td>全 称</td><td colspan="2"></td><td rowspan="3">收款人</td><td>全 称</td><td colspan="11"></td></tr>
<tr><td>账 号</td><td colspan="2"></td><td>账 号</td><td colspan="11"></td></tr>
<tr><td>开户行</td><td colspan="2"></td><td>开户行</td><td colspan="11"></td></tr>
<tr><td rowspan="2">人民币
(大写)</td><td colspan="4" rowspan="2"></td><td>亿</td><td>千</td><td>百</td><td>十</td><td>万</td><td>千</td><td>百</td><td>十</td><td>元</td><td>角</td><td>分</td></tr>
<tr><td></td><td></td><td></td><td></td><td></td><td></td><td></td><td></td><td></td><td></td><td></td></tr>
<tr><td colspan="2">票据种类</td><td></td><td colspan="14" rowspan="3">收款人开户盖章</td></tr>
<tr><td colspan="2">票据张数</td><td></td></tr>
<tr><td colspan="3">单位主管： 会计： 复核： 记账：</td></tr>
</table>

附表 6－4－1

坏账损失确认表

年 月 日

欠款单位	欠款金额	逾期年限	逾期原因	处理意见

主管： 制单： 领导签字：

附表 6－5－1

坏账准备计提表

年 月 日

项目	账面余额	计提比例	应计提准备数	账面已提数	应补提(或冲减)数
应收账款					
其他应收款					
合计					

附表 6－6－1

坏账损失确认表

年 月 日

欠款单位	欠款金额	逾期年限	逾期原因	处理意见

主管： 制单： 领导签字：

附表 6－7－1

坏账准备计提表

年 月 日

项目	账面余额	计提比例	应计提准备数	账面已提数	应补提(或冲减)数
应收账款					
其他应收款					
合计					

附表 6－8－1

中国工商银行进账单(收款通知)

年 月 日 第 号

<table>
<tr><td rowspan="3">付款人</td><td>全称</td><td colspan="3"></td><td rowspan="3">收款人</td><td colspan="3">全称</td><td colspan="8"></td></tr>
<tr><td>账号</td><td colspan="3"></td><td colspan="3">账号</td><td colspan="8"></td></tr>
<tr><td>开户行</td><td colspan="3"></td><td colspan="3">开户行</td><td colspan="8"></td></tr>
<tr><td rowspan="2">人民币(大写)</td><td rowspan="2" colspan="5"></td><td>亿</td><td>千</td><td>百</td><td>十</td><td>万</td><td>千</td><td>百</td><td>十</td><td>元</td><td>角</td><td>分</td></tr>
<tr><td></td><td></td><td></td><td></td><td></td><td></td><td></td><td></td><td></td><td></td><td></td></tr>
<tr><td colspan="2">票据种类</td><td colspan="2"></td><td colspan="13" rowspan="3">收款人开户盖章</td></tr>
<tr><td colspan="2">票据张数</td><td colspan="2"></td></tr>
<tr><td colspan="4">单位主管： 会计： 复核： 记账：</td></tr>
</table>

附表 6-9-1

坏账准备计提表

年 月 日

项 目	账面余额	计提比例	应计提准备数	账面已提数	应补提(或冲减)数
应收账款					
其他应收款					
合 计					

实训七 存货收入与发出的计价

一、实训目的

通过存货收入与发出的计价业务的实训,使学生能够熟悉存货的确认及盘存方法,能够利用存货收入和发出计价方法对存货进行计价,让学生掌握各类型存货计价方法及原材料明细账的登记,提高学生的核算能力。

二、实训要求

1. 根据期初余额开设"原材料"明细账,并登记期初余额。
2. 填制并审核原始凭证。
3. 根据原始凭证填制记账凭证。
4. 审核记账凭证,并根据原始凭证和记账凭证登记甲材料明细账。(采用先进先出法、加权平均法、个别计价法分别登记甲材料明细账)

三、实训组织

1. 所需学时:4 学时。
2. 所需资料:原始凭证、记账凭证、数量金额式明细账。

四、实训资料

(一)企业概况

企业名称:智慧电子股份有限公司

法人代表:王牧之

企业性质:股份有限公司

地址:南汇市江都区桂花路 24 号

开户银行:中国工商银行南汇市爱民支行

银行账号:3293290689224

税号:643329857321657

电话:6566660

邮编:150222

(二)期初资料

2013 年 10 月 1 日智慧电子股份有限公司有关原材料总账与明细账期初余额如表 7-1 所示。

表 7-1 总账与明细账期初余额表

单位：元

总账账户	明细账户	借方余额		
		数量(千克)	单价	金额
原材料	甲材料	2 000	4.00	8 000

(三)核算方法

该企业存货按照实际成本核算。

(四)有关业务

智慧电子股份有限公司 2013 年 10 月发生以下与存货有关的经济业务：

1.10 月 6 日，从双利公司购进甲材料 6 000 千克，单价 4.20 元/千克，计 25 200 元，增值税税率为 17%，款项用转账支票付讫，材料验收入库。(见所附凭证，填转账支票、入库单)

2.10 月 10 日，一车间生产产品领用甲材料 4 000 千克。(填领料单)

3.10 月 16 日，从伟光公司购进甲材料 5 000 千克，单价 4.4 元/千克，计 22 000 元，增值税税率为 17%，对方代垫运杂费 200 元，款项用 2 个月期限的银行承兑汇票付讫，材料尚未到达企业。(见所附凭证)

4.10 月 18 日，从伟光公司购进的甲材料到达企业，验收入库。(填入库单)

5.10 月 20 日，二车间生产产品领用甲材料 6 000 千克。(填领料单)

6.10 月 25 日，从双利公司购进甲材料 4 000 千克，单价 4.25 元/千克，计 17 000 元，增值税率为 17%，款项用转账支票付讫，材料验收入库。(见所附凭证，填转账支票、入库单)

7.10 月 28 日，一车间生产产品领用甲材料 5 000 千克。(填领料单)

(注：个别计价法 10 月 10 日发出的甲材料 4 000 千克全部为 10 月 6 日购进的；10 月 20 日发出的 6 000 千克甲材料，其中 2 000 千克为期初余额，1 000 千克为 10 月 6 日购进的，其余 3 000 公斤为 10 月 16 日购进的；10 月 28 日发出的 5 000 千克甲材料，其中 2 000 千克为 10 月 16 日购进的，3 000 千克为 10 月 25 日购进的)

附表 7-1-1

增值税专用发票

发票联

开票日期：2013 年 10 月 6 日

<table>
<tr><td rowspan="2">购货单位</td><td>名称</td><td colspan="3">智慧电子股份有限公司</td><td colspan="8">纳税人登记号</td><td colspan="9">643329857321657</td></tr>
<tr><td>地址、电话</td><td colspan="3">南汇市汇都区桂花路24 号 6566660</td><td colspan="8">开户银行及账号</td><td colspan="9">中国工商银行南汇市爱民支行 3293290689224</td></tr>
<tr><td colspan="2" rowspan="2">商品或劳务名</td><td rowspan="2">计量单位</td><td rowspan="2">数量</td><td rowspan="2">单价</td><td colspan="8">金 额</td><td>税率</td><td colspan="8">税 额</td></tr>
<tr><td>十</td><td>万</td><td>千</td><td>百</td><td>十</td><td>元</td><td>角</td><td>分</td><td>%</td><td>十</td><td>万</td><td>千</td><td>百</td><td>十</td><td>元</td><td>角</td><td>分</td></tr>
<tr><td colspan="2">甲材料</td><td>千克</td><td>6 000</td><td>4.2</td><td></td><td>2</td><td>5</td><td>2</td><td>0</td><td>0</td><td>0</td><td>0</td><td>17</td><td></td><td></td><td>4</td><td>2</td><td>8</td><td>4</td><td>0</td><td>0</td></tr>
<tr><td colspan="2"></td><td></td><td></td><td></td><td></td><td></td><td></td><td></td><td></td><td></td><td></td><td></td><td></td><td></td><td></td><td></td><td></td><td></td><td></td><td></td><td></td></tr>
<tr><td colspan="2">合计</td><td></td><td></td><td></td><td></td><td>2</td><td>5</td><td>2</td><td>0</td><td>0</td><td>0</td><td>0</td><td></td><td></td><td></td><td>4</td><td>2</td><td>8</td><td>4</td><td>0</td><td>0</td></tr>
<tr><td colspan="2">价税合计(大写)</td><td colspan="20">贰万玖仟肆佰捌拾肆元整 ¥29 484.00</td></tr>
<tr><td rowspan="2">销货单位</td><td>名称</td><td colspan="3">双利公司</td><td colspan="8">纳税人登记号</td><td colspan="9">456985235741695</td></tr>
<tr><td>地址、电话</td><td colspan="3">6254173</td><td colspan="8">开户银行及账号</td><td colspan="9">工行环北支行 496783698545</td></tr>
<tr><td>备注</td><td colspan="21"></td></tr>
</table>

第二联 发票联 购货方记账

销货单位(章)：(印)　　收款人：郭珏　　复核：赵阳　　开票人：张琴

附表 7-1-2

中国工商银行转账支票存根

支票号码：

签发日期：

收款人：
金额：
用途：
备注：

单位主管：　　会计：

中国工商银行**转账支票**											支票号码：
签发日期(大写)：　年　月　日											开户行名称：
收款人：											签发人账号：
人民币 (大写)	千	百	十	万	千	百	十	元	角	分	
用途：											
上列款项请从 我账户内支付 签发人盖章											复核 记账 验印

附表 7-1-3

入库单

年　月　日　　　　发票号码：NO

材料编号	材料名称及规格	计量单位	数量		价格		运杂费	合计
			应收	实收	单价	金额		
合计								

第三联　记账联

仓库负责人：　　材料会计：　　收料人：　　经办人：　　制单：

附表 7-2-1

领料单

领用部门：

编号：　　　　年　月　日

编号	类别	名　称	规　格	单　位	数　量		金　额	
					请　领	实　发	单　价	金　额
合　计								
用途								

发料人：　　记账：　　领料部门负责人：　　领料人：

附表 7－3－1

增值税专用发票

发票联

开票日期:2013 年 10 月 16 日

购货单位	名称	智慧电子股份有限公司	纳税人登记号	643329857321657
	地址、电话	南汇市汇都区桂花路24 号 6566660	开户银行及账号	中国工商银行南汇市爱民支行 3293290689224

商品或劳务名	计量单位	数量	单价	金额								税率%	税额							
				十	万	千	百	十	元	角	分		十	万	千	百	十	元	角	分
甲材料	千克	5 000	4.4		2	2	0	0	0	0	0	17			3	7	4	0	0	0
合计					2	2	0	0	0	0	0				3	7	4	0	0	0
价税合计(大写)	贰万伍仟柒佰肆拾元整												￥25 740.00							

销货单位	名称	伟光公司	纳税人登记号	456985235741695
	地址、电话	5897520	开户银行及账号	农行清扬支行 496789634125
备注				

第二联 发票联 购货方记账

销货单位(章):(印)　　收款人:王虹　　复核:杨柳　　开票人:肖强

附表 7－3－2

银行承兑汇票

汇票号码　AG067891

签发日期:2013 年 10 月 16 日　　第 010 号

收款单位	全　称	伟光公司		付款单位	全　称	智慧电子股份有限公司							
	账号或地址	496789634125			账号或地址	3293290689224							
	开户银行	农行	行号		开户银行	工行爱民支行	行号						
金额	人民币(大写)贰万伍仟玖佰肆拾元整				十	万	千	百	十	元	角	分	
					￥	2	5	9	4	0	0	0	
汇票到期日	2013 年 12 月 16 日				交易合同号码 2589								
本汇票已经本单位承兑,到期日无条件支付票款。 付款人盖章 负责:黄珊　经办:童辉　2013 年 10 月 16 日					贷款								

附表 7－3－3

公路运输货车统一发票

NO　045623

托运单位:伟光公司　　运输日期:2013 年 10 月 16 日

货物名称	起讫地址		公里	重量	计量单位	单价	运输金额
	起点	终点					
甲材料	哈尔滨	南汇		5	吨公里	40	200.00
运费合计(大写)贰佰元整							

车号:　　收款单位:(盖章有效)　　收款人:马静

地址:

附表 7-4-1

入库单

年 月 日 发票号码：NO

材料编号	材料名称及规格	计量单位	数量		价格		运杂费	合计
			应收	实收	单价	金额		
合计								

第三联 记账联

仓库负责人： 材料会计： 收料人： 经办人： 制单：

附表 7-5-1

领料单

领用部门：

编号： 年 月 日

编号	类别	名 称	规 格	单 位	数 量		金 额	
					请 领	实 发	单 价	金 额
		合 计						
用途								

发料人： 记账： 领料部门负责人： 领料人：

附表 7-6-1

增值税专用发票

发票联

开票日期：2013 年 10 月 25 日

购货单位	名称	智慧电子股份有限公司	纳税人登记号	643329857321657
	地址、电话	南汇市汇都区桂花路 24 号 6566660	开户银行及账号	中国工商银行南汇市爱民支行 3293290689224

商品或劳务名	计量单位	数量	单价	金额：十	万	千	百	十	元	角	分	税率%	税额：十	万	千	百	十	元	角	分
甲材料	千克	4 000	4.25		1	7	0	0	0	0	0	17			2	8	9	0	0	0
合计					1	7	0	0	0	0	0				2	8	9	0	0	0

价税合计（大写）	壹万玖仟捌佰玖拾元整		￥19 890.00	
销货单位	名称	双利公司	纳税人登记号	456985235741695
	地址、电话	6254173	开户银行及账号	工行环北支行 496856479215
备注				

第二联 发票联 购货方记账

销货单位（章）：（印） 收款人：郭珏 复核：赵阳 开票人：张琴

附表 7-6-2

中国工商银行转账支票存根

支票号码：

签发日期：

收款人：
金额：
用途：
备注：

单位主管： 会计：

中国工商银行**转账支票** 支票号码：

签发日期(大写)： 年 月 日 开户行名称：

收款人： 签发人账号：

人民币（大写）	千	百	十	万	千	百	十	元	角	分

用途：________________

上列款项请从 复核

我账户内支付 记账

签发人盖章 验印

附表 7-6-3

入库单

年 月 日 发票号码：NO

材料编号	材料名称及规格	计量单位	数量		价格		运杂费	合计
			应收	实收	单价	金额		
合计								

第三联 记账联

仓库负责人： 材料会计： 收料人： 经办人： 制单：

附表 7-7-1

领料单

领用部门：

编号： 年 月 日

编号	类别	名 称	规 格	单 位	数量		金 额	
					请 领	实 发	单 价	金 额
合 计								
用途								

发料人： 记账： 领料部门负责人： 领料人：

实训八　原材料(实际成本法)

一、实训目的

通过原材料的实训,使学生掌握原材料按实际成本法计价收入的核算、发出的核算,初始计量、后续计量,并掌握原材料盘盈、盘亏及期末计价方法的账务处理。

二、实训要求

1. 根据期初余额开设"原材料"明细账,并登记期初余额。
2. 填制并审核原始凭证。
3. 根据原始凭证填制记账凭证。
4. 审核记账凭证,并根据原始凭证和记账凭证登记"原材料""在途物资"总账及明细账。

三、实训组织

1. 所需学时:6学时。
2. 所需资料:原始凭证、记账凭证、三栏式总账、数量金额式明细账。

四、实训资料

(一)企业概况

企业名称:智慧电子股份有限公司

法人代表:王牧之

企业性质:股份有限公司

地址:南汇市江都区桂花路24号

开户银行:中国工商银行南汇市爱民支行

银行账号:3293290689224

税号:643329857321657

电话:6566660

邮编:150222

(二)期初资料

2013年4月1日智慧电子股份有限公司有关原材料明细账期初余额如表8-1所示。

表8-1　原材料明细账　　单位:元

序号	材料名称	单位	数量	单价	金额
1	靶材	块	200	35.00	7 000
2	瓷件	个	3 000	5.00	15 000
3	帽盖	个	2 000	2.55	5 100
4	铜线	千克	250	100.00	25 000
5	油漆	桶	25	80.50	2 012.50
合计	—	—	—	—	54 112.50

(三)核算方法

1. 材料按实际成本法核算。
2. 材料发出采用全月一次加权平均法。

3.第5题有五种原因,记账凭证做五种,但登账时只按第一种原因记账。

(四)有关业务

智慧电子股份有限公司2013年4月发生以下有关原材料的经济业务:

1.2013年4月1日,从外地格比公司购进原材料靶材400块,每块35元,取得的增值税专用发票上注明的材料价款为14 000元,增值税进项税额为2 380元,货款16 380元,企业签发了一张票面金额为16 380元,期限三个月的商业汇票一张,靶材已验收入库。(见所附凭证,填入库单)

2.2012年4月5日,从外地久阳工厂购入原材料瓷件5 000个,每个5.20元,有关发票账单已收到,增值税专用发票上注明的价款为26 000元,增值税为4 420元,对方代垫购进瓷件的运费为600元,企业已通过银行转账支票支付了31 020元,材料尚未到达。(见所附凭证,填转账支票)

3.2013年4月7日,基本生产车间生产产品领用靶材500块。(填领料单)

4.2013年4月8日,从江达公司购进帽盖5 000个,每个2.45元,增值税专用发票上注明的价款为12 250元,增值税2 082.50元,运费100元,装卸费50元,材料已验收入库,货款尚未支付。(见所附凭证,填入库单)

5.2013年4月12日,收到2013年4月5日从久阳工厂购入的瓷件4 500个,短缺500个,经查明原因如下:(填入库单)

①假设为供货单位少发,由对方补付瓷件;

②假设为供货单位少发,由对方退款;

③假设属于途中合理损耗;

④假设为运输部门的责任;(填产品索赔书)

⑤假设无法查明原因。

6.2013年4月13日,在建工程领用铜线150千克。(填领料单)

7.2013年4月16日,为购入瓷件向乐力工厂预付货款20 000元。(填电汇凭证)

8.2013年4月22日,乐力工厂发来瓷件4 000个,每个5.10元,增值税专用发票上注明的货款20 400元,增值税3 468元,运费100元,装卸费32元,补付货款4 000元。(见所附凭证,填入库单、电汇凭证)

9.2013年4月23日,企业管理部门领用油漆10桶,用于日常维修。(填领料单)

10.2013年4月24日,基本生产车间生产产品领用瓷件6 000个。(填领料单)

11.2013年4月25日,车间一般消耗领用铜线10千克。(填领料单)

12.2013年4月26日,从伟光公司购入靶材1 000块,验收入库,结算凭证月末尚未收到。(填入库单)

13.2013年4月28日,基本生产车间生产产品领用靶材800块。(填领料单)

14.2013年4月30日,2013年4月26日从伟光公司购入的靶材结算凭证未到,按暂估价每块34元入账。

15.2013年4月30日,靶材的可变现净值为10 200元,其他材料价值无变化。(填存货跌价准备计提表)

附表 8－1－1

增值税专用发票

发票联

开票日期:2013 年 4 月 1 日

<table>
<tr><td rowspan="2">购货单位</td><td>名称</td><td colspan="3">智慧电子股份有限公司</td><td colspan="8">纳税人登记号</td><td colspan="9">643329857321657</td></tr>
<tr><td>地址、电话</td><td colspan="3">南汇市汇都区桂花路24 号 6566660</td><td colspan="8">开户银行及账号</td><td colspan="9">中国工商银行南汇市爱民支行 3293290689224</td></tr>
<tr><td colspan="2" rowspan="2">商品或劳务名</td><td rowspan="2">计量单位</td><td rowspan="2">数量</td><td rowspan="2">单价</td><td colspan="8">金额</td><td rowspan="2">税率%</td><td colspan="8">税额</td></tr>
<tr><td>十</td><td>万</td><td>千</td><td>百</td><td>十</td><td>元</td><td>角</td><td>分</td><td>十</td><td>万</td><td>千</td><td>百</td><td>十</td><td>元</td><td>角</td><td>分</td></tr>
<tr><td colspan="2">靶材</td><td>块</td><td>400</td><td>35</td><td></td><td>1</td><td>4</td><td>0</td><td>0</td><td>0</td><td>0</td><td>0</td><td>17</td><td></td><td></td><td>2</td><td>3</td><td>8</td><td>0</td><td>0</td><td>0</td></tr>
<tr><td colspan="2">合计</td><td></td><td></td><td></td><td></td><td>1</td><td>4</td><td>0</td><td>0</td><td>0</td><td>0</td><td>0</td><td></td><td></td><td></td><td>2</td><td>3</td><td>8</td><td>0</td><td>0</td><td>0</td></tr>
<tr><td colspan="2">价税合计(大写)</td><td colspan="11">壹万陆仟叁佰捌拾元整</td><td colspan="9">￥16 380.00</td></tr>
<tr><td rowspan="2">销货单位</td><td>名称</td><td colspan="3">格比公司</td><td colspan="8">纳税人登记号</td><td colspan="9">456985235741329</td></tr>
<tr><td>地址、电话</td><td colspan="3">8254145</td><td colspan="8">开户银行及账号</td><td colspan="9">工行环北支行 496789634369</td></tr>
<tr><td>备注</td><td colspan="21"></td></tr>
</table>

第二联 发票联 购货方记账

销货单位(章):(印)　　收款人:孙东　　复核:李阳　　开票人:伊梅

附表 8－1－2

商业承兑汇票

汇票号码 AG034567

第 020 号

签发日期:2013 年 4 月 1 日

<table>
<tr><td rowspan="3">收款单位</td><td>全　称</td><td colspan="2">格比公司</td><td rowspan="3">付款单位</td><td>全　称</td><td colspan="8">智慧电子股份有限公司</td></tr>
<tr><td>账号或地址</td><td colspan="2">496789634369</td><td>账号或地址</td><td colspan="8">3293290689224</td></tr>
<tr><td>开户银行</td><td>工行</td><td>行号</td><td>开户银行</td><td colspan="3">工行爱民支行</td><td colspan="5">行号</td></tr>
<tr><td rowspan="2">金额</td><td colspan="4" rowspan="2">人民币(大写)壹万陆仟叁佰捌拾元整</td><td>十</td><td>万</td><td>千</td><td>百</td><td>十</td><td>元</td><td>角</td><td>分</td></tr>
<tr><td>￥</td><td>1</td><td>6</td><td>3</td><td>8</td><td>0</td><td>0</td><td>0</td></tr>
<tr><td>汇票到期日</td><td colspan="3">2013 年 7 月 1 日</td><td colspan="9">交易合同号码 6579</td></tr>
<tr><td colspan="4">本汇票已经本单位承兑,到期日无条件支付票款。
付款人盖章
负责:黄丽　经办:王环　2013 年 4 月 1 日</td><td colspan="9">贷款</td></tr>
</table>

附表 8－1－3

入库单

年　月　日　　发票号码:NO

<table>
<tr><td rowspan="2">材料编号</td><td rowspan="2">材料名称及规格</td><td rowspan="2">计量单位</td><td colspan="2">数　量</td><td colspan="2">价　格</td><td rowspan="2">运杂费</td><td rowspan="2">合计</td></tr>
<tr><td>应收</td><td>实收</td><td>单价</td><td>金额</td></tr>
<tr><td></td><td></td><td></td><td></td><td></td><td></td><td></td><td></td><td></td></tr>
<tr><td></td><td></td><td></td><td></td><td></td><td></td><td></td><td></td><td></td></tr>
<tr><td></td><td></td><td></td><td></td><td></td><td></td><td></td><td></td><td></td></tr>
<tr><td></td><td></td><td></td><td></td><td></td><td></td><td></td><td></td><td></td></tr>
<tr><td>合计</td><td></td><td></td><td></td><td></td><td></td><td></td><td></td><td></td></tr>
</table>

第三联 记账联

仓库负责人:　　材料会计:　　收料人:　　经办人:　　制单:

附表 8－2－1

增值税专用发票

发票联

开票日期：2013 年 4 月 5 日

购货单位	名称	智慧电子股份有限公司	纳税人登记号	643329857321657
	地址、电话	南汇市汇都区桂花路 24 号 6566660	开户银行及账号	中国工商银行南汇市爱民支行 3293290689224

商品或劳务名	计量单位	数量	单价	金额 十	万	千	百	十	元	角	分	税率 %	税额 十	万	千	百	十	元	角	分
瓷件	个	5 000	5.2		2	6	0	0	0	0	0	17			4	4	2	0	0	0
合计					2	6	0	0	0	0	0				4	4	2	0	0	0

价税合计（大写）	叁万零肆佰贰拾元整		￥30 420.00	
销货单位	名称	久阳工厂	纳税人登记号	357951269874127
	地址、电话	9745621	开户银行及账号	工行石塔支行 369852654951
备注				

第二联 发票联 购货方记账

销货单位（章）：（印）　收款人：黄海洋　复核：林业伟　开票人：刘理会

附表 8－2－2

公路运输货车统一发票

NO 943262

托运单位：久阳工厂　　运输日期：2013 年 4 月 5 日

货物名称	起讫地址 起点	终点	公里	重量	计量单位	单价	运输金额
瓷件	保定	南汇			吨公里		600.00
运费合计（大写）陆佰元整							

车号：　　收款单位：（盖章有效）　　收款人：杨红

地址：

附表 8－2－3

中国工商银行转账支票存根

支票号码：

签发日期：

收款人：
金额：
用途：
备注：

单位主管：　会计：

中国工商银行**转账支票**　　支票号码：

签发日期（大写）：　年　月　日　　开户行名称：

收款人：　　签发人账号：

人民币（大写）	千	百	十	万	千	百	十	元	角	分

用途：________

上列款项请从我账户内支付　　复核

签发人盖章　　记账

验印

附表 8-3-1

领料单

领用部门：
编号：　　　　　　　　　　　　　　　　年　月　日

编号	类别	名称	规格	单位	数量		金额	
					请领	实发	单价	金额
合计								
用途								

发料人：　　　记账：　　　领料部门负责人：　　　领料人：

附表 8-4-1

增值税专用发票

发票联

开票日期:2013 年 4 月 8 日

购货单位	名称	智慧电子股份有限公司			纳税人登记号								643329857321657								
	地址、电话	南汇市汇都区桂花路24 号 6566660			开户银行及账号								中国工商银行南汇市爱民支行 3293290689224								
商品或劳务名		计量单位	数量	单价	金额								税率	税额							
					十	万	千	百	十	元	角	分	%	十	万	千	百	十	元	角	分
帽盖		个	5 000	2.45		1	2	2	5	0	0	0	17			2	0	8	2	5	0
合计						1	2	2	5	0	0	0				2	0	8	2	5	0
价税合计(大写)		壹万肆仟叁拾贰元伍角整											￥14 332.50								
销货单位	名称	江达公司			纳税人登记号								456985235741695								
	地址、电话	55589716			开户银行及账号								工行东城支行 496789658972								
备注																					

第二联 发票联 购货方记账

销货单位(章)：(印)　　收款人：刘丽丽　　复核:钱小冰　　开票人:王腾飞

附表 8-4-2

北京铁路局货物运单

货位：
运输号码：　　　　　　　　2013 年 4 月 8 日

发货人填写					铁路填写		
发站	北京		到站	南汇	车种车号	J3579	货车标重
到站所属省(市)		黑龙江			施封号码	铁路货车篷布号	
发货人	北京江达公司				经由	集装箱号	
收货人	智慧电子股份有限公司					集装箱箱型	
货物名称	件数	发货人确定重量	铁路确定重量		计费重量	运费	100.00
帽盖	5 000	50	50		50	装费	50.00
						合计	150.00

附表 8－4－3

入库单

年 月 日 发票号码:NO

材料编号	材料名称及规格	计量单位	数量		价格		运杂费	合计
			应收	实收	单价	金额		
合计								

第三联 记账联

仓库负责人： 材料会计： 收料人： 经办人： 制单：

附表 8－5－1

入库单

年 月 日 发票号码:NO

材料编号	材料名称及规格	计量单位	数量		价格		运杂费	合计
			应收	实收	单价	金额		
合计								

第三联 记账联

仓库负责人： 材料会计： 收料人： 经办人： 制单：

附表 8－6－1

领料单

领用部门：

编号： 年 月 日

编号	类别	名 称	规 格	单 位	数 量		金 额	
					请 领	实 发	单 价	金 额
合 计								
用途								

发料人： 记账： 领料部门负责人： 领料人：

附表 8－7－1

中国工商银行电汇凭证(回单)

委托日期　　年　月　日　　　　第　号

汇款人	全称			收款人	全称									
	账号或住址				账号或住址									
	汇出地点		汇出行名称		汇入地点		汇入行名称							
金额	人民币(大写)					百	十	万	千	百	十	元	角	分
汇款用途：														

上列款项已根据委托办理。如需查询，请持此回单面洽。

汇出行盖章

年　月　日

单位主管：　会计：　出纳：　记账：

附表 8－8－1

增值税专用发票

发票联

开票日期：2013 年 4 月 22 日

购货单位	名称	智慧电子股份有限公司		纳税人登记号							643329857321657								
	地址、电话	南汇市汇都区桂花路24 号 6566660		开户银行及账号							中国工商银行南汇市爱民支行 3293290689224								
商品或劳务名		计量单位	数量	单价	金额 十	万	千	百	十	元	角	分	税率 %	税额 十	万	千	百	十	元	角	分
瓷件		个	4 000	5.10		2	0	4	0	0	0	0	17			3	4	6	8	0	0
合计						2	0	4	0	0	0	0				3	4	6	8	0	0
价税合计(大写)		贰万叁仟捌佰陆拾捌元整											￥23 868.00								
销货单位	名称	乐力工厂		纳税人登记号							986985235741213								
	地址、电话	0451－55526478		开户银行及账号							工行动力支行 596789632489								
备注																			

第二联 发票联 购货方记账

销货单位(章)：(印)　　收款人：姜伟　　复核：张现理　　开票人：牟婷婷

附表 8－8－2

哈尔滨铁路局货物运单

货位：

运输号码：　　2013 年 4 月 22 日

发货人填写				铁路填写		
发站	哈尔滨	到站	南汇	车种车号	J3585	货车标重
到站所属省(市)	黑龙江			施封号码	铁路货车篷布号	
发货人	哈尔滨乐力工厂			经由	集装箱号	
收货人	智慧电子股份有限公司				集装箱箱型	
货物名称	件数	发货人确定重量	铁路确定重量	计费重量	运费	100.00
瓷件	4 000	40	40	40	装费	32.00
					合计	132.00

附表 8-8-3

入库单

年 月 日 发票号码:NO

材料编号	材料名称及规格	计量单位	数量		价格		运杂费	合计
			应收	实收	单价	金额		
合计								

第三联 记账联

仓库负责人： 材料会计： 收料人： 经办人： 制单：

附表 8-8-4

中国工商银行电汇凭证(回单)

委托日期 年 月 日 第 号

汇款人	全称				收款人	全称			
	账号或住址					账号或住址			
	汇出地点		汇出行名称			汇入地点		汇入行名称	

金额	人民币(大写)	百	十	万	千	百	十	元	角	分

汇款用途：

上列款项已根据委托办理。如需查询,请持此回单面洽。

单位主管： 会计： 出纳： 记账：

汇出行盖章

年 月 日

附表 8-9-1

领料单

领用部门：

编号： 年 月 日

编号	类别	名 称	规 格	单 位	数 量		金 额	
					请 领	实 发	单 价	金 额
		合 计						
用途								

发料人： 记账： 领料部门负责人： 领料人：

附表 8-10-1

领料单

领用部门：

编号：　　　　　　　　　　　　　　　　年　　月　　日

编号	类别	名　称	规　格	单　位	数　量		金　额	
					请　领	实　发	单　价	金　额
合　计								
用途								

发料人：　　　　记账：　　　　领料部门负责人：　　　　领料人：

附表 8-11-1

领料单

领用部门：

编号：　　　　　　　　　　　　　　　　年　　月　　日

编号	类别	名　称	规　格	单　位	数　量		金　额	
					请　领	实　发	单　价	金　额
合　计								
用途								

发料人：　　　　记账：　　　　领料部门负责人：　　　　领料人：

附表 8-12-1

入库单

年　月　日　　　发票号码：NO

材料编号	材料名称及规格	计量单位	数　量		价　格		运杂费	合计
			应收	实收	单价	金额		
合计								

第三联　记账联

仓库负责人：　　　材料会计：　　　收料人：　　　经办人：　　　制单：

附表 8-13-1

领料单

领用部门：

编号：　　　　　　　　　　　　　年　　月　　日

编号	类别	名　　称	规　格	单　位	数　量		金　额	
					请　领	实　发	单　价	金　额
合　　计								
用途								

发料人：　　　　　记账：　　　　　领料部门负责人：　　　　　领料人：

附表 8-15-1

存货跌价准备计算表

年　　月　　日

项　目	账面价值	可收回金额	计提金额	计入科目	对应科目
合　计					

实训九　原材料（计划成本法）

一、实训目的

通过原材料的实训，使学生掌握原材料按计划成本法核算的入账方法，掌握原材料发出计价方法，并掌握原材料盘盈、盘亏及期末计价方法的账务处理。

二、实训要求

1. 根据期初余额开设“原材料”“材料成本差异”等明细账，并登记期初余额。

2. 填制并审核原始凭证。

3. 根据原始凭证填制记账凭证。

4. 审核记账凭证，并根据原始凭证和记账凭证登记“材料采购”“原材料”“材料成本差异”明细账。

三、实训组织

1. 所需学时：6 学时。

2. 所需资料：原始凭证、记账凭证、三栏式总账及数量金额式明细账。

四、实训资料

（一）企业概况

企业名称：智慧电子股份有限公司

法人代表:王牧之

企业性质:股份有限公司

地址:南汇市江都区桂花路24号

开户银行:中国工商银行南汇市爱民支行

银行账号:3293290689224

税号:643329857321657

电话:6566660

邮编:150222

(二)期初资料

2013年4月1日智慧电子股份有限公司有关原材料总账与明细账期初余额如表9-1所示。

表9-1 原材料明细账

单位:元

序号	材料名称	单 位	数 量	计划单价	计划成本总额
1	靶材	块	200	36.00	7 200
2	瓷件	个	3 000	5.50	16 500
3	帽盖	个	2 000	2.50	5 000
4	铜线	公斤	250	100.00	25 000
5	油漆	桶	25	80.00	2 000
合计	—	—	—	—	55 700

(三)核算方法

1.4月初结存材料计划成本为55 700元,月初材料成本差异超支810元。

2.原材料采用计划成本核算。

3.原材料发出采用先进先出法。

4.第5题有五种原因,记账凭证做五种,但登账时只按第一种原因记账。

(四)有关业务

智慧电子股份有限公司2013年4月发生以下有关原材料的经济业务:

1.2013年4月1日,从外地格比公司购进原材料靶材400块,每块35元,取得的增值税专用发票上注明的材料价款为14 000元,增值税进项税额为2 380元,货款16 380元,企业签发了一张票面金额为16 380元,期限三个月的商业汇票一张,靶材已验收入库。(见所附凭证,填入库单)

2.2013年4月5日,从外地久阳工厂购入原材料瓷件5 000个,每个5.20元,有关发票账单已收到,增值税专用发票上注明的价款为26 000元,增值税为4 420元,对方代垫购进瓷件的运费为600元,企业已通过银行转账支票支付了31 020元,材料尚未到达。(见所附凭证,填转账支票)

3.2013年4月7日,基本生产车间生产产品领用靶材500块。(填领料单)

4.2013年4月8日,从江达公司购进帽盖5 000个,每个2.45元,增值税专用发票上注明的价款为12 250元,增值税2 082.50元,运费100元,装卸费50元,材料已验收入库,货款尚未支付。(见所附凭证,填入库单)

5.2013年4月12日,收到2011年4月5日从久阳工厂购入的瓷件4 500个,短缺500

个，经查明原因如下：(填入库单)

①假设为供货单位少发，由对方补付瓷件；

②假设为供货单位少发，由对方退款；

③假设属于途中合理损耗；

④假设为运输部门的责任；

⑤假设无法查明原因。

6.2013 年 4 月 13 日，在建工程领用铜线 150 千克。(填领料单)

7.2013 年 4 月 16 日，为购入瓷件向乐力工厂预付货款 20 000 元。(填电汇凭证)

8.2013 年 4 月 22 日，乐力工厂发来瓷件 4 000 个，增值税专用发票上注明的货款 20 400 元，增值税 3 468 元，运费 100 元，装卸费 32 元，补付货款 4 000 元。(见所附凭证，填入库单、电汇凭证)

9.2013 年 4 月 23 日，企业管理部门领用油漆 10 桶，用于日常维修。(填领料单)

10.2013 年 4 月 24 日，基本生产车间生产产品领用瓷件 6 000 个。(填领料单)

11.2013 年 4 月 25 日，车间一般消耗领用铜线 10 千克。(填领料单)

12.2013 年 4 月 26 日，从伟光公司购入靶材 1 000 块，验收入库，结算凭证月末尚未收到。(填入库单)

13.2013 年 4 月 28 日，基本生产车间生产产品领用靶材 800 块。(填领料单)

14.2013 年 4 月 30 日，2013 年 4 月 26 日从伟光公司购入的靶材结算凭证未到，按计划价每块 36 元入账。

15.2013 年 4 月 30 日，计算本月份材料成本差异率及本月发出材料应负担的材料成本差异。(填材料成本差异率计算表)

16.2013 年 4 月 30 日，靶材的可变现净值为 10 200 元，其他材料价值无变化。(填存货跌价准备计提表)

附表 9－1－1

增值税专用发票

发票联

开票日期：2013 年 4 月 1 日

购货单位	名称	智慧电子股份有限公司	纳税人登记号	643329857321657
	地址、电话	南汇市爱民区兴平路28 号 65666253	开户银行及账号	中国工商银行南汇市爱民支行 3293290689224

商品或劳务名	计量单位	数量	单价	金额								税率	税额							
				十	万	千	百	十	元	角	分	%	十	万	千	百	十	元	角	分
靶材	块	400	35		1	4	0	0	0	0	0	17			2	3	8	0	0	0
合计					1	4	0	0	0	0	0				2	3	8	0	0	0

价税合计(大写)	壹万陆仟叁佰捌拾元整		¥16 380.00	
销货单位	名称	格比公司	纳税人登记号	456985235741329
	地址、电话	8254145	开户银行及账号	工行环北支行 496789634369
备注				

第二联 发票联 购货方记账

销货单位(章)：(印)　收款人：孙东　复核：李阳　开票人：伊梅

附表 9－1－2

商业承兑汇票

汇票号码 AG034567

签发日期：2013 年 4 月 1 日　　　　第 020 号

收款单位	全称	格比公司		付款单位	全称	智慧电子股份有限公司	
	账号或地址	496789634369			账号或地址	3293290689224	
	开户银行	工行	行号		开户银行	工行爱民支行	行号

金额	人民币(大写)壹万陆仟叁佰捌拾元整	十	万	千	百	十	元	角	分
		¥	1	6	3	8	0	0	0

汇票到期日	2013 年 7 月 1 日	交易合同号码 6579
本汇票已经本单位承兑，到期日无条件支付票款。 付款人盖章 负责：黄丽　经办：王环　2013 年 4 月 1 日		

附表 9－1－3

入库单

年　月　日　　　发票号码：NO

材料编号	材料名称及规格	计量单位	数量		价格		运杂费	合计
			应收	实收	单价	金额		
合计								

第三联　记账联

仓库负责人：　　材料会计：　　收料人：　　经办人：　　制单：

附表 9－2－1

增值税专用发票

发票联

开票日期：2013 年 4 月 5 日

购货单位	名称	智慧电子股份有限公司	纳税人登记号	643329857321657
	地址、电话	南汇市汇都区桂花路 24 号 6566660	开户银行及账号	中国工商银行南汇市爱民支行 3293290689224

商品或劳务名	计量单位	数量	单价	金额 十	万	千	百	十	元	角	分	税率 %	税额 十	万	千	百	十	元	角	分
瓷件	个	5 000	5.2		2	6	0	0	0	0	0	17			4	4	2	1	0	0
合计					2	6	0	0	0	0	0				4	4	2	1	0	0

价税合计(大写)		叁万零肆佰贰拾元整		¥30 420.00
销货单位	名称	久阳工厂	纳税人登记号	357951269874127
	地址、电话	9745621	开户银行及账号	工行石塔支行 369852654951
备注				

第二联　发票联　购货方记账

销货单位(章)：(印)　　收款人：黄海洋　　复核：林业伟　　开票人：刘理会

附表 9－2－2

公路运输货车统一发票

NO 943262

托运单位：久阳工厂　　　　运输日期：2013 年 4 月 5 日

货物名称	起讫地址		公里	重量	计量单位	单价	运输金额
	起点	终点					
瓷件	保定	南汇			吨公里		600.00
运费合计（大写）陆佰元整							

车号：　　　　收款单位：（盖章有效）　　　　收款人：杨红

地址：

附表 9－2－3

中国工商银行转账支票存根

支票号码：

签发日期：

收款人：
金额：
用途：
备注：

单位主管：　　会计：

中国工商银行**转账支票**　　　　支票号码：

签发日期（大写）：　年　月　日　　　　开户行名称：

收款人：　　　　签发人账号：

人民币（大写）	千	百	十	万	千	百	十	元	角	分

用途：________________

上列款项请从　　　　复核

我账户内支付　　　　记账

签发人盖章　　　　验印

附表 9－3－1

领料单

领用部门：

编号：　　　　年　月　日

编号	类别	名　称	规　格	单　位	数　量		金　额	
					请　领	实　发	单　价	金　额
		合　计						
用途								

发料人：　　　　记账：　　　　领料部门负责人：　　　　领料人：

附表 9-4-1

增值税专用发票

发票联

开票日期:2013 年 4 月 8 日

购货单位	名称	智慧电子股份有限公司	纳税人登记号	643329857321657
	地址、电话	南汇市汇都区桂花路24 号 6566660	开户银行及账号	中国工商银行南汇市爱民支行 3293290689224

商品或劳务名	计量单位	数量	单价	金额 十	万	千	百	十	元	角	分	税率 %	税额 十	万	千	百	十	元	角	分
帽盖	个	5 000	2.45		1	2	2	5	0	0	0	17			2	0	8	2	5	0
合计					1	2	2	5	0	0	0				2	0	8	2	5	0
价税合计(大写)	壹万肆仟叁佰叁拾贰元伍角整												￥14 332.50							

销货单位	名称	江达公司	纳税人登记号	456985235741695
	地址、电话	55589716	开户银行及账号	工行东城支行 496789658972
备注				

第二联 发票联 购货方记账

销货单位(章):(印) 收款人:刘丽丽 复核:钱小冰 开票人:王腾飞

附表 9-4-2

北京铁路局货物运单

货位:

运输号码: 2013 年 4 月 8 日

发货人填写				铁路填写			
发站	北京	到站	南汇	车种车号	J3579	货车标重	
到站所属省(市)	黑龙江			施封号码	铁路货车篷布号		
发货人	北京江达公司			经由	集装箱号		
收货人	智慧电子股份有限公司				集装箱箱型		
货物名称	件数	发货人确定重量	铁路确定重量	计费重量	运费		100.00
帽盖	5 000	50	50	50	装费		50.00
					合计		150.00

附表 9-4-3

入库单

年 月 日 发票号码:NO

材料编号	材料名称及规格	计量单位	数量 应收	数量 实收	价格 单价	价格 金额	运杂费	合计
合计								

第三联 记账联

仓库负责人: 材料会计: 收料人: 经办人: 制单:

附表 9-5-1

入库单

年 月 日 发票号码:NO

材料编号	材料名称及规格	计量单位	数量		价格		运杂费	合计
			应收	实收	单价	金额		
合计								

第三联 记账联

仓库负责人: 材料会计: 收料人: 经办人: 制单:

附表 9-6-1

领料单

领用部门:

编号: 年 月 日

编号	类别	名 称	规 格	单 位	数 量		金 额	
					请 领	实 发	单 价	金 额
合 计								
用途								

发料人: 记账: 领料部门负责人: 领料人:

附表 9-7-1

中国工商银行电汇凭证(回单)

委托日期 年 月 日 第 号

汇款人	全称				收款人	全称			
	账号或住址					账号或住址			
	汇出地点		汇出行名称			汇入地点		汇入行名称	
金额	人民币(大写)					百 十 万 千 百 十 元 角 分			

汇款用途:

上列款项已根据委托办理。如需查询,请持此回单面洽。

汇出行盖章

单位主管: 会计: 出纳: 记账:

年 月 日

附表 9-8-1

增值税专用发票

发票联

开票日期:2013 年 4 月 22 日

购货单位				
购货单位	名称	智慧电子股份有限公司	纳税人登记号	643329857321657
	地址、电话	南汇市江都区桂花路24 号 6566660	开户银行及账号	中国工商银行南汇市爱民支行 3293290689224

商品或劳务名	计量单位	数量	单价	金额								税率	税额							
				十	万	千	百	十	元	角	分	%	十	万	千	百	十	元	角	分
瓷件	个	4 000	5.10		2	0	4	0	0	0	0	17			3	4	6	8	0	0
合计					2	0	4	0	0	0	0				3	4	6	8	0	0
价税合计(大写)	贰万叁仟捌佰陆拾捌元整												￥23 868.00							

销货单位				
销货单位	名称	乐力工厂	纳税人登记号	986985235741213
	地址、电话	0451－55526478	开户银行及账号	工行动力支行 596789632489
备注				

第二联 发票联 购货方记账

销货单位(章):(印)　　收款人:姜伟　　复核:张现理　　开票人:牟婷婷

附表 9-8-2

哈尔滨铁路局货物运单

货位:

运输号码:　　2013 年 4 月 22 日

发货人填写					铁路填写		
发站	哈尔滨	到站	南汇		车种车号	J3585	货车标重
到站所属省(市)		黑龙江			施封号码	铁路货车篷布号	
发货人	哈尔滨乐力工厂				经由	集装箱号	
收货人	智慧电子股份有限公司					集装箱箱型	
货物名称	件数	发货人确定重量	铁路确定重量		计费重量	运费	100.00
瓷件	4 000	40	40		40	装费	32.00
						合计	132.00

附表 9-8-3

入库单

年　月　日　　发票号码:NO

材料编号	材料名称及规格	计量单位	数量		价格		运杂费	合计
			应收	实收	单价	金额		
合计								

第三联 记账联

仓库负责人:　　材料会计:　　收料人:　　经办人:　　制单:

附表 9-8-4

中国工商银行电汇凭证(回单)

委托日期　　年　　月　　日　　　　　　　　第　　号

<table>
<tr><td rowspan="3">汇款人</td><td>全称</td><td colspan="3"></td><td rowspan="3">收款人</td><td>全称</td><td colspan="3"></td></tr>
<tr><td>账号
或住址</td><td colspan="3"></td><td>账号
或住址</td><td colspan="3"></td></tr>
<tr><td>汇出地点</td><td></td><td>汇出行名称</td><td></td><td>汇入地点</td><td></td><td>汇入行名称</td><td></td></tr>
<tr><td>金额</td><td colspan="9">人民币(大写)　　百 十 万 千 百 十 元 角 分</td></tr>
<tr><td colspan="10">汇款用途：</td></tr>
</table>

上列款项已根据委托办理。如需查询,请持此回单面洽。

汇出行盖章

年　月　日

单位主管：　会计：　出纳：　记账：

附表 9-9-1

领料单

领用部门：

编号：　　　　　　　　年　　月　　日

编号	类别	名称	规格	单位	数量		金额	
					请领	实发	单价	金额
合计								
用途								

发料人：　　记账：　　领料部门负责人：　　领料人：

附表 9-10-1

领料单

领用部门：

编号：　　　　　　　　年　　月　　日

编号	类别	名称	规格	单位	数量		金额	
					请领	实发	单价	金额
合计								
用途								

发料人：　　记账：　　领料部门负责人：　　领料人：

附表 9-11-1

领料单

领用部门：

编号：　　　　　　　　年　　月　　日

编号	类别	名称	规格	单位	数量		金额	
					请领	实发	单价	金额
合计								
用途								

发料人：　　记账：　　领料部门负责人：　　领料人：

附表 9－12－1

入库单

年 月 日　　发票号码：NO

材料编号	材料名称及规格	计量单位	数量		价格		运杂费	合计
			应收	实收	单价	金额		
合计								

第三联 记账联

仓库负责人：　材料会计：　收料人：　经办人：　制单：

附表 9－13－1

领料单

领用部门：

编号：　年 月 日

编号	类别	名称	规格	单位	数量		金额	
					请领	实发	单价	金额
合计								
用途								

发料人：　记账：　领料部门负责人：　领料人：

附表 9－15－1

材料成本差异率计算表

年 月 日

材料名称	期初库存		本期购入		材料成本差异率
	数量	计划成本	数量	计划成本	

制表人：　复核人：

附表 9－16－1

存货跌价准备计算表

年 月 日

项目	账面价值	可收回金额	计提金额	计入科目	对应科目
合计					

实训十 低值易耗品

一、实训目的

通过低值易耗品的实训,使学生掌握低值易耗品的初始计量、后续计量及摊销方法,并掌握低值易耗品处置的核算。

二、实训要求

1.根据期初余额开设"周转材料——低值易耗品"总账及明细账,并登记期初余额。

2.填制并审核原始凭证。

3.根据原始凭证填制记账凭证。

4.审核记账凭证,并根据原始凭证和记账凭证登记"周转材料——低值易耗品"总账及明细账。

5.计算本月末低值易耗品成本差异率。

三、实训组织

1.所需学时:2 学时。

2.所需资料:原始凭证、记账凭证、三栏式总账及数量金额式明细账。

四、实训资料

(一)企业概况

企业名称:智慧电子股份有限公司

法人代表:王牧之

企业性质:股份有限公司

地址:南汇市江都区桂花路 24 号

开户银行:中国工商银行南汇市爱民支行

银行账号:3293290689224

税号:643329857321657

电话:6566660

邮编:150222

(二)期初资料

2013 年 7 月 1 日智慧电子股份有限公司有关低值易耗品总账与明细账期初余额见表 10-1:

表 10-1 低值易耗品期初明细账 单位:元

序号	材料名称	单位	数量	计划单价	计划成本总额
1	刀具	件	60	100	6 000
2	桌椅	套	5	340	1 700
合计	—	—	—	—	7 700

(三)核算方法

1.企业对低值易耗品采用计划成本核算。

2.企业对模具、刀具、家具采用一次摊销法。

3.对专用工具采用五五摊销法。

4.月初低值易耗品成本差异率为3%。

(四)有关业务

智慧电子股份有限公司2013年7月发生以下有关低值易耗品的经济业务：

1.2013年7月5日，生产车间领用刀具30套，计划成本3 000元。(填低值易耗品领用单)

2.2013年7月7日，发出钢材0.5吨，每吨计划成本4 450元，委托华风机械模具公司生产专用模具，用现金支付400元运杂费。(见所附凭证，填低值易耗品领用单)

3.2013年7月10日，管理部门领用办公桌椅两套，每套计划成本340元，共计680元。(填低值易耗品领用单)

4.2013年7月12日，从外地恒力工厂购进专用工具80件，每件250元，增值税专用发票上注明的买价为20 000元，增值税进项税额为3 400元，对方代垫运杂费280元，款项尚未支付。该批专用工具验收入库，计划成本为20 400元。(见所附凭证，填入库单)

5.2013年7月16日，模具加工完成55套，加工费2 340元(含增值税)，运回的运输费325元，用支票支付。计划成本每套88元。(见所附凭证，填转账支票、入库单)

6.2013年7月18日，车间领用专用工具40件，计划成本255元，计10 200元。(填低值易耗品领用单)

7.2013年7月20日，从市内科达公司购入模具200套，每套90元，增值税专用发票注明的价款为18 000元，增值税进项税额为3 060元，款项用银行支票结算，模具验收入库，计划成本17 600元。(见所附凭证，填入库单、转账支票)

8.2013年7月28日，报废专用工具40件，计划成本为10 200元，残料出售收入现金30元。(填报废注销单、收据)

9.2013年7月30日，生产车间领用模具100套，每套计划成本为88元，计8 800元。(填低值易耗品领用单)

10.2013年7月30日，仓库进行清查发现刀具短缺3件(账存30件，实存27件)。后查明原因为保管员李素的责任，由保管员赔偿30%，其余作管理费用。(见所附凭证，填存货盘亏处理通知单)

附表10-1-1

低值易耗品领用单

领用部门：

编号： 年 月 日

编号	类别	名称	规格	单位	数量		金额	
					请领	实发	单价	金额
合计								
用途								

附表 10-2-1

公路运输货车统一发票

NO 943269

托运单位:华风机械模具公司

运输日期:2013年7月7日

货物名称	起讫地址		公里	重量	计量单位	单价	运输金额
	起点	终点					
钢材	南汇	南汇			吨公里		400.00
运费合计(大写)肆佰元整							

车号: 收款单位:(盖章有效) 收款人:杨红

地址:

附表 10-2-2

低值易耗品领用单

领用部门:

编号: 年 月 日

编号	类别	名称	规格	单位	数量		金额	
					请领	实发	单价	金额
合计								
用途								

附表 10-3-1

低值易耗品领用单

领用部门:

编号: 年 月 日

编号	类别	名称	规格	单位	数量		金额	
					请领	实发	单价	金额
合计								
用途								

附表 10－4－1

增值税专用发票

发票联

开票日期：2013 年 7 月 12 日

<table>
<tr><td rowspan="2">购货单位</td><td>名称</td><td colspan="3">智慧电子股份有限公司</td><td colspan="8">纳税人登记号</td><td colspan="9">643329857321657</td></tr>
<tr><td>地址、电话</td><td colspan="3">南汇市江都区桂花路 24 号 6566660</td><td colspan="8">开户银行及账号</td><td colspan="9">中国工商银行南汇市爱民支行 3293290689224</td></tr>
<tr><td colspan="2" rowspan="2">商品或劳务名</td><td rowspan="2">计量单位</td><td rowspan="2">数量</td><td rowspan="2">单价</td><td colspan="8">金　额</td><td>税率</td><td colspan="8">税　额</td></tr>
<tr><td>十</td><td>万</td><td>千</td><td>百</td><td>十</td><td>元</td><td>角</td><td>分</td><td>%</td><td>十</td><td>万</td><td>千</td><td>百</td><td>十</td><td>元</td><td>角</td><td>分</td></tr>
<tr><td colspan="2">专用工具</td><td>件</td><td>80</td><td>250</td><td></td><td>2</td><td>0</td><td>0</td><td>0</td><td>0</td><td>0</td><td>0</td><td>17</td><td></td><td></td><td>3</td><td>4</td><td>0</td><td>0</td><td>0</td><td>0</td></tr>
<tr><td colspan="2"></td><td></td><td></td><td></td><td></td><td></td><td></td><td></td><td></td><td></td><td></td><td></td><td></td><td></td><td></td><td></td><td></td><td></td><td></td><td></td><td></td></tr>
<tr><td colspan="2">合计</td><td></td><td></td><td></td><td></td><td>2</td><td>0</td><td>0</td><td>0</td><td>0</td><td>0</td><td>0</td><td></td><td></td><td></td><td>3</td><td>4</td><td>0</td><td>0</td><td>0</td><td>0</td></tr>
<tr><td colspan="2">价税合计(大写)</td><td colspan="12">贰万叁仟肆佰元整</td><td colspan="8">￥23 400.00</td></tr>
<tr><td rowspan="2">销货单位</td><td>名称</td><td colspan="3">恒力工厂</td><td colspan="8">纳税人登记号</td><td colspan="9">985146523254003</td></tr>
<tr><td>地址、电话</td><td colspan="3">0417－2967817</td><td colspan="8">开户银行及账号</td><td colspan="9">农行路产义支行 5487641375678</td></tr>
<tr><td>备注</td><td colspan="21"></td></tr>
</table>

第二联 发票联 购货方记账

销货单位(章)：(印)　　收款人：区军　　复核：　　开票人：孙洪波

附表 10－4－2

公路运输货车统一发票

NO　443282

托运单位：恒力工厂　　　　运输日期：2013 年 7 月 12 日

货物名称	起讫地址		公里	重量	计量单位	单价	运输金额
	起点	终点					
专用工具	营口	南汇			吨公里		280.00
运费合计(大写)贰佰捌拾元整							

车号：　　　　收款单位：(盖章有效)　　　　收款人：候力军

地址：

附表 10－4－3

入库单

年　月　日　　　　发票号码：NO

材料编号	材料名称及规格	计量单位	数量		价格		运杂费	合计
			应收	实收	单价	金额		
合　计								

第三联 记账联

仓库负责人：　　材料会计：　　收料人：　　经办人：　　制单：

附表 10－5－1

增值税专用发票

发票联

开票日期：2013 年 7 月 16 日

购货单位	名称	智慧电子股份有限公司	纳税人登记号	643329857321657
	地址、电话	南汇市江都区桂花路 24 号 65666660	开户银行及账号	中国工商银行南汇市爱民支行 3293290689224

商品或劳务名	计量单位	数量	单价	金额 十	万	千	百	十	元	角	分	税率%	税额 十	万	千	百	十	元	角	分
模具	套	55				2	0	0	0	0	0	17			3	4	0	0	0	0
合计						2	0	0	0	0	0				3	4	0	0	0	0
价税合计(大写)	贰仟叁佰肆拾元整														￥2 340.00					

销货单位	名称	华风机械模具公司	纳税人登记号	643329857322458
	地址、电话	0453－6259777	开户银行及账号	工行东安支行 3293290689587
备注				

第二联 发票联 购货方记账

销货单位(章)：(印)　　收款人：程理　　复核：王开　　开票人：姜晶

附表 10－5－2

公路运输货车统一发票

NO 368741

托运单位：华风机械模具公司　　运输日期：2013 年 7 月 16 日

货物名称	起讫地址 起点	终点	公里	重量	计量单位	单价	运杂费金额
钢材	南汇	南汇			吨公里		325.00
运费合计(大写)叁佰贰拾伍元整							

车号：　　收款单位：(盖章有效)　　收款人：杨红

地址：

附表 10－5－3

入库单

年　月　日　　发票号码：NO

材料编号	材料名称及规格	计量单位	数量 应收	实收	价格 单价	金额	运杂费	合计
合计								

第三联 记账联

仓库负责人：　　材料会计：　　收料人：　　经办人：　　制单：

附表 10－5－4

中国工商银行转账支票存根
支票号码：
签发日期：
收款人：
金额：
用途：
备注：
单位主管：　　会计：

中国工商银行**转账支票**											支票号码：
签发日期(大写)：　年　月　日											开户行名称：
收款人：											签发人账号：
人民币（大写）	千	百	十	万	千	百	十	元	角	分	
用途：											
上列款项请从我账户内支付 签发人盖章											复核 记账 验印

附表 10－6－1

低值易耗品领用单

领用部门：

编号：　　　　　　年　月　日

编号	类别	名称	规格	单位	数量		金额	
					请领	实发	单价	金额
合计								
用途								

附表 10－7－1

增值税专用发票

发票联

开票日期：2013 年 7 月 20 日

购货单位	名称	智慧电子股份有限公司			纳税人登记号								643329857321657								
	地址、电话	南汇市江都区桂花路 24 号 6566660			开户银行及账号								中国工商银行南汇市爱民支行 3293290689224								
商品或劳务名		计量单位	数量	单价	金额								税率	税额							
					十	万	千	百	十	元	角	分	%	十	万	千	百	十	元	角	分
模具		套	200	90		1	8	0	0	0	0	0	17			3	0	6	0	0	0
合计						1	8	0	0	0	0	0				3	0	6	0	0	0
价税合计(大写)		贰万壹仟零陆拾元整											¥21 060.00								
销货单位	名称	科达公司			纳税人登记号								785146523782030								
	地址、电话	0417－6330089			开户银行及账号								工行阳明支行 3245591375789								
备注																					

第二联 发票联 购货方记账

销货单位(章)：(印)　　收款人：王纪英　　复核：何虹　　开票人：陈丽丽

附表 10－7－2

入库单

年 月 日　　　　发票号码:NO

材料编号	材料名称及规格	计量单位	数量		价格		运杂费	合计
			应收	实收	单价	金额		
合　计								

第三联　记账联

仓库负责人：　材料会计：　收料人：　经办人：　制单：

附表 10－7－3

中国工商银行转账支票存根

支票号码：

签发日期：

收款人：
金额：
用途：
备注：

单位主管：　会计：

中国工商银行**转账支票**　　支票号码：

签发日期(大写)：　年　月　日　　开户行名称：

收款人：　　签发人账号：

人民币(大写)	千	百	十	万	千	百	十	元	角	分

用途：________

上列款项请从　　复核

我账户内支付　　记账

签发人盖章　　验印

附表 10－8－1

低值易耗品报废申请书

年 月 日

名　称		单　位	
原　值		使用单位	
报 废 原 因	报告人： 年 月 日		
资产管理部门意见	年 月 日	公 司 意 见	年 月 日

附表 10－8－2

收　据

年 月 日　　　　第　号

今收到					
人民币(大写)				¥	
事　由				现金	
				支票第　号	
收款单位		财务主管		收款人	

附表 10-9-1

低值易耗品领用单

领用部门：

编号：　　　　　　　　　　　　　年　　月　　日

编号	类别	名称	规格	单位	数量		金额	
					请领	实发	单价	金额
合计								
用途								

附表 10-10-1

盘点报告表

单位名称：原材料仓库　　　　　　　　　　　　　　　2013 年 7 月 30 日

编号	类别及名称	计量单位	计划单价	实存		账存		对比结果				备注
								盘盈		盘亏		
				数量	金额	数量	金额	数量	计划金额	数量	计划金额	
	刀具	把	100	27		30				3	300	
	合计										300	

附表 10-10-2

存货盘亏处理报告单

年　　月　　日

名称	盘亏数		盘亏原因	领导批示
	数量	金额		
合计				年　　月　　日

部门主管：　　　　　　　　　　　　出纳员：　　　　　　　　　复核人：

实训十一　包装物

一、实训目的

通过包装物的实训，使学生掌握包装物的初始计量、后续计量及摊销方法，并掌握包装物处置的核算。

二、实训要求

1. 根据期初余额开设“周转材料——包装物”总账及明细账，并登记期初余额。
2. 填制并审核原始凭证。
3. 根据原始凭证填制记账凭证。
4. 审核记账凭证，并根据原始凭证和记账凭证登记“周转材料——包装物”总账及明细账。

三、实训组织

1. 所需学时:4 学时。

2. 所需资料:原始凭证、记账凭证、三栏式总账及数量金额式明细账。

四、实训资料

(一)企业概况

企业名称:智慧电子股份有限公司

法人代表:王牧之

企业性质:股份有限公司

地址:南汇市江都区桂花路 24 号

开户银行:中国工商银行南汇市爱民支行

银行账号:3293290689224

税号:643329857321657

电话:6566660

邮编:150222

(二)期初资料

2013 年 7 月 1 日智慧电子股份有限公司有关包装物总账与明细账期初余额见表 11-1:

表 11-1 包装物期初余额表 单位:元

序号	明细账	单位	数量	单价	金额	摊销方法
1	包装袋	只	46 500	0.50	23 250	一次摊销法
2	包装箱——库存未用包装物	只	4 000	7.50	30 000	五五摊销法
	——库存已用包装物	只	1 000	7.50	7 500	
	——出借包装物	只	1 000	7.50	7 500	
3	包装瓶	个				一次摊销法
合计	—	—	—	—	48 250	—

(三)核算方法

1. 智慧电子股份有限公司,为增值税一般纳税人,包装物核算采用实际成本法核算。

2. 包装物发出采用先进先出法。

(四)有关业务

智慧电子股份有限公司 2013 年 7 月发生以下有关包装物的经济业务:

1. 2013 年 7 月 1 日,出租新包装箱 3 000 只给达信公司,出租期限为 1 个月,租金每只 0.50元,收取押金一张支票 4 000 元存入银行。(填进账单、包装物领单,代对方单位填支票)

2. 2013 年 7 月 2 日,为销售产品领用包装袋 45 000 只,成本计 22 500 元,该包装物随同产品出售单独计价,每只售价 0.55 元,按 17%计算增值税,款项已收存入银行。(填增值税专用发票、包装物领单)

3. 2013 年 7 月 5 日,向光辉工厂购入包装瓶 5 000 个,每个 1.50 元,计 7 500 元,进项税额 1 275 元,款项用转账支票付讫,包装瓶入库。(见所附凭证,填转账支票、入库单)

4. 2013 年 7 月 8 日,销售部门为销售产品领用包装瓶 1 500 个,该包装瓶随同产品出售不单独计价。(填包装物领单)

5. 2013 年 7 月 11 日，出借新包装箱 1 000 只给仓北公司，借期 2 个月，收取押金 8 000 元存入银行。(填进账单、包装物领单)

6. 2013 年 7 月 15 日，收回上月出借的包装箱 900 只，其余有 100 只未退回，扣押金 936 元(含税)，其余 7 064 元，用银行存款退回。(填入库单)

7. 2013 年 7 月 20 日，购入包装袋 5 000 只，每只 0.52 元，计 2 600 元，进项税额 442 元，款项开出一张 2 个月到期银行承兑汇票给付，包装袋已入库。(见所附凭证，填入库单)

8. 2013 年 7 月 23 日，基本生产车间生产产品领用包装袋 3 000 只。(填包装物领单)

9. 2013 年 7 月 31 日，收回 7 月 1 日出租的包装箱 3 000 只，收取租金并退回剩余押金，收回的包装箱中 50 只已破损，没有使用价值而报废，残料作价出售 20 元，以现金收讫。(填入库单、现金收据)

附表 11 - 1 - 1

中国工商银行进账单(收款通知)

年　月　日　　　　第　号

<table>
<tr><td rowspan="3">付款人</td><td>全　称</td><td></td><td rowspan="3">收款人</td><td>全　称</td><td colspan="11"></td></tr>
<tr><td>账　号</td><td></td><td>账　号</td><td colspan="11"></td></tr>
<tr><td>开户行</td><td></td><td>开户行</td><td colspan="11"></td></tr>
<tr><td rowspan="2">人民币
(大写)</td><td colspan="3" rowspan="2"></td><td>亿</td><td>千</td><td>百</td><td>十</td><td>万</td><td>千</td><td>百</td><td>十</td><td>元</td><td>角</td><td>分</td></tr>
<tr><td></td><td></td><td></td><td></td><td></td><td></td><td></td><td></td><td></td><td></td><td></td></tr>
<tr><td colspan="2">票据种类</td><td></td><td colspan="13" rowspan="3">收款人开户盖章</td></tr>
<tr><td colspan="2">票据张数</td><td></td></tr>
<tr><td colspan="3">单位主管：　会计：　复核：　记账：</td></tr>
</table>

附表 11 - 1 - 2

包装物领用单

领用部门：

编号：　　　　　　　　年　月　日

<table>
<tr><td rowspan="2">编号</td><td rowspan="2">类别</td><td rowspan="2">名称</td><td rowspan="2">规格</td><td rowspan="2">单位</td><td colspan="2">数量</td><td colspan="2">金额</td></tr>
<tr><td>请领</td><td>实发</td><td>单价</td><td>金额</td></tr>
<tr><td></td><td></td><td></td><td></td><td></td><td></td><td></td><td></td><td></td></tr>
<tr><td></td><td></td><td></td><td></td><td></td><td></td><td></td><td></td><td></td></tr>
<tr><td></td><td></td><td></td><td></td><td></td><td></td><td></td><td></td><td></td></tr>
<tr><td></td><td></td><td></td><td></td><td></td><td></td><td></td><td></td><td></td></tr>
<tr><td></td><td></td><td></td><td></td><td></td><td></td><td></td><td></td><td></td></tr>
<tr><td></td><td></td><td></td><td></td><td></td><td></td><td></td><td></td><td></td></tr>
<tr><td></td><td></td><td></td><td></td><td></td><td></td><td></td><td></td><td></td></tr>
<tr><td colspan="4">合　计</td><td></td><td></td><td></td><td></td><td></td></tr>
<tr><td>用途</td><td colspan="8"></td></tr>
</table>

发料人：　　　记账：　　　领料部门负责人：　　　领料人：

附表 11-1-3

中国工商银行转账支票存根

支票号码：

签发日期：

收款人：
金额：
用途：
备注：

单位主管：　　会计：

中国工商银行**转账支票** 签发日期(大写)：　年　月　日 收款人：										支票号码： 开户行名称： 签发人账号：
人民币 (大写)	千	百	十	万	千	百	十	元	角	分
用途： 上列款项请从 我账户内支付 签发人盖章										复核 记账 验印

附表 11-2-1

增值税专用发票

记账联

开票日期：

购货单位	名称				纳税人登记号																	
	地址、电话				开户银行及账号																	
商品或劳务名		计量单位	数量	单价	金额								税率%	税额								
					十	万	千	百	十	元	角	分		十	万	千	百	十	元	角	分	
合计																						
价税合计(大写)																						
销货单位	名称				纳税人登记号																	
	地址、电话				开户银行及账号																	
备注																						

第四联记账联　购货方记账

销货单位(章)：(印)　　收款人：　　复核：　　开票人：

附表 11-2-2

包装物领用单

领用部门：

编号：　　　　年　月　日

编号	类别	名称	规格	单位	数量		金额	
					请领	实发	单价	金额
合计								
用途								

发料人：　　记账：　　领料部门负责人：　　领料人：

附表 11－3－1

增值税专用发票

发票联

开票日期：2013 年 7 月 5 日

购货单位	名称	智慧电子股份有限公司	纳税人登记号	643329857321657
	地址、电话	南汇市江都区桂花路 24 号 65666660	开户银行及账号	工行爱民支行 3293290689224

商品或劳务名	计量单位	数量	单价	金额								税率	税额							
				十	万	千	百	十	元	角	分	%	十	万	千	百	十	元	角	分
包装瓶	个	5 000	1.50			7	5	0	0	0	0	17			1	2	7	5	0	0
合计						7	5	0	0	0	0				1	2	7	5	0	0

价税合计（大写）	捌仟柒佰柒拾伍元整		￥8 775.00	
销货单位	名称	光辉工厂	纳税人登记号	643329857322629
	地址、电话	0453－6289555	开户银行及账号	工行东安支行 3293290689691
备注				

第二联 发票联 购货方记账

销货单位（章）：（印）　　收款人：程理　　复核：王开　　开票人：姜晶

附表 11－3－2

中国工商银行转账支票存根

支票号码：

签发日期：

收款人：
金额：
用途：
备注：

单位主管：　　会计：

中国工商银行**转账支票**　　支票号码：

签发日期（大写）：　　年　月　日　　开户行名称：

收款人：　　签发人账号：

人民币（大写）	千	百	十	万	千	百	十	元	角	分

用途：________________

上列款项请从　　复核

我账户内支付　　记账

签发人盖章　　验印

附表 11－3－3

入库单

年　月　日　　发票号码：NO

材料编号	材料名称及规格	计量单位	数量		价格		运杂费	合计
			应收	实收	单价	金额		
合　计								

第三联 记账联

仓库负责人：　　材料会计：　　收料人：　　经办人：　　制单：

附表 11－4－1

包装物领用单

领用部门：

编号： 年 月 日

编号	类别	名称	规格	单位	数量		金额	
					请领	实发	单价	金额
合计								
用途								

发料人： 记账： 领料部门负责人： 领料人：

附表 11－5－1

中国工商银行进账单(收款通知)

年 月 日 第 号

付款人	全称		收款人	全称	
	账号			账号	
	开户行			开户行	

人民币（大写）		亿	千	百	十	万	千	百	十	元	角	分

票据种类		
票据张数		
单位主管： 会计： 复核： 记账：		收款人开户盖章

附表 11－5－2

包装物领用单

领用部门：

编号： 年 月 日

编号	类别	名称	规格	单位	数量		金额	
					请领	实发	单价	金额
合计								
用途								

发料人： 记账： 领料部门负责人： 领料人：

附表 11－6－1

入库单

年　月　日　　　　　　　　发票号码：NO

材料编号	材料名称及规格	计量单位	数量		价格		运杂费	合计
			应收	实收	单价	金额		
合计								

第三联　记账联

仓库负责人：　　材料会计：　　收料人：　　经办人：　　制单：

附表 11－7－1

增值税专用发票

发票联

开票日期：2013 年 7 月 20 日

购货单位			
名称	智慧电子股份有限公司	纳税人登记号	643329857321657
地址、电话	南汇市江都区桂花路 24 号 65666660	开户银行及账号	工行爱民支行 3293290689224

商品或劳务名	计量单位	数量	单价	金额 十	万	千	百	十	元	角	分	税率 %	税额 十	万	千	百	十	元	角	分
包装袋	只	5 000	0.52			2	6	0	0	0	0	17				4	4	2	0	0
合计						2	6	0	0	0	0					4	4	2	0	0

价税合计(大写)	叁仟零肆拾贰元整		￥3 042.00
销货单位 名称	羚羊包装材料厂	纳税人登记号	643329857322458
销货单位 地址、电话	0453—6593345	开户银行及账号	工行爱民支行 3293290689587
备注			

第二联　发票联　购货方记账

销货单位(章)：(印)　　收款人：程理　　复核：王开　　开票人：姜晶

附表 11－7－2

银行承兑汇票

汇票号码　AG067891

第 010 号

签发日期：2013 年 7 月 20 日

收款单位			付款人		
全　称	羚羊包装材料		全　称	智慧电子股份有限公司	
账号或地址	3293290689587		账号或地址	3293290689224	
开户银行	工行	行号	开户银行	工行爱民支行	行号

金额	千	百	十	万	千	百	十	元	角	分
人民币(大写)叁仟零肆拾贰元整				￥	3	0	4	2	0	0

汇票到期日	2013 年 9 月 20 日	交易合同号码 2576
本汇票已经本单位承兑，到期日无条件支付票款。 付款人盖章 负责：黄珊　经办：童辉　2013 年 7 月 20 日		货款

附表 11-7-3

入库单

年 月 日　　　　　　　　发票号码:NO

材料编号	材料名称及规格	计量单位	数量		价格		运杂费	合计
			应收	实收	单价	金额		
合计								

第三联 记账联

仓库负责人:　　材料会计:　　收料人:　　经办人:　　制单:

附表 11-8-1

包装物领用单

领用部门:

编号:　　　　　　　　年 月 日

编号	类别	名称	规格	单位	数量		金额	
					请领	实发	单价	金额
合计								
用途								

发料人:　　记账:　　领料部门负责人:　　领料人:

附表 11-9-1

入库单

年 月 日　　　　　　　　发票号码:NO

编号	名称及规格	计量单位	数量		价格		运杂费	合计
			应收	实收	单价	金额		
合计								

第三联 记账联

仓库负责人:　　材料会计:　　收料人:　　经办人:　　制单:

附表 11-9-2

收　据

年 月 日　　　　　　　　第　　号

今收到					
人民币(大写)			¥		
事　由			现金		
			支票第　　号		
收款单位		财务主管		收款人	

实训十二　交易性金融资产

一、实训目的

通过交易性金融资产的实训，使学生熟悉交易性金融资产的种类，掌握交易性金融资产取得、出售的会计处理方法。

二、实训要求

1. 根据期初资料开设"交易性金融资产"总账、明细账。

2. 根据各项经济业务完成有关表格的计算和有关原始凭证填制，并编制记账凭证。

3. 审核记账凭证，并根据审核无误的记账凭证登记有关"交易性金融资产"总账、明细账。

三、实训组织

1. 所需学时：4 学时。

2. 所需资料：原始凭证、记账凭证、三栏式明细账、三栏式总账。

四、实训资料

(一)企业概况

企业名称：智慧电子股份有限公司

法人代表：王牧之

企业性质：股份有限公司

地址：南汇市江都区桂花路 24 号

开户银行：中国工商银行南汇市爱民支行

银行账号：3293290689224

税号：643329857321657

电话：6566660

邮编：150222

(二)期初资料

智慧电子股份有限公司 2013 年 1 月初有关交易性金融资产的资料见表 12－1：

表 12－1　交易性金融资产期初余额表

单位：元

总　账	明细账	金　额	备　注
交易性金融资产	股票甲	300 000	此股票为威普公司的 6 000 股
	债券 A	420 000	此债券为灵光公司、年利率 5%，面值 1 000元，400 张，已到付息日但尚未领取的利息 20 000 元
合　计	—	72 000	—

(三)核算方法

1. 企业每年 6 月 30 日和 12 月 31 日对外提供财务报告。

2. 按单项确认公允价值变动损益。

(四)有关业务

2013 年上半年发生以下有关交易性金融资产的经济业务:

1.2013 年 1 月 5 日,企业从二级市场购入前进公司股票乙 10 000 股,每股 4.80 元,支付相关税费 1 440 元,企业将其划分为交易性金融资产。

2.2013 年 2 月 25 日,企业用银行存款购入当日发行的天锐公司债券 B,面值总额为 100 000 元,三年期,年利率为 6%,每年末付息,到期一次还本,企业按 120 000 元的价格购入,另外支付相关税费 360 元,企业将其划分为交易性金融资产。

3.2013 年 3 月 20 日,威普公司宣告分配现金股利,每 10 股派发 2 元。

4.2013 年 3 月 24 日,购入长青公司股票丙 5 000 股,每股 6.50 元,其中 0.50 元为已宣告尚未发放的现金股利,另支付相关税费 900 元,企业确定为交易性金融资产。

5.2013 年 3 月 30 日,收到灵光公司已到付息日尚未领取的利息 20 000 元。(填进账单)

6.2013 年 4 月 1 日,企业购入利达公司 2012 年 1 月 1 日发行的四年期债券 C 面值 80 000 元,年利率6.5%,企业按 81 300 元购入(含一季度利息),另支付相关税费 240 元,企业将其划分为交易性金融资产。

7.2013 年 4 月 6 日,收到威普公司的现金股利。(填进账单)

8.2013 年 5 月 12 日,企业将持有的威普公司股票甲全部出售,取得价款 330 000 元。

9.2013 年 6 月 25 日,企业将持有的债券 B 出售 50%,出售价格为 65 000 元(含四个月的利息)。

10.2013 年 6 月 30 日,企业持有的交易性金融资产的公允价值见表 12-2。(填公允价值变动计算表)

表 12-2 交易性金融资产公允价值表 单位:元

项目		公允价值
债券	债券 A	402 000
	债券 B	58 000
	债券 C	81 000
股票	股票乙	50 000
	股票丙	35 000
合计		626 000

附表 12-5-1

中国工商银行进账单(收款通知)

年 月 日 第 号

付款人	全称		收款人	全称	
	账号			账号	
	开户行			开户行	
人民币(大写)				亿 千 百 十 万 千 百 十 元 角 分	
票据种类					
票据张数					
单位主管: 会计: 复核: 记账:			收款人开户盖章		

附表 11－7－1

中国工商银行进账单(收款通知)

年 月 日 第 号

<table>
<tr><td rowspan="3">付款人</td><td>全 称</td><td></td><td rowspan="3">收款人</td><td>全 称</td><td colspan="10"></td></tr>
<tr><td>账 号</td><td></td><td>账 号</td><td colspan="10"></td></tr>
<tr><td>开户行</td><td></td><td>开户行</td><td colspan="10"></td></tr>
<tr><td rowspan="2">人民币
(大写)</td><td colspan="3" rowspan="2"></td><td>亿</td><td>千</td><td>百</td><td>十</td><td>万</td><td>千</td><td>百</td><td>十</td><td>元</td><td>角</td><td>分</td></tr>
<tr><td></td><td></td><td></td><td></td><td></td><td></td><td></td><td></td><td></td><td></td><td></td></tr>
<tr><td colspan="2">票据种类</td><td></td><td colspan="12" rowspan="3">收款人开户盖章</td></tr>
<tr><td colspan="2">票据张数</td><td></td></tr>
<tr><td colspan="3">单位主管: 会计: 复核: 记账:</td></tr>
</table>

附表 12－10－1

交易性金融资产公允价值动计算表

年 月 日

资产名称	数量	成本	公允价值变动后余额	公允价值变动前余额	当期公布价值变动
合计					

主管: 审核: 制表:

实训十三 持有至到期投资

一、实训目的

通过持有至到期投资业务的实训,使学生熟悉持有至到期投资的种类,掌握持有至到期投资产取得、出售的会计处理方法。

二、实训要求

1. 根据期初资料开设“持有至到期投资”总账、明细账。
2. 根据各项经济业务完成有关表格的计算和有关原始凭证填制,并编制记账凭证。
3. 审核记账凭证,并根据审核无误的记账凭证登记“持有至到期投资”总账、明细账。

三、实训组织

1. 所需学时:2 学时。
2. 所需资料:原始凭证、记账凭证、三栏式明细账、三栏式总账。

四、实训资料

(一)企业概况

企业名称:智慧电子股份有限公司

法人代表:王牧之

企业性质:股份有限公司

地址:南汇市江都区桂花路 24 号

开户银行:中国工商银行南汇市爱民支行

银行账号:3293290689224

税号:643329857321657

电话:6566660

邮编:150222

(二)期初资料

智慧电子股份有限公司 2013 年 1 月初有关持有至到期投资的资料见表 13-1:

表 13-1 持有至到期投资期初余额表 单位:元

总 账	明细账	金 额	备 注
持有至到期投资	A 债券	800 000	2012 年 12 月 31 日按面值购入,票面利率 5%,三年期,到期一次还本付息,实际利率等于票面利率

(三)核算方法

当票面利率与实际利率存在差异时,在每期确认利息时进行利息调整。

(四)有关业务

2013—2014 年发生以下有关持有至到期投资的经济业务:

1. 2013 年 1 月 1 日,购入长弘工厂发行的三年期 B 债券,面值为 200 000 元,企业以 210 688 元的价格购入,其中支付的相关税费 2 000 元,该债券每年付息一次,到期还本,票面利率为 8%,实际利率为 6%,企业将该项投资划分为持有至到期投资。

2. 2013 年 8 月 15 日,由于市场因素的影响,企业持有的 A 债券的价格持续下跌,因此决定出售 A 债券的 50%,取得价款 450 000 元,其余 50%重分类为可供出售金融资产。

3. 2014 年 1 月 1 日,购入久久公司发行的四年期 C 债券,面值 100 000 元,企业以 86 844 元的价格购入,另支付相关税费 1 000 元,票面利率为 6%,实际利率为 9%,该债券到期一次还本付息,企业将其划分为持有至到期投资。

4. 2014 年 2 月 5 日,将债券 A 全部出售,取得价款 460 000 元。

实训十四 可供出售金融资产

一、实训目的

通过可供出售金融资产业务的实训,使学生熟悉可供出售金融资产的种类,掌握可供出售金融资产取得、出售的会计处理方法。

二、实训要求

1. 根据期初资料开设各项"可供出售金融资产"总账、明细账。

2. 根据各项经济业务完成有关表格的计算和有关原始凭证填制,并编制记账凭证。

3. 审核记账凭证,并根据审核无误的记账凭证登记有关"可供出售金融资产"总账、明细账。

三、实训组织

1. 所需学时:4 学时。

2. 所需资料:原始凭证、记账凭证、三栏式明细账、三栏式总账。

四、实训资料

(一)企业概况

企业名称:智慧电子股份有限公司

法人代表:王牧之

企业性质:股份有限公司

地址:南汇市江都区桂花路24号

开户银行:中国工商银行南汇市爱民支行

银行账号:3293290689224

税号:643329857321657

电话:6566660

邮编:150222

(二)期初资料

智慧电子股份有限公司2013年1月初有关可供出售金融资产的资料见表14-1:

表14-1 可供出售金融资产期初余额表 单位:元

总 账	二级账户	明细账户	金 额	备 注
可供出售金融资产	成本	股票A	100 000	20 000股

(三)核算方法

1.企业每年6月30日和12月31日对外提供财务报告。

2.可供出售金融资产按公允价值核算。

(四)有关业务

2013年智慧电子股份有限公司发生以下有关可供出售金融资产的经济业务:

1.2013年1月1日,企业购入百汇公司三年期的K债券10张,每张面值1 000元,票面利率为6%,实际利率为4.5%,每年付息一次,到期一次还本,企业以每张1 100元的价格购入,另支付相关税费50元,企业将其划分为可供出售金融资产。

2.2013年3月24日,股票A宣告分派现金股利,每股0.2元。

3.2013年4月2日,企业购入海辉公司的股票B 40 000股,每股12元(含已宣告尚未发放的现金股利0.4元),另支付相关税费1 200元,企业将其划分为可供出售金融资产。

4.2013年5月15日,企业收到了股票A发放的现金股利。

5.2013年6月14日,收到股票B的现金股利。

6.2013年6月30日,股票A公允价值为110 000元,股票B的公允价值为440 000元,债券K的公允价值为11 500元。(填可供出售金融资产公允价值变动计算表)

7.2013年7月1日,企业将持有至到期投资债券M出售了40%,出售价格为350 000元,债券M原账面总成本为800 000元,其余转为可供出售金融资产。

8.2013年9月20日,企业将股票A全部出售,取得价款为120 000元。

9.2013年10月15日,将债券M全部出售,售价为550 000元。

10.2013年12月31日,确认并收到债券K的利息。

11.2013年12月31日,股票B的公允价值为430 000元,债券K的公允价值为12 000元。(填可供出售金融资产公允价值变动计算表)

附表 14－6－1

可供出售金融资产公允价值变动计算表

年　月　日

资产名称	数量	成本	公允价值变动后余额	公允价值变动前余额	当期公允价值变动
合计					

主管：　　　　审核：　　　　制表：

附表 14－11－1

可供出售金融资产公允价值变动计算表

年　月　日

资产名称	数量	成本	公允价值变动后余额	公允价值变动前余额	当期公允价值变动
合计					

主管：　　　　审核：　　　　制表：

实训十五　金融资产

一、实训目的

通过金融资产业务的实训，使学生熟悉金融资产的种类，掌握金融资产取得、出售的会计处理方法。

二、实训要求

1.根据期初资料开设“交易性金融资产”“持有至到期投资”“可供出售金融资产”总账及相关明细账。

2.根据各项经济业务完成有关表格的计算和有关原始凭证填制，并编制记账凭证。

3.审核记账凭证，并根据审核无误的记账凭证登记“交易性金融资产”“持有至到期投资”“可供出售金融资产”总账及相关明细账。

三、实训组织

1.所需学时：4学时。

2.所需资料：原始凭证、记账凭证、三栏式明细账、三栏式总账。

四、实训资料

(一)企业概况

企业名称：智慧电子股份有限公司

法人代表：王牧之

企业性质：股份有限公司

地址：南汇市江都区桂花路24号

开户银行：中国工商银行南汇市爱民支行

银行账号：3293290689224

税号:643329857321657

电话:6566660

邮编:150222

(二)期初资料

智慧电子股份有限公司 2013 年 1 月初有关金融资产的资料见表 15－1:

表 15－1 金融资产期初余额表 单位:元

科　目	二级科目	明细科目	金　额	备　注
交易性金融资产	成本	股票 A	400 000	40 000 股
	公允价值变动		40 000 (借方)	—
	成本	债券甲	120 000	—
	公允价值变动		1 2000 (借方)	—
持有至到期投资	成本	债券乙	200 000	该债券为 2012 年 12 月 31 日购买,票面利率为 12%,实际利率为 10%,三年期,每半年付息一次,到期还本
	利息调整		10 148 (借方)	
可供出售金融资产	股票 B	成本	60 000	5 000 股
		公允价值变动	3 000 (贷方)	—
合　计	—	—	828 348	—

(三)核算方法

1.企业每年 6 月 30 日和 12 月 31 日对外提供财务报告。

2.对交易性金融资产及可供出售金融资产业务采用公允价值计量。

(四)有关业务

智慧电子股份有限公司 2013 年发生以下有关金融资产的经济业务。

1.2013 年 1 月 1 日,购入伟光公司当日发行的到期一次还本付息的三年期债券丙,面值为 100 000 元,年利率为 6.2%,企业以 110 000 元的价格购入,另支付相关税费 1 000 元,每年 1 月 3 日支付上年利息,企业将其划分为交易性金融资产。

2.2013 年 2 月 23 日,从证券市场上购入股票 C16 000 股,每股 6.80 元,其中每股含已宣告尚未发放股利 0.50 元,计 108 800 元,付相关税费 544 元,企业将其划分为交易性金融资产。

3.2013 年 3 月 1 日,收到 C 股票的股利。

4.2013 年 3 月 5 日,出售 A 股票 20 000 股,每股 12.50 元,另付相关税费 1 250 元。

5.2013 年 4 月 20 日,股票 A 所在公司宣告分派股利,每股发放现金股利 0.40 元并 10 送 1。

6.2013 年 5 月 6 日,收到股票 A 所在公司派发的现金股利。

7.2013 年 6 月 18 日,将股票 B 全部出售,每股售价 11 元。

8.2013 年 6 月 30 日,股票 A 每股市价 13 元,债券甲公允价值为 122 600 元,债券丙公允价值为 105 000 元,股票 C 每股市场价 7.50 元。(填金融资产公允价值变动计算表)

9.2013 年 6 日 30 日,确认债券乙的上半年利息。

10.2013 年 7 月 1 日,收到债券乙的上半年利息。

11.2013 年 11 月 10 日，将股票 C 全部出售，每股售价为 7.85 元。

12.2013 年 12 月 10 日，购入风江公司 2012 年 1 月 1 日发行的丁债券 20 张，面值每张 1 000元，四年期，年利率为 6%，该债券每年付息一次，到期还本，企业按每张 1 055 元的价格购入(含 11 个月的利息)，相关费用 75 元，企业将其划分为可供出售的金融资产。

13.2013 年 12 月 31 日，确认债券丙当年及债券乙下半年的利息。

14.2013 年 12 月 31 日，股票 A 每股市价 12.50 元，债券甲的公允价值为 121 100 元，债券丙的公允价值为 120 000 元。(填金融资产公允价值变动计算表)

附表 15 - 8 - 1

金融资产公允价值变动计算表

年　月　日

资产名称	数量	成本	公允价值 变动后余额	公允价值 变动前余额	当期公允 价值变动
合计					

主管：　　　　　　　　审核：　　　　　　　　制表：

附表 15 - 14 - 1

金融资产公允价值变动计算表

年　月　日

资产名称	数量	成本	公允价值 变动后余额	公允价值 变动前余额	当期公允 价值变动
合计					

主管：　　　　　　　　审核：　　　　　　　　制表：

实训十六　长期股权投资

一、实训目的

通过长期股权投资的实训，使学生掌握长期股权投资的初始计量、后续计量，能够在核算过程中根据不同情况分别采用成本法及权益法，并掌握长期股权投资处置的核算。

二、实训要求

1. 根据期初余额开设“长期股权投资”明细账，并登记期初余额。
2. 填制并审核原始凭证。
3. 根据原始凭证填制记账凭证。
4. 审核记账凭证，并根据原始凭证和记账凭证登记“长期股权投资”总账及明细账。

三、实训组织

1. 所需学时：6 学时。
2. 所需资料：原始凭证、记账凭证、三栏式明细账。

四、实训资料

(一)企业概况

企业名称：智慧电子股份有限公司

法人代表:王牧之

企业性质:股份有限公司

地址:南汇市江都区桂花路24号

开户银行:中国工商银行南汇市爱民支行

银行账号:3293290689224

税号:643329857321657

电话:6566660

邮编:150222

(二)期初资料

2013年1月1日智慧电子股份有限公司有关长期股权投资总账与明细账期初余额见表16-1:

表16-1 长期股权投资总账与明细账期初余额表 单位:元

总 账	二级账户	明细账户	借方金额	贷方金额	备 注
长期股权投资	有为公司	成本	500 000 (100 000股)		对有为公司的投资占有为公司总股份的40%,对有为公司经营有重大影响
		损益调整	50 000		
长期股权投资减值准备	有为公司			4 000	
合 计	—	—	—	4 000	—

(三)核算方法

1.该企业长期股权投资按照公允价值计量,年末经测试,可收回金额低于账面价值,计提长期股权投资减值准备核算。

2.当持有被投资企业20%~50%的股权份额时,采用权益法核算。

(四)有关业务

智慧电子股份有限公司2013—2014年发生以下有关长期股权投资的经济业务:

1.2013年1月8日,企业购入文博公司股份50 000股,每股4.50元,占文博公司6%的股权,准备长期持有。企业取得股权后未参与文博公司的生产经营,也未对文博公司产生重大影响,该股权不存在活跃市场,其公允价值不能可靠的计量。(填转账支票)

2.2013年3月5日,有为公司宣告分派现金股利,每10股派2.50元。

3.2013年4月16日,企业以发行10 000 000股普通股作为合并对价取得同一控制下的宏伟公司80%的股权,所发行股票每股面值1元,合并当日宏伟公司所有者权益账面价值为30 000 000元。(填转账支票)

4.2013年4月20日,收到有为公司派发的现金股利(填进账单)

5.2013年4月30日,文博公司宣告分派现金股利,每股派发0.20元。

6.2013年5月5日,收到文博公司派发的现金股利。(填进账单)

7.2013年6月30日,企业以600 000元(含相关税费)购入七星公司普通股300 000股,占七星公司普通股的30%,投资时七星公司可辨认净资产的公允价值为2 200 000元,能够对七星公司施加重大影响。(填转账支票)

8.2013年12月31日,由于文博公司股票持续下跌,经测试短期内很难恢复,计提减值准备,当日的市价为每股2.50元。(填长期股权投资减值准备计算表)

9.2013年12月31日,有为公司2013年发生亏损300 000元。

10.2013 年 12 月 31 日，文博公司盈利 1 000 000 元，七星公司盈利 1 500 000 元。

11.2014 年 2 月 27 日，企业将持有的有为公司股票全部出售，出售价款为 450 000 元。(填进账单)

12.2014 年 3 月 20 日，七星公司宣告分派股票股利，每 10 股派 2 股，同时宣告每 10 股派发 1 元现金股利。

附表 16－1－1

中国工商银行转账支票存根

支票号码：

签发日期：

收款人：
金额：
用途：
备注：

单位主管：　　会计：

中国工商银行**转账支票**											支票号码：
签发日期(大写)：　　年　月　日											开户行名称：
收款人：											签发人账号：
人民币 (大写)	千	百	十	万	千	百	十	元	角	分	
用途：											
上列款项请从 我账户内支付 签发人盖章											复核 记账 验印

附表 16－3－1

中国工商银行转账支票存根

支票号码：

签发日期：

收款人：
金额：
用途：
备注：

单位主管：　　会计：

中国工商银行**转账支票**											支票号码：
签发日期(大写)：　　年　月　日											开户行名称：
收款人：											签发人账号：
人民币 (大写)	千	百	十	万	千	百	十	元	角	分	
用途：											
上列款项请从 我账户内支付 签发人盖章											复核 记账 验印

附表 16－4－1

中国工商银行进账单(收款通知)

年　月　日　　　　　　第　　号

付款人	全　称		收款人	全　称										
	账　号			账　号										
	开户行			开户行										
人民币 (大写)				亿	千	百	十	万	千	百	十	元	角	分
票据种类														
票据张数														
单位主管：　会计：　复核：　记账：				收款人开户盖章										

附表 16-6-1

中国工商银行进账单(收款通知)

年　月　日　　　　　　第　号

付款人	全　称		收款人	全　称											
	账　号			账　号											
	开户行			开户行											
人民币(大写)				亿	千	百	十	万	千	百	十	元	角	分	
票据种类			收款人开户盖章												
票据张数															
单位主管：　会计：　复核：　记账：															

附表 16-7-1

中国工商银行转账支票存根

支票号码：

签发日期：

收款人：
金额：
用途：
备注：

单位主管：　会计：

中国工商银行**转账支票**　　支票号码：

签发日期(大写)：　年　月　日　　开户行名称：

收款人：　　签发人账号：

人民币(大写)	千	百	十	万	千	百	十	元	角	分

用途：________

上列款项请从　　复核

我账户内支付　　记账

签发人盖章　　验印

附表 16-8-1

长期股权投资减值准备计算表

年　月　日

序号	投资项目	期初成本	已提减值准备	可收回金额	本期计提减值准备

复核：　　　　制表：

附表 16-11-1

中国工商银行进账单(收款通知)

年　月　日　　　　　　第　号

付款人	全　称		收款人	全　称											
	账　号			账　号											
	开户行			开户行											
人民币(大写)				亿	千	百	十	万	千	百	十	元	角	分	
票据种类			收款人开户盖章												
票据张数															
单位主管：　会计：　复核：　记账：															

实训十七 固定资产

一、实训目的

通过固定资产的实训，使学生掌握固定资产的初始计量、后续支出及其处置的核算，并掌握固定资产的折旧方法，熟悉固定资产的清查核算。

二、实训要求

1. 根据期初余额开设“固定资产”总账及明细账，并登记期初余额。
2. 填制并审核原始凭证。
3. 根据原始凭证填制记账凭证。
4. 审核记账凭证，并根据原始凭证和记账凭证登记“固定资产”“累计折旧”总账及明细账。

三、实训组织

1. 所需学时：6学时。
2. 所需资料：原始凭证、记账凭证、三栏式总账及明细账。

四、实训资料

（一）企业概况

企业名称：智慧电子股份有限公司

法人代表：王牧之

企业性质：股份有限公司

地址：南汇市江都区桂花路24号

开户银行：中国工商银行南汇市爱民支行

银行账号：3293290689224

税号：643329857321657

电话：6566660

邮编：150222

（二）期初资料

2013年4月1日智慧电子股份有限公司有关固定资产总账与明细账期初余额见表17－1：

表17－1 固定资产总账与明细账期初余额表

单位：元

使用部门	名　称	原　值	折旧年限	已使用年限	折旧方法	备　注
生产车间	厂房	600 000	20	5	平均年限法	—
	机器设备	800 000	5	1	双倍余额递减法	残值2 000元
运输队	货车	1 000 000	4	2	工作量法	总行驶里程2 500 000公里，残值为0
管理部门	办公楼	300 000	20	5	平均年限法	—
	小轿车	395 000	4	3	年数总和法	残值5 000元
合计	—	3 095 000	—	—	—	—

（三）核算方法

1. 该企业固定资产按照历史成本计价，年末经测试，可收回金额低于账面价值，计提固定资产减值准备核算。

2.企业按月计提固定资产折旧。

3.企业所得税率为25%,营业税率为5%。

4.企业按10%提取法定盈余公积,按5%提取任意盈余公积。

(四)有关业务

智慧电子股份有限公司2013年4月发生以下有关固定资产的经济业务:

1.2013年4月1日,企业从北矿集团购入一台生产用的设备,价款为50 000元,进项税额为8 500元,用电汇付款,不需要安装。(见所附凭证,填固定资产验收单)

2.2013年4月2日,从恒利砖厂购进红砖200 000块,每块0.40元,计80 000元,增值税进项税额13 600元,用于自营扩建厂房,款项用转账支票付讫。(见所附凭证,填转账支票、入库单)

3.2013年4月5日,接到飞亚公司捐赠的机床一台,发票价格为200 000元,已使用2年,还将使用8年,双方确认的价值为160 000元,企业采用双倍余额递减法计提折旧,净残值为200元。(填固定资产验收单)

4.2013年4月10日,购入需要安装的管理设备一台,价值60 000元,增值税进项税额为10 200元,企业用银行存款支付。(见所附凭证)

5.2013年4月11日,安装管理设备领用生产用A材料600元,按17%计算增值税,发生人工费200元。(填领料单、工资结算汇总表)

6.2013年4月12日,管理设备安装完毕投入使用,使用年限为10年。(填固定资产验收单)

7.2013年4月15日,企业将一台2008年3月购入的设备出售,原值100 000元,已提折旧40 000元,用现金支付清理费用200元,收到设备款为70 200元。(见所附凭证,填固定资产清理计算表、固定资产注销单)

8.2013年4月16日,厂房建设开工,领用专门建设厂房而储备的工程物资,其中:领用红砖200 000块,每块0.468元,领用水泥50吨,每吨500元,领用钢筋20吨,每吨4 000元。(填工程物资领料单)

9.2013年4月18日,企业接受曙光公司投入的仓库一幢,账面原值200 000元,已提折旧50 000元,双方确认的价值为180 000元。(见所附凭证,填固定资产验收单)

10.2013年4月21日,企业向腾飞租赁公司融资租赁一台不需要安装的设备,租赁费为100 000元,按租赁合同规定租期5年,每年应付租金20 000元,用转账支票支付第一年的租金。(见所附凭证,填转账支票)

11.2013年4月23日,结算厂房建设工程人员工资40 000元。(填工资结算汇总表)

12.2013年4月24日,企业的一辆货车发生交通事故报废,原值250 000元,已提折旧30 000元,发生清理费用2 000元,残值收入3 000元,应由保险公司赔偿50 000元。(填收款收据、固定资产清理计算表、固定资产注销单)

13.2013年4月27日,企业将一台150 000元的设备投资于泉涌公司,已提折旧30 000元,已提减值准备10 000元,双方确认的价值为100 000元。(填固定资产清理计算表、固定资产注销单)

14.2013年4月29日,厂房扩建完工交付使用,预计使用年限为20年。(填固定资产验收单)

15.2013年4月29日,用银行存款支付生产设备的修理费3 500元。(见所附凭证,填转账支票)

16.2013年4月29日,发现盘亏一台设备,原值50 000元,已提折旧35 000元,原因待查(填固定资产盘点盈亏报告表、固定资产注销单)

17.2013年4月30日,发现账外设备一台,重置价值为50 000元,估计六成新,经过审批入账。(填固定资产盘点盈亏报告表)

18.2013年4月30日,计提本月固定资产折旧,本月货车行驶30 000公里。(填固定资产折旧计算表)

附表17-1-1

增值税专用发票

发票联

开票日期:2013年4月1日

购货单位	名称	智慧电子股份有限公司			纳税人登记号									643329857321657								
	地址、电话	南汇市江都区桂花路24号6566660			开户银行及账号									工行爱民支行3293290689224								
商品或劳务名		计量单位	数量	单价	金额								税率%	税额								
					十	万	千	百	十	元	角	分		十	万	千	百	十	元	角	分	
N5004设备		台	1	50 000		5	0	0	0	0	0	0	17			8	5	0	0	0	0	
合计						5	0	0	0	0	0	0				8	5	0	0	0	0	
价税合计(大写)		伍万捌仟伍佰元整												¥58 500.00								
销货单位	名称	北矿集团			纳税人登记号									89632985793934								
	地址、电话	0451-5688641			开户银行及账号									农行太平支行2562587413159								
备注																						

第二联 发票联 购货方记账

销货单位(章):(印)　　收款人:王杰　　复核:成威　　开票人:蒋方丽

附表17-1-2

中国工商银行电汇凭证(回单)

委托日期 2013年11月4日　　第51号

汇款人	全称	智慧电子股份有限公司			收款人	全称	北矿集团								
	账号或住址	3293290689224				账号或住址	2562587413159								
	汇出地点	南汇市江都区桂花路24号	汇出行名称	工行爱民支行		汇入地点	哈尔滨	汇入行名称	农行太平支行						
金额	人民币(大写)伍万捌仟伍佰元整						百	十	万	千	百	十	元	角	分
								¥	5	8	5	0	0	0	0
汇款用途:支付设备款															

上列款项已根据委托办理。如需查询,请持此回单面洽。

汇出行盖章

2013年4月1日

单位主管:李江　会计:周小波　出纳:　记账:

附表 17-1-3

固定资产验收单

年 月 日

固定资产编号	名 称	规 格	型 号	计量单位	数 量	建造单位	建造编号	资金来源	附属技术资料
总价（净值）	土建工程费	设备费	安装费	运杂费	包装费	其他	合计	预计年限	净残值率
附属设备或建筑						原值		已提折旧	
验收意见			验收人签章			保管使用人签章			

附表 17-2-1

增值税专用发票

发票联

开票日期：2013 年 4 月 2 日

购货单位	名称	智慧电子股份有限公司			纳税人登记号							643329857321657								
	地址、电话	南汇市江都区桂花路 24 号 6566660			开户银行及账号							工行爱民支行 3293290689224								
商品或劳务名		计量单位	数量	单价	金额							税率%	税额							
					十	万	千	百	十	元	角	分	十	万	千	百	十	元	角	分
红砖		件	200 000	0.4		8	0	0	0	0	0	0	17		1	3	6	0	0	0	0
合计						8	0	0	0	0	0	0			1	3	6	0	0	0	0
价税合计（大写）		玖万叁仟陆佰元整										￥93 600.00								
销货单位	名称	恒利砖厂			纳税人登记号							96332985798881								
	地址、电话	0453－6422963			开户银行及账号							工行太平支行 8862587413457								
备注																				

第二联 发票联 购货方记账

销货单位（章）：（印） 收款人：姜华 复核：白亚昆 开票人：刘虹

附表 17-2-2

中国工商银行转账支票存根

支票号码：

签发日期：

收款人：
金额：
用途：
备注：

单位主管： 会计：

中国工商银行**转账支票** 支票号码：

签发日期（大写）： 年 月 日 开户行名称：

收款人： 签发人账号：

人民币（大写）	千	百	十	万	千	百	十	元	角	分

用途：

上列款项请从 复核

我账户内支付 记账

签发人盖章 验印

附表 17-2-3

入库单

年 月 日 发票号码:NO

材料编号	材料名称及规格	计量单位	数量		价格		运杂费	合计
			应收	实收	单价	金额		
合计								

第三联 记账联

仓库负责人: 材料会计: 收料人: 经办人: 制单:

附表 17-3-1

固定资产验收单

年 月 日

固定资产编号	名称	规格	型号	计量单位	数量	建造单位	建造编号	资金来源	附属技术资料
总价（净值）	土建工程费	设备费	安装费	运杂费	包装费	其他	合计	预计年限	净残值率
附属设备或建筑						原值		已提折旧	
验收意见			验收人签章			保管使用人签章			

附表 17-4-1

增值税专用发票

发票联

开票日期：2013 年 4 月 10 日

购货单位	名称	智慧电子股份有限公司			纳税人登记号							643329857321657								
	地址、电话	南汇市江都区桂花路 24 号 6566660			开户银行及账号							工行爱民支行 3293290689224								
商品或劳务名		计量单位	数量	单价	金额							税率%	税额							
					十	万	千	百	十	元	角	分	十	万	千	百	十	元	角	分
GL0928 设备		件	1	60 000		6	0	0	0	0	0	0	17		1	0	2	0	0	0	0
合计						6	0	0	0	0	0	0			1	0	2	0	0	0	0
价税合计（大写）		柒万零贰佰元整										¥70 200.00								
销货单位	名称	久久现代设备公司			纳税人登记号							24532985236985								
	地址、电话	0532－8596741			开户银行及账号							工行柏村支行 587789634125321								
备注																				

第二联 发票联 购货方记账

销货单位(章)：(印) 收款人:刘小明 复核:关丽 开票人:李佳

附表 17-4-2

委托收款凭证(支款通知)

委托日期 2013 年 4 月 10 日

<table>
<tr><td rowspan="3">收款人</td><td>全　称</td><td>久久现代设备公司</td><td rowspan="3">付款人</td><td>全　称</td><td colspan="9">智慧电子股份有限公司</td></tr>
<tr><td>账　号</td><td>587789634125321</td><td>账　号</td><td colspan="9">3293290689224</td></tr>
<tr><td>开户行</td><td>工行柏村支行</td><td>开户行</td><td colspan="9">工行爱民支行</td></tr>
<tr><td rowspan="2">托收金额</td><td rowspan="2">人民币(大写)</td><td rowspan="2" colspan="3">柒万零贰佰元整</td><td>百</td><td>十</td><td>万</td><td>千</td><td>百</td><td>十</td><td>元</td><td>角</td><td>分</td></tr>
<tr><td></td><td>¥</td><td>7</td><td>0</td><td>2</td><td>0</td><td>0</td><td>0</td><td>0</td></tr>
<tr><td>款项内容</td><td>货　款</td><td colspan="2">委托收款票据名称</td><td colspan="10">增值税专用发票</td></tr>
<tr><td colspan="3">备 注：</td><td colspan="11"></td></tr>
</table>

单位主管：焦惠　　审计：纪红姗　　复核：张波　　记账：刘小慧

附表 17-5-1

领料单

领用部门：

编号：　　　　年　月　日

<table>
<tr><td rowspan="2">编号</td><td rowspan="2">类别</td><td rowspan="2">名　称</td><td rowspan="2">规　格</td><td rowspan="2">单　位</td><td colspan="2">数　量</td><td colspan="2">金　额</td></tr>
<tr><td>请　领</td><td>实　发</td><td>单　价</td><td>金　额</td></tr>
<tr><td></td><td></td><td></td><td></td><td></td><td></td><td></td><td></td><td></td></tr>
<tr><td colspan="3">合　计</td><td></td><td></td><td></td><td></td><td></td><td></td></tr>
<tr><td>用途</td><td colspan="8"></td></tr>
</table>

发料人：　　记账：　　领料部门负责人：　　领料人：

附表 17-5-2

工资结算汇总表

年　月　日

<table>
<tr><td rowspan="2">部　门</td><td rowspan="2">计时工资</td><td rowspan="2">计件工资</td><td rowspan="2">奖金</td><td rowspan="2">津贴补贴</td><td rowspan="2">加班点工资</td><td rowspan="2">缺勤应扣工资</td><td rowspan="2">应付工资</td><td colspan="4">代扣款项</td><td rowspan="2">实发工资</td></tr>
<tr><td>水电费</td><td>医疗保险</td><td>个税</td><td>合计</td></tr>
<tr><td></td><td></td><td></td><td></td><td></td><td></td><td></td><td></td><td></td><td></td><td></td><td></td><td></td></tr>
<tr><td>合　计</td><td></td><td></td><td></td><td></td><td></td><td></td><td></td><td></td><td></td><td></td><td></td><td></td></tr>
</table>

复核：　　制表：

附表 17-6-1

固定资产验收单

年　月　日

<table>
<tr><td>固定资产编号</td><td>名　称</td><td>规　格</td><td>型　号</td><td>计量单位</td><td>数　量</td><td>建造单位</td><td>建造编号</td><td>资金来源</td><td>附属技术资料</td></tr>
<tr><td></td><td></td><td></td><td></td><td></td><td></td><td></td><td></td><td></td><td></td></tr>
<tr><td rowspan="2">总价(净值)</td><td>土建工程费</td><td>设备费</td><td>安装费</td><td>运杂费</td><td>包装费</td><td>其他</td><td>合计</td><td>预计年限</td><td>净残值率</td></tr>
<tr><td></td><td></td><td></td><td></td><td></td><td></td><td></td><td></td><td></td></tr>
<tr><td colspan="6">附属设备或建筑</td><td>原值</td><td></td><td>已提折旧</td><td></td></tr>
<tr><td>验收意见</td><td colspan="2"></td><td>验收人签章</td><td colspan="2"></td><td colspan="2">保管使用人签章</td><td colspan="2"></td></tr>
</table>

附表 17-7-1

中国工商银行进账单(收款通知)

2013年4月15日　　　　第1543号

付款人	全　称	广茂公司	收款人	全　称	智慧电子股份有限公司
	账　号	4562587468825		账　号	3293290689224
	开户行	中行太平支行		开户行	工行爱民支行

人民币(大写)	亿	千	百	十	万	千	百	十	元	角	分
柒万零贰百元整				¥	7	0	2	0	0	0	0

票据种类	转账支票	收款人开户盖章
票据张数	1张	
单位主管：　会计：　复核：　记账：		

附表 17-7-2

固定资产清理计算表

年　月　日

清理项目		清理原因	
固定资产清理借方发生额		固定资产清理贷方发生额	
清理支出内容	金　额	清理收入内容	金　额
固定资产净值		出售收入	
营业税		固定资产报废残值	
借方合计		贷方合计	
固定资产清理 净收益/净损失	金额(人民币)		

主管：　　复核：　　制表：

附表 17-7-3

固定资产注销单

年　月　日　　　　编号：

类别	资产编号	固定资产名称	规格型号	建造单位			数量	原值	折旧额		使用年限	收回残值	累计已提折旧	净值	所在地	注销原因
				名称	日期	编号			应计折旧总额	月折旧额						

主管：　　复核：　　制表：

附表 17-8-1

工程物资领料单

领用部门：

编号：　　　　年　月　日

编号	类别	名称	规格	单位	数量		金额	
					请领	实发	单价	金额
合计								
用途								

发料人：　　记账：　　领料部门负责人：　　领料人：

附表 17-9-1

固定资产验收单

年 月 日

固定资产编号	名称	规格	型号	计量单位	数量	建造单位	建造编号	资金来源	附属技术资料
总价（净值）	土建工程费	设备费	安装费	运杂费	包装费	其他	合计	预计年限	净残值率
附属设备或建筑						原值		已提折旧	
验收意见		验收人签章				保管使用人签章			

附表 17-10-1

服务业专用发票

客户名称：智慧电子股份有限公司　　　　2013 年 4 月 21 日

项目	单位	数量	单价	金额
租赁费				20 000.00
合计金额（大写）贰万元整				

单位（盖章）　　　　开票人：辛和平

附表 17-10-2

中国工商银行转账支票存根

支票号码：

签发日期：

收款人：
金额：
用途：
备注：

单位主管：　会计：

中国工商银行**转账支票**　　　　支票号码：

签发日期（大写）：　年　月　日　　　　开户行名称：

收款人：　　　　签发人账号：

人民币（大写）	千	百	十	万	千	百	十	元	角	分

用途：____________

上列款项请从　　　　复核

我账户内支付　　　　记账

签发人盖章　　　　验印

附表 17-11-1

工资结算汇总表

年 月 日

部门	计时工资	计件工资	奖金	津贴补贴	加班点工资	缺勤应扣工资	应付工资	代扣款项				实发工资
								水电费	医疗保险	个税	合计	
合计												

复核：　　　　制表：

附表 17-12-1

收 据

年 月 日　　　　第 号

今收到					
人民币(大写)				¥	
事 由				现金	
				支票第 号	
收款单位		财务主管		收款人	

附表 17-12-2

固定资产清理计算表

年 月 日

清理项目		清理原因	
固定资产清理借方发生额		固定资产清理贷方发生额	
清理支出内容	金 额	清理收入内容	金 额
固定资产净值		出售收入	
营业税		固定资产报废残值	
借方合计		贷方合计	
固定资产清理 净收益 / 净损失	金额(人民币)		

主管：　　复核：　　制表：

附表 17-12-3

固定资产注销单

年 月 日　　　　编号：

类别	资产编号	固定资产名称	规格型号	建造单位			数量	原值	折旧额		使用年限	收回残值	累计已提折旧	净值	所在地	注销原因
				名称	日期	编号			应计折旧总额	月折旧额						

主管：　　复核：　　制表：

附表 17－13－1

固定资产清理计算表

年 月 日

清理项目		清理原因	
固定资产清理借方发生额		固定资产清理贷方发生额	
清理支出内容	金 额	清理收入内容	金 额
固定资产净值		出售收入	
营业税		固定资产报废残值	
借方合计		贷方合计	
固定资产清理 净收益 / 净损失	金额(人民币)		

主管： 复核： 制表：

附表 17－13－2

固定资产注销单

年 月 日 编号：

类别	资产编号	固定资产名称	规格型号	建造单位			数量	原值	折旧额		使用年限	收回残值	累计已提折旧	净值	所在地	注销原因
				名称	日期	编号			应计折旧总额	月折旧额						

主管： 复核： 制表：

附表 17－14－1

南汇市瑞丰实业股份有限公司
工程竣工验收单

项目名称		批准日期	
项目性质		完成日期	
合同金额		追加金额	
承包单位		承包方负责人	
预算价		决算价	
结构类型		建筑面积	
验收意见			

验收人员	使用部门	外请专家	单位负责人	财务部门

备注：		
验收单位(盖章) 负责人：	施工单位(盖章) 负责人：	使用单位(盖章) 负责人：

附表 17-15-1

服务业专用发票

客户名称:智慧电子股份有限公司　　2013 年 4 月 29 日

项　目	单位	数量	单价	金额
修理费				￥3 500.00
合计金额(大写)叁仟伍佰元整				

单位(盖章)　　开票人:张红民

附表 17-15-2

中国工商银行转账支票存根

支票号码:

签发日期:

收款人:
金额:
用途:
备注:

单位主管:　　会计:

中国工商银行**转账支票**　　支票号码:

签发日期(大写):　年　月　日　　开户行名称:

收款人:　　签发人账号:

人民币(大写)	千	百	十	万	千	百	十	元	角	分

用途:

上列款项请从　　复核

我账户内支付　　记账

签发人盖章　　验印

附表 17-16-1

固定资产盘点盈亏报告表

年　月　日

固定资产名称	固定资产型号规格	盘盈			盘亏			原　因
		数量	重置价值	估计折旧	数量	原始价值	已提折旧	
处理意见	清查小组	设备部门			领导审批			
	签章:	签章:			签章:　年　月　日			

复核:　　制表:

附表 17-16-2

固定资产注销单

年　月　日　　编号:

类别	资产编号	固定资产名称	规格型号	建造单位			数量	原值	折旧额		使用年限	收回残值	累计已提折旧	净值	所在地	注销原因
				名称	日期	编号			应计折旧总额	月折旧额						

主管:　　复核:　　制表:

附表 17-17-1

固定资产盘点盈亏报告表

年 月 日

<table>
<tr><td rowspan="2">固定资产名称</td><td rowspan="2">固定资产型号规格</td><td colspan="3">盘盈</td><td colspan="3">盘亏</td><td rowspan="2">原因</td></tr>
<tr><td>数量</td><td>重置价值</td><td>估计折旧</td><td>数量</td><td>原始价值</td><td>已提折旧</td></tr>
<tr><td></td><td></td><td></td><td></td><td></td><td></td><td></td><td></td><td></td></tr>
<tr><td></td><td></td><td></td><td></td><td></td><td></td><td></td><td></td><td></td></tr>
<tr><td></td><td></td><td></td><td></td><td></td><td></td><td></td><td></td><td></td></tr>
<tr><td rowspan="2">处理意见</td><td>清查小组</td><td colspan="3">设备部门</td><td colspan="4">领导审批</td></tr>
<tr><td>签章：</td><td colspan="3">签章：</td><td colspan="4">签章： 年 月 日</td></tr>
</table>

复核： 制表：

附表 17-18-1

固定资产折旧计算表

年 月 日 单位：

使用单位和固定资产类别	上月计提折旧额	上月增加的固定资产应计提的折旧额	上月减少的固定资产应计提的折旧额	本月应计提折旧额
合 计				

主管： 制表：

实训十八 投资性房地产

一、实训目的

通过投资性房地产的实训，使学生熟悉投资性房地产的初始计量、后续计量，掌握投资性房地产的转换及其处置的会计处理方法。

二、实训要求

1. 根据期初余额开设“投资性房地产”总账和明细账，并登记期初余额。
2. 填制并审核原始凭证。
3. 根据原始凭证填制记账凭证。
4. 审核记账凭证，并根据原始凭证和记账凭证登记投资性房地产总账及明细账。

三、实训组织

1. 所需学时：2 学时。

2.所需资料:原始凭证、记账凭证、三栏式明细账、三栏式总账。

四、实训资料

(一)企业概况

企业名称:智慧电子股份有限公司

法人代表:王牧之

企业性质:股份有限公司

地址:南汇市江都区桂花路24号

开户银行:中国工商银行南汇市爱民支行

银行账号:3293290689224

税号:643329857321657

电话:6566660

邮编:150222

(二)期初资料

2013年6月初智慧电子股份有限公司有关投资性房地产总账与明细账期初余额见表18-1:

表18-1　投资性房地产总账与明细账期初余额表　　单位:元

总　账	二级账户	明细账户	金　额	备　注
投资性房地产	门市房甲	成本	500 000	出租给伟宏公司
		公允价值	10 000	
	土地使用权A	成本	20 000 000	出租给金德公司
		公允价值变动	2 000 000	
合　计	—	—	22 510 000	—

(三)核算方法

1.该企业每年6月30日和12月31日对外提供财务报告。

2.该企业对投资性房地产采用公允价值计量。

(四)有关业务

智慧电子股份有限公司2013年发生以下有关投资性房地产的经济业务:

1.2013年1月1日,企业将一幢刚竣工的办公楼乙对外出租,办公楼账面价值4 000 000元,企业已同华丽有限责任公司签订了租赁协议,收取押金200 000元,每年租金300 000元,年末收取。(见所附凭证)

2.2013年3月20日,企业将门市房甲出售给它的租赁者伟宏公司,售价为800 000元。(见所附凭证)

3.2013年4月1日,企业将原自用厂房丙出租给百汇有限责任公司,厂房原值为1 000 000元,厂房目前公允价值1 500 000元,已收取押金150 000元,每年租金120 000元,年末收取。(填进账单)

4.2013年6月30日,企业出租土地使用权A的公允价值为25 000 000元,办公楼乙的公允价值为4 180 000元,厂房丙的公允价值为1 500 000元。(填公允价值变动计算表)

5.2013年9月1日,企业用银行存款600 000元购入一门市房丁用于出租,已同宏大有限责任公司签订租赁合同,每月租金2 000元,已收到当年的租金80 000元。(见所附凭

证，填转账支票）

6.2013 年 10 月 20 日，企业将土地使用权 A 收回自用，转换日公允价值为 25 600 000 元。

7.2013 年 12 月 31 日，收取办公楼乙和厂房丙的当年租金。（见所附凭证，填进账单）

8.2013 年 12 月 31 日，办公楼乙公允价值为 4 300 000 元，厂房丙公允价值为 1 540 000 元，门市房丁公允价值为 597 000 元。（填公允价值变动计算表）

附表 18-1-1

中国工商银行进账单(收款通知)

2013 年 1 月 1 日　　第 1566 号

付款人	全称	华丽有限责任公司	收款人	全称	智慧电子股份有限公司										
	账号	4562587457806		账号	3293290689224										
	开户行	建行阳明支行		开户行	工行爱民支行										
人民币（大写）	贰拾万元整			亿	千	百	十	万	千	百	十	元	角	分	
						¥	2	0	0	0	0	0	0	0	
票据种类															
票据张数															
单位主管：　会计：　复核：　记账：				收款人开户盖章											

附表 18-2-1

中国工商银行进账单(收款通知)

2013 年 3 月 20 日　　第 1567 号

付款人	全称	伟宏公司	收款人	全称	智慧电子股份有限公司										
	账号	4562587460829		账号	3293290689224										
	开户行	中行东安支行		开户行	工行爱民支行										
人民币（大写）	捌拾万元整			亿	千	百	十	万	千	百	十	元	角	分	
						¥	8	0	0	0	0	0	0	0	
票据种类															
票据张数															
单位主管：　会计：　复核：　记账：				收款人开户盖章											

附表 18-3-1

中国工商银行进账单(收款通知)

年　月　日　　第　号

付款人	全称		收款人	全称											
	账号			账号											
	开户行			开户行											
人民币（大写）				亿	千	百	十	万	千	百	十	元	角	分	
票据种类															
票据张数															
单位主管：　会计：　复核：　记账：				收款人开户盖章											

附表 18-4-1

公允价值变动计算表

年 月 日

序号	项 目	变动后公允价值	变动前公允价值	损 益	计入科目	对应科目
合 计						

附表 18-5-1

中国工商银行进账单(收款通知)

年 月 日 第 号

<table>
<tr><td rowspan="3">付款人</td><td>全 称</td><td>宏大有限责任公司</td><td rowspan="3">收款人</td><td>全 称</td><td colspan="11">智慧电子股份有限公司</td></tr>
<tr><td>账 号</td><td>4572587424859</td><td>账 号</td><td colspan="11">3293290689224</td></tr>
<tr><td>开户行</td><td>中行太平支行</td><td>开户行</td><td colspan="11">工行爱民支行</td></tr>
<tr><td rowspan="2">人民币
(大写)</td><td colspan="3" rowspan="2">捌万元整</td><td>亿</td><td>千</td><td>百</td><td>十</td><td>万</td><td>千</td><td>百</td><td>十</td><td>元</td><td>角</td><td>分</td></tr>
<tr><td></td><td></td><td></td><td>¥</td><td>8</td><td>0</td><td>0</td><td>0</td><td>0</td><td>0</td><td>0</td></tr>
<tr><td colspan="2">票据种类</td><td></td><td colspan="13" rowspan="3">收款人开户盖章</td></tr>
<tr><td colspan="2">票据张数</td><td></td></tr>
<tr><td colspan="3">单位主管： 会计： 复核： 记账：</td></tr>
</table>

附表 18-5-2

中国工商银行转账支票存根

支票号码：

签发日期：

收款人：
金额：
用途：
备注：

单位主管： 会计：

中国工商银行**转账支票** 支票号码：

签发日期(大写)： 年 月 日 开户行名称：

收款人： 签发人账号：

<table>
<tr><td rowspan="2">人民币
(大写)</td><td>千</td><td>百</td><td>十</td><td>万</td><td>千</td><td>百</td><td>十</td><td>元</td><td>角</td><td>分</td></tr>
<tr><td></td><td></td><td></td><td></td><td></td><td></td><td></td><td></td><td></td><td></td></tr>
</table>

用途：______

上列款项请从 复核

我账户内支付 记账

签发人盖章 验印

附表 18-7-1

中国建设银行转账支票

支票号码

签发日期：贰零壹叁年壹拾贰月叁拾壹日 开户银行名称：

收款人：智慧电子股份有限公司 签发人账号：

本支票付款期限十天

<table>
<tr><td rowspan="2">人民币(大写)叁拾万元整</td><td>百</td><td>十</td><td>万</td><td>千</td><td>百</td><td>十</td><td>元</td><td>角</td></tr>
<tr><td>¥</td><td>3</td><td>0</td><td>0</td><td>0</td><td>0</td><td>0</td><td>0</td></tr>
</table>

用途：付房租 科目(借)

上列款项请从我户内支付 对方科目(贷)

转账日期 年 月 日

签发人盖章 复核：李丽民 记账：刘小慧

附表 18-7-2

中国农业银行转账支票

支票号码

签发日期:贰零壹叁年壹拾贰月叁拾壹日　　开户银行名称:

收款人:智慧电子股份有限公司　　签发人账号:

本支票付款期限十天

人民币(大写)玖万元整	十	万	千	百	十	元	角
	¥	9	0	0	0	0	0

用途:付房租　　科目(借)

上列款项请从我户内支付　　对方科目(贷)

转账日期　　年　月　日

签发人盖章　　复核:江伟　　记账:黄丽娟

附表 18-7-3

中国工商银行进账单(收款通知)

年　月　日　　第　号

付款人	全称		收款人	全称										
	账号			账号										
	开户行			开户行										
人民币(大写)				亿	千	百	十	万	千	百	十	元	角	分
票据种类			收款人开户盖章											
票据张数														
单位主管:　会计:　复核:　记账:														

附表 18-8-1

公允价值变动计算表

年　月　日

序号	项目	变动后公允价值	变动前公允价值	损益	计入科目	对应科目
合计						

实训十九　无形资产

一、实训目的

通过无形资产的实训,使学生掌握无形资产的取得、后续计量、处置及期末计价的核算。

二、实训要求

1. 根据期初余额开设“无形资产”总账和明细账,并登记期初余额。

2. 填制并审核原始凭证。

3. 根据原始凭证填制记账凭证。

4. 审核记账凭证，并根据原始凭证和记账凭证登记无形资产总账及明细账。

三、实训组织

1. 所需学时：2 学时。

2. 所需资料：原始凭证、记账凭证、三栏式明细账及总账。

四、实训资料

(一)企业概况

企业名称：智慧电子股份有限公司

法人代表：王牧之

企业性质：股份有限公司

地址：南汇市江都区桂花路 24 号

开户银行：中国工商银行南汇市爱民支行

银行账号：3293290689224

税号：643329857321657

电话：6566660

邮编：150222

(二)期初资料

2013 年 6 月初智慧电子股份有限公司有关无形资产总账与明细账期初余额见表 19－1：

表 19－1　无形资产总账与明细账期初余额表　　单位：元

总　账	明细账	使用年限	已使用年限	借方金额	贷方金额	备　注
无形资产	专利权 A	10 年	4 年	400 000		
	专利权 B	8 年	2 年	200 000		
	商标权甲	10 年	3 年	100 000		
	土地使用权	50 年	10 年	1 500 000		
累计摊销					540 000	
研发支出	费用化支出			600 000		为研发新技术 C
	资本化支出			900 000		
合　计	—	—	—	3 700 000	540 000	—

(三)核算方法

1. 该企业无形资产按照历史成本计价，年末经测试，可收回金额低于账面价值，计提无形资产减值准备核算。

2. 增值税税率为 17%。

(四)有关业务

智慧电子股份有限公司 2013 年 6 月发生以下有关无形资产的经济业务：

1. 2013 年 6 月 2 日，企业收到恒大公司投入的一项非专利技术，双方确认的价值为 150 000元，使用期限为 5 年。(见所附凭证，填无形资产入账(出账)通知单)

2. 2013 年 6 月 3 日，为开发新技术 C 发生人工费 70 000 元，领用生产用 B 材料 60 000 元，用银行存款支付其他费用 40 000 元，符合费用化及资本化支出比例为 4 : 6。(填转账支票、工资汇总单、领料单)

3.2013 年 6 月 5 日，企业将商标权甲的使用权转让给保利公司，已收到当月转让费 50 000 元，支付商标权的指导费 6 000 元，按 5%计算营业税。（见所附凭证，填转账支票、租赁专业发票）

4.2013 年 6 月 8 日，企业从金艺公司购买一项专利权 D，以银行存款支付 300 000 元，该专利使用期限为 8 年。（填无形资产入账（出账）通知单、转账支票）

5.2013 年 6 月 15 日，企业将专利权 B 出售，取得收入 170 000 元，该专利权已摊销 2 年，按 5%交纳营业税。（见所附凭证，填无形资产入账（出账）通知单、进账单）

6.2013 年 6 月 30 日，企业开发的新技术 C 获得成功，申请专利，交纳注册费、律师费等 8 000 元，专利权 C 的有效期为 12 年。（填无形资产入账（出账）通知单、转账支票、技术开发费用汇总表）

7.2013 年 6 月 30 日，摊销本月无形资产。（填无形资产摊销计算表）

8.2013 年 6 月 30 日，经减值测试，企业无形资产可收回金额如表 19－2 所示。（填无形资产减值准备计算表）

表 19－2 无形资产可收回金额表 单位：元

名 称	原 值	摊余价值	可收回金额	备 注
专利权 A	400 000	240 000	200 000	企业无形资产按单项计提减值准备
专利权 C	1 016 120	1 010 000	1 050 000	
专利权 D	300 000	296 875	280 000	
商标权甲	100 000	70 000	80 000	
土地使用权	1 500 000	1 200 000	2 400 000	
合 计	3 316 120	2 816 875	4 010 000	—

附表 19－1－1

无形资产入账(出账)通知单

被通知单位： 年 月 日 编号：

类别	资产编号	无形资产名称	规格型号	研制单位	数量	原值	月摊销额	使用年限	收回残值	累计摊销额	净值	使用单位	入账（出账）原因

主管： 制表：

附表 19－2－1

中国工商银行转账支票存根
支票号码：
签发日期：
收款人：
金额：
用途：
备注：
单位主管： 会计：

中国工商银行**转账支票** 支票号码：

签发日期(大写)： 年 月 日 开户行名称：

收款人： 签发人账号：

人民币（大写）	千	百	十	万	千	百	十	元	角	分

用途：

上列款项请从 复核

我账户内支付 记账

签发人盖章 验印

附表 19-2-2

工资结算汇总表

年 月 日

部门	计时工资	计件工资	奖金	津贴补贴	加班点工资	缺勤应扣工资	应付工资	代扣款项				实发工资
								水电费	医疗保险	个税	合计	
合计												

复核： 制表：

附表 19-2-3

领料单

领用部门：

编号： 年 月 日

编号	类别	名称	规格	单位	数量		金额	
					请领	实发	单价	金额
合计								
用途								

发料人： 记账： 领料部门负责人： 领料人：

附表 19-3-1

中国工商银行进账单(收款通知)

2013 年 6 月 5 日 第 1569 号

付款人	全称	保利公司	收款人	全称	智慧电子股分有限公司
	账号	4592586327889		账号	3293290689224
	开户行	中行太平支行		开户行	工行爱民支行

人民币(大写)	伍万元整	亿	千	百	十	万	千	百	十	元	角	分
					¥	5	0	0	0	0	0	0

票据种类	转账支票	
票据张数	1张	
单位主管： 会计： 复核： 记账：		收款人开户盖章

附表 19-3-2

中国工商银行转账支票存根

支票号码：

签发日期：

收款人：
金额：
用途：
备注：

单位主管： 会计：

中国工商银行**转账支票** 支票号码：

签发日期(大写)： 年 月 日 开户行名称：

收款人： 签发人账号：

人民币(大写)	千	百	十	万	千	百	十	元	角	分

用途：________

上列款项请从 复核

我账户内支付 记账

签发人盖章 验印

附表 19-3-3

服务业专用发票

客户名称：　　　　　　　　　　年　月　日

项　目	单位	数量	单价	金额
合计金额(大写)				

单位(盖章)　　　　　　　　　　开票人：

附表 19-4-1

无形资产入账(出账)通知单

被通知单位：　　　　　　年　月　日　　　　　　编号：

类别	资产编号	无形资产名称	规格型号	研制单位	数量	原值	月摊销额	使用年限	收回残值	累计摊销额	净值	使用单位	入账(出账)原因

主管：　　　　　　制表：

附表 19-4-2

中国工商银行转账支票存根

支票号码：

签发日期：

收款人：
金额：
用途：
备注：

单位主管：　　会计：

中国工商银行**转账支票**　　　　支票号码：

签发日期(大写)：　年　月　日　　　　开户行名称：

收款人：　　　　　　　　　　签发人账号：

人民币 (大写)	千	百	十	万	千	百	十	元	角	分

用途：____________

上列款项请从　　　　　　复核

我账户内支付　　　　　　记账

签发人盖章　　　　　　　验印

附表 19-5-1

中国建设银行转账支票

支票号码

签发日期：贰零壹叁年零陆月壹拾伍日　　　　开户银行名称：

收款人：智慧电子股份有限公司　　　　签发人账号：

本支票付款期限十天

人民币(大写)壹拾柒万元整	百	十	万	千	百	十	元	角
	¥	1	7	0	0	0	0	0

用途：付专利款　　　　　　　科目(借)

上列款项请从我户内支付　　　　对方科目(贷)

转账日期　　　年　月　日

签发人盖章　　　复核：梅丽红　　　记账：王慧芳

附表 19－5－2

无形资产入账(出账)通知单

被通知单位：　　　　　　　　　　　　年　　月　　日　　　　　　　　　　　　编号：

类别	资产编号	无形资产名称	规格型号	研制单位	数量	原值	月摊销额	使用年限	收回残值	累计摊销额	净值	使用单位	入账(出账)原因

附表 19－5－3

中国工商银行进账单(收款通知)

年　　月　　日　　　　　　　　　　第　　号

<table>
<tr><td rowspan="3">付款人</td><td>全　称</td><td></td><td rowspan="3">收款人</td><td>全　称</td><td colspan="11"></td></tr>
<tr><td>账　号</td><td></td><td>账　号</td><td colspan="11"></td></tr>
<tr><td>开户行</td><td></td><td>开户行</td><td colspan="11"></td></tr>
<tr><td rowspan="2">人民币（大写）</td><td colspan="4" rowspan="2"></td><td>亿</td><td>千</td><td>百</td><td>十</td><td>万</td><td>千</td><td>百</td><td>十</td><td>元</td><td>角</td><td>分</td></tr>
<tr><td></td><td></td><td></td><td></td><td></td><td></td><td></td><td></td><td></td><td></td><td></td></tr>
<tr><td colspan="2">票据种类</td><td></td><td colspan="13" rowspan="3">收款人开户盖章</td></tr>
<tr><td colspan="2">票据张数</td><td></td></tr>
<tr><td colspan="3">单位主管：　会计：　复核：　记账：</td></tr>
</table>

附表 19－6－1

无形资产入账(出账)通知单

被通知单位：　　　　　　　　　　　　年　　月　　日　　　　　　　　　　　　编号：

类别	资产编号	无形资产名称	规格型号	研制单位	数量	原值	月摊销额	使用年限	收回残值	累计摊销额	净值	使用单位	入账(出账)原因

附表 19-6-2

中国工商银行转账支票存根
支票号码：
签发日期：

收款人：
金额：
用途：
备注：

单位主管： 会计：

中国工商银行**转账支票**　　支票号码：
签发日期(大写)：　年　月　日　　开户行名称：
收款人：　　签发人账号：

人民币（大写）	千	百	十	万	千	百	十	元	角	分

用途：
上列款项请从　　复核
我账户内支付　　记账
签发人盖章　　验印

附表 19-6-3

技术开发费用汇总表

年　月　日

项　目	材料费	人工费	其他费用	注册申请费	合　计
合计					

附表 19-7-1

无形资产摊销计算表

年　月　日

项　目	原　值	摊余价值	本月摊销		部　门	
			比　例	金　额	车　间	公　司
合　计						

附表 19-8-1

无形资产减值准备计算表

年　月　日

项　目	账面价值	可收回金额	计提金额	计入科目	对应科目
合　计					

实训二十　流动负债

一、实训目的

通过流动负债的实训，使学生掌握短期借款取得、偿还的核算、利息的计算，职工薪酬的确认及核算，应交税费的核算；并了解应付票据等其他流动负债的核算。

二、实训要求

1. 根据期初余额开设各项流动负债总账及明细账，并登记期初余额。
2. 填制并审核原始凭证。
3. 根据原始凭证填制记账凭证。
4. 审核记账凭证，并根据原始凭证和记账凭证登记各项流动负债总账和明细账。

三、实训组织

1. 所需学时：4 学时。
2. 所需资料：原始凭证、记账凭证、三栏式总账及明细账。

四、实训资料

(一)企业概况

企业名称：智慧电子股份有限公司

法人代表：王牧之

企业性质：股份有限公司

地址：南汇市江都区桂花路 24 号

开户银行：中国工商银行南汇市爱民支行

银行账号：3293290689224

税号：643329857321657

电话：6566660

邮编：150222

(二)期初资料

智慧电子股份有限公司为增值税一般纳税人，2013 年 3 月初有关流动负债总账与明细账期初余额见表 20－1：

表 20－1　流动负债总账与明细账期初余额表　　单位：元

总　账	明细账	金　额	备　注
短期借款	流动资金借款	100 000	2012 年 12 月 31 日借入，3 个月期，年利率 5.4%，按月计提利息，到期一次还本
应付利息		900	
合　计	—	100 900	—

(三)核算方法

1. 原材料按实际成本核算。
2. 企业增值税率为 17%。

(四)有关业务

智慧电子股份有限公司 2013 年 3 月发生以下有关流动负债的经济业务：

1.2013 年 3 月 1 日，企业由于缺少流动资金从银行借入 200 000 元，期限 6 个月，年利率为 6%，到期一次还本付息，企业对利息采用每月预提的方式。(见所附凭证)

2.2013 年 3 月 2 日，企业向维佳公司购入 A 材料 2 000 公斤，每公斤 40 元，增值税为 13 600元，对方代垫运费 400 元，企业开出一张 5 个月期限，年利率为 5.2%，面值为 94 000 元的商业汇票，A 材料已验收入库。(见所附凭证，填入库单)

3.2013 年 3 月 5 日，企业从伟达公司购入 B 材料 4 000 件，每件 60 元，计 240 000 元，增值税进项税额 40 800 元，对方代垫运杂费 2 000 元(其中运费 1 200 元)，付款条件为 2/10、1/20、*N*/30，材料已验收入库，货款尚未支付。(见所附凭证，填入库单)

4.2013 年 3 月 7 日，企业为向伟鸿公司销售产品，预收货款 60 000 元，存入银行。(填进账单)

5.2013 年 3 月 11 日，企业在建工程领用本企业生产产品乙 1 500 件，每件成本 10 元，计税价格每件 15 元。(填增值税专用发票、产品出库单)

6.2013 年 3 月 18 日，企业向伟鸿公司发出乙产品 8 000 件，单价 15 元，计 120 000 元，销项税额 20 400 元，收到伟鸿公司补付的剩余款项。(填增值税专用发票、进账单、产品出库单)

7.2013 年 3 月 19 日，企业结算工资 75 000 元，其中：生产甲产品工人工资 18 000 元；生产乙产品工人工资 25 000 元；车间管理人员工资 15 000 元；企业管理人员工资 17 000 元。(填工资分配表)

8.2013 年 3 月 19 日，按应付工资的 14%计提职工福利费，按 2%计提工会会费，按 1.5%计提职工教育经费。(填职工福利费计提表、工会经费计提表、职工教育经费计提表)

9.2013 年 3 月 19 日，按应付工资的 5%计提社会保险费，按 2%计提住房公积金。(填社会保险费计提表、住房公积金计提表)

10.2013 年 3 月 20 日，用银行存款发放本月工资。(填工资结算汇总表)

11.2013 年 3 月 21 日，出借包装物给宏大公司，收取押金 5 000 元，存入银行。(填领料单、进账单)

12.2013 年 3 月 22 日，支付购买伟达公司的材料款。(填电汇凭证)

13.2013 年 3 月 24 日，企业向利江公司收购免税农产品丙 46 000 元，丙农产品已验收入库，准予按 13%扣除增值税进项税额，货款尚未支付。(见所附凭证，填入库单)

14.2013 年 3 月 25 日，企业销售产品甲 1 000 件给琦王公司，每件 400 元，按 17%计算增值税，该产品属于应税消费品，消费税率为 10%，货款已收存银行。(填增值税专用发票、进账单、产品出库单、应交消费税计算表)

15.2013 年 3 月 26 日，经股东大会批准，向股东分派现金股利 500 000 元。(填应付股利分配表)

16.2013 年 3 月 29 日，用银行存款向股东支付现金股利 500 000 元。

17.2013 年 3 月 30 日，企业仓库遭受洪水浸袭，导致 A 材料的毁损，经查明该毁损材料成本 6 000 元，增值税 1 020 元。(见所附凭证)

18.2013 年 3 月 31 日，计提本月应付银行借款利息。(填借款利息计算表)

19.2013 年 3 月 31 日，计算交纳本月增值税，另外按 7%计算城市维护建设税、3%计算教

育费附加。(填应交增值税计算表,城市维护建设税、教育费附加计算表,税收缴款书)

20.2013 年 3 月 31 日,偿还已到期的短期借款的本息。(见所附凭证)

附表 20-1-1

中国工商银行(短期贷款)借款凭证(入账通知)

单位编号:4987　　日期:2013 年 3 月 1 日　　银行编号:2688

收款单位	名称	智慧电子股份有限公司	付款单位	名称	中国工商银行南汇市爱民支行
	往来账号	3293290689224		往来账号	658974231
	开户银行	工行南汇市爱民支行		开户银行	工商银行南汇市爱民支行

借款金额	人民币(大写)贰拾万元整	百	十	万	千	百	十	元	角	分
		¥	2	0	0	0	0	0	0	0

借款原因及用途	流动资金借款		利率	6%
借款期限			你单位上列借款,已转入你单位结算户内,借款到期时由我行按期自你单位结算账户转还。(银行盖章) 2013 年 3 月 1 日	
期限	计划还款日期	计划还款金额		
6 个月	2013 年 8 月 1 日	200 000		

附表 20-2-1

商业承兑汇票

汇票号码　AG034568

第 021 号

签发日期:2013 年 3 月 2 日

收款单位	全称	维佳公司			付款单位	全称	智慧电子股份有限公司		
	账号或地址	457789632515				账号或地址	3293290689224		
	开户银行	工行爱民支行	行号			开户银行	农行东安支行	行号	

金额	人民币(大写) 玖万肆仟元整	十	万	千	百	十	元	角	分
		¥	9	4	0	0	0	0	0

汇票到期日	2013 年 8 月 2 日	交易合同号码 6580
本汇票已经本单位承兑,到期日无条件支付票款。 付款人盖章 负责:黄丽　经办:王环　2013 年 3 月 2 日		货款

附表 20-2-2

增值税专用发票

发票联

开票日期:2013 年 3 月 2 日

购货单位	名称	智慧电子股份有限公司	纳税人登记号	643329857321657
	地址、电话	南汇市江都区桂花路 24 号 6566660	开户银行及账号	工行爱民支行 3293290689224

商品或劳务名	计量单位	数量	单价	金额								税率%	税额							
				十	万	千	百	十	元	角	分		十	万	千	百	十	元	角	分
A 产品	件	2 000	40		8	0	0	0	0	0	0	17		1	3	6	0	0	0	0
合计					8	0	0	0	0	0	0			1	3	6	0	0	0	0

价税合计(大写)	玖万叁仟陆佰元整		¥93 600.00	
销货单位	名称	维佳公司	纳税人登记号	986985235743333
	地址、电话	0451—55526462	开户银行及账号	农行道里支行 457789632515
备注				

第二联发票联 购货方记账

销货单位(章):(印)　　收款人:李古　　复核:白家明　　开票人:韦光泽

附表 20-2-3

公路运输货车统一发票

NO 045525

托运单位:维佳公司　　运输日期:2013 年 3 月 1 日

货物名称	起讫地址		公里	重量	计量单位	单价	运输金额
	起点	终点					
A 材料	哈尔滨	南汇			吨公里		400.00
运费合计(大写)肆佰元整							

附表 20-2-4

入库单

年　月　日　　发票号码:NO

材料编号	材料名称及规格	计量单位	数量		价格		运杂费	合计
			应收	实收	单价	金额		
合计								

第三联 记账联

仓库负责人:　　材料会计:　　收料人:　　经办人:　　制单:

附表 20-3-1

增值税专用发票

发票联

开票日期:2013 年 3 月 5 日

<table>
<tr><td rowspan="2">购货单位</td><td>名称</td><td>智慧电子股份有限公司</td><td colspan="4">纳税人登记号</td><td colspan="17">643329857321657</td></tr>
<tr><td>地址、电话</td><td>南汇市江都区桂花路 24 号 6566660</td><td colspan="4">开户银行及账号</td><td colspan="17">工行爱民支行 3293290689224</td></tr>
<tr><td colspan="2" rowspan="2">商品或劳务名</td><td rowspan="2">计量单位</td><td rowspan="2">数量</td><td rowspan="2">单价</td><td colspan="8">金额</td><td rowspan="2">税率%</td><td colspan="8">税额</td></tr>
<tr><td>十</td><td>万</td><td>千</td><td>百</td><td>十</td><td>元</td><td>角</td><td>分</td><td>十</td><td>万</td><td>千</td><td>百</td><td>十</td><td>元</td><td>角</td><td>分</td></tr>
<tr><td colspan="2">B 材料</td><td>件</td><td>4 000</td><td>60</td><td>2</td><td>4</td><td>0</td><td>0</td><td>0</td><td>0</td><td>0</td><td>0</td><td>17</td><td></td><td>4</td><td>0</td><td>8</td><td>0</td><td>0</td><td>0</td><td>0</td></tr>
<tr><td colspan="2"></td><td></td><td></td><td></td><td></td><td></td><td></td><td></td><td></td><td></td><td></td><td></td><td></td><td></td><td></td><td></td><td></td><td></td><td></td><td></td><td></td></tr>
<tr><td colspan="2">合计</td><td></td><td></td><td></td><td>2</td><td>4</td><td>0</td><td>0</td><td>0</td><td>0</td><td>0</td><td>0</td><td></td><td></td><td>4</td><td>0</td><td>8</td><td>0</td><td>0</td><td>0</td><td>0</td></tr>
<tr><td colspan="2">价税合计(大写)</td><td colspan="20">贰拾捌万零捌佰元整　　　　¥280 800.00</td></tr>
<tr><td rowspan="2">销货单位</td><td>名称</td><td>伟达公司</td><td colspan="4">纳税人登记号</td><td colspan="17">986985235741233</td></tr>
<tr><td>地址、电话</td><td>0451—55526485</td><td colspan="4">开户银行及账号</td><td colspan="17">农行道里支行 457789632520</td></tr>
<tr><td>备注</td><td colspan="22"></td></tr>
</table>

第二联 发票联　购货方记账

销货单位(章):(印)　　收款人:王伟　　复核:张草　　开票人:刘娣

附表 20-3-2

公路运输货车统一发票

NO045533

托运单位:伟达公司　　运输日期:2013 年 3 月 5 日

货物名称	起讫地址		公里	重量	计量单位	单价	运输金额
	起点	终点					
B 材料	吉林	南汇			吨公里		1 200
运费合计(大写)贰仟元整							

附表 20-3-3

入库单

年　月　日　　发票号码:NO

材料编号	材料名称及规格	计量单位	数量		价格		运杂费	合计
			应收	实收	单价	金额		
合计								

第三联　记账联

仓库负责人:　　材料会计:　　收料人:　　经办人:　　制单:

附表 20－4－1

中国工商银行进账单(收款通知)

年 月 日 第 号

<table>
<tr><td rowspan="4">付款人</td><td>全 称</td><td></td><td rowspan="4">收款人</td><td>全 称</td><td colspan="10"></td></tr>
<tr><td>账 号</td><td></td><td>账 号</td><td colspan="10"></td></tr>
<tr><td>开户行</td><td></td><td>开户行</td><td colspan="10"></td></tr>
<tr><td colspan="2"></td><td colspan="11"></td></tr>
<tr><td rowspan="2">人民币
(大写)</td><td colspan="3" rowspan="2"></td><td>亿</td><td>千</td><td>百</td><td>十</td><td>万</td><td>千</td><td>百</td><td>十</td><td>元</td><td>角</td><td>分</td></tr>
<tr><td></td><td></td><td></td><td></td><td></td><td></td><td></td><td></td><td></td><td></td><td></td></tr>
<tr><td colspan="2">票据种类</td><td></td><td colspan="12" rowspan="3">收款人开户盖章</td></tr>
<tr><td colspan="2">票据张数</td><td></td></tr>
<tr><td colspan="3">单位主管： 会计： 复核： 记账：</td></tr>
</table>

附表 20－5－1

增值税专用发票

记账联

开票日期：

<table>
<tr><td rowspan="2">购货单位</td><td>名称</td><td colspan="3"></td><td colspan="8">纳税人登记号</td><td colspan="9"></td></tr>
<tr><td>地址、电话</td><td colspan="3"></td><td colspan="8">开户银行及账号</td><td colspan="9"></td></tr>
<tr><td colspan="2" rowspan="2">商品或劳务名</td><td rowspan="2">计量单位</td><td rowspan="2">数量</td><td rowspan="2">单价</td><td colspan="8">金 额</td><td rowspan="2">税率%</td><td colspan="8">税 额</td></tr>
<tr><td>十</td><td>万</td><td>千</td><td>百</td><td>十</td><td>元</td><td>角</td><td>分</td><td>十</td><td>万</td><td>千</td><td>百</td><td>十</td><td>元</td><td>角</td><td>分</td></tr>
<tr><td colspan="2"></td><td></td><td></td><td></td><td></td><td></td><td></td><td></td><td></td><td></td><td></td><td></td><td></td><td></td><td></td><td></td><td></td><td></td><td></td><td></td><td></td></tr>
<tr><td colspan="2"></td><td></td><td></td><td></td><td></td><td></td><td></td><td></td><td></td><td></td><td></td><td></td><td></td><td></td><td></td><td></td><td></td><td></td><td></td><td></td><td></td></tr>
<tr><td colspan="2">合计</td><td></td><td></td><td></td><td></td><td></td><td></td><td></td><td></td><td></td><td></td><td></td><td></td><td></td><td></td><td></td><td></td><td></td><td></td><td></td><td></td></tr>
<tr><td colspan="2">价税合计(大写)</td><td colspan="20"></td></tr>
<tr><td rowspan="2">销货单位</td><td>名称</td><td colspan="4"></td><td colspan="7">纳税人登记号</td><td colspan="9"></td></tr>
<tr><td>地址、电话</td><td colspan="4"></td><td colspan="7">开户银行及账号</td><td colspan="9"></td></tr>
<tr><td>备注</td><td colspan="21"></td></tr>
</table>

第四联记账联 销货方记账

销货单位(章)：印 收款人： 复核： 开票人：

附表 20－5－2

产品出库单

用途： 年 月 日 编号：

产品名称	规格型号	计量单位	出库数量	单位成本	总成本	备注
合 计						

财务： 仓库主管： 仓库经手人：

附表 20-6-1

增值税专用发票

记账联

开票日期：

购货单位	名称		纳税人登记号																		
	地址、电话		开户银行及账号																		
商品或劳务名		计量单位	数量	单价	金额								税率%	税额							
					十	万	千	百	十	元	角	分		十	万	千	百	十	元	角	分
合计																					
价税合计（大写）																					
销货单位	名称		纳税人登记号																		
	地址、电话		开户银行及账号																		
备注																					

第四联记账联　销货方记账

销货单位（章）：印　　收款人：　　复核：　　开票人：

附表 20-6-2

中国工商银行进账单（收款通知）

年　月　日　　　　第　　号

付款人	全　称		收款人	全　称	
	账　号			账　号	
	开户行			开户行	
人民币（大写）			亿 千 百 十 万 千 百 十 元 角 分		
票据种类					
票据张数					
单位主管：　会计：　复核：　记账：			收款人开户盖章		

附表 20-6-3

产品出库单

用途：　　　　年　月　日　　　　编号：

产品名称	规格型号	计量单位	出库数量	单位成本	总成本	备注
合　计						

财务：　　　　仓库主管：　　　　仓库经手人：

附表 20－7－1

工资分配表

年 月 日

部 门	金 额	计入科目	合 计
合 计			

主管： 审核： 制单：

附表 20－8－1

职工福利费计提表

年 月 日

部 门	职工工资	提取率	计提职工福利费
合 计			

主管： 审核： 制单：

附表 20－8－2

工会经费计提表

年 月 日

部 门	职工工资	提取率	计提工会经费
合 计			

主管： 审核： 制单：

附表 20－8－3

职工教育经费计提表

年　　月　　日

部　　门	职工工资	提取率	计提职工教育经费
合　　计			

主管：　　　　　　　　　　审核：　　　　　　　　　　制单：

附表 20－9－1

社会保险费计提表

年　　月　　日

部　　门	职工工资	提取率	计提社会保险费
合　　计			

主管：　　　　　　　　　　审核：　　　　　　　　　　制单：

附表 20－9－2

住房公积金计提表

年　　月　　日

部　　门	职工工资	提取率	计提住房公积金
合　　计			

主管：　　　　　　　　　　审核：　　　　　　　　　　制单：

附表 20－10－1

工资结算汇总表

年　　月　　日

部　门	计时工资	计件工资	奖金	津贴补贴	加班点工资	缺勤应扣工资	应付工资	代扣款项				实发工资
								水电费	医疗保险	个税	合计	
合　计												

复核：　　　　　　制表：

附表 20-11-1

领料单

领用部门：

编号： 年 月 日

<table>
<tr><td rowspan="2">编号</td><td rowspan="2">类别</td><td rowspan="2">名称</td><td rowspan="2">规格</td><td rowspan="2">单位</td><td colspan="2">数量</td><td colspan="2">金额</td></tr>
<tr><td>请领</td><td>实发</td><td>单价</td><td>金额</td></tr>
<tr><td></td><td></td><td></td><td></td><td></td><td></td><td></td><td></td><td></td></tr>
<tr><td></td><td></td><td></td><td></td><td></td><td></td><td></td><td></td><td></td></tr>
<tr><td></td><td></td><td></td><td></td><td></td><td></td><td></td><td></td><td></td></tr>
<tr><td colspan="3">合计</td><td></td><td></td><td></td><td></td><td></td><td></td></tr>
<tr><td>用途</td><td colspan="8"></td></tr>
</table>

发料人： 记账： 领料部门负责人： 领料人：

附表 20-11-2

中国工商银行进账单(收款通知)

年 月 日 第 号

<table>
<tr><td rowspan="4">付款人</td><td>全 称</td><td></td><td rowspan="4">收款人</td><td colspan="3">全 称</td><td colspan="8"></td></tr>
<tr><td>账 号</td><td></td><td colspan="3">账 号</td><td colspan="8"></td></tr>
<tr><td>开户行</td><td></td><td colspan="3">开户行</td><td colspan="8"></td></tr>
<tr><td colspan="2"></td><td colspan="11"></td></tr>
<tr><td rowspan="2">人民币
（大写）</td><td colspan="3" rowspan="2"></td><td>亿</td><td>千</td><td>百</td><td>十</td><td>万</td><td>千</td><td>百</td><td>十</td><td>元</td><td>角</td><td>分</td></tr>
<tr><td></td><td></td><td></td><td></td><td></td><td></td><td></td><td></td><td></td><td></td><td></td></tr>
<tr><td colspan="2">票据种类</td><td></td><td colspan="12" rowspan="3">收款人开户盖章</td></tr>
<tr><td colspan="2">票据张数</td><td></td></tr>
<tr><td colspan="3">单位主管： 会计： 复核： 记账：</td></tr>
</table>

附表 20-12-1

中国工商银行电汇凭证(回单)

委托日期 年 月 日 第 号

<table>
<tr><td rowspan="3">汇款人</td><td>全称</td><td colspan="3"></td><td rowspan="3">收款人</td><td>全称</td><td colspan="3"></td></tr>
<tr><td>账号
或住址</td><td colspan="3"></td><td>账号
或住址</td><td colspan="3"></td></tr>
<tr><td>汇 出
地 点</td><td></td><td>汇出行
名称</td><td></td><td>汇 入
地 点</td><td></td><td>汇入行
名称</td><td></td></tr>
</table>

<table>
<tr><td rowspan="2">金额</td><td rowspan="2">人民币（大写）</td><td>百</td><td>十</td><td>万</td><td>千</td><td>百</td><td>十</td><td>元</td><td>角</td><td>分</td></tr>
<tr><td></td><td></td><td></td><td></td><td></td><td></td><td></td><td></td><td></td></tr>
<tr><td colspan="2">汇款用途：前欠货款</td><td colspan="9" rowspan="2">汇出行盖章

年 月 日</td></tr>
<tr><td colspan="2">上列款项已根据委托办理。如需查询，请持此回单面洽。
单位主管： 会计： 出纳： 记账：</td></tr>
</table>

附表 20-13-1

增值税专用发票

发票联

开票日期:2013 年 3 月 24 日

购货单位	名称	智慧电子股份有限公司	纳税人登记号	643329857321657
	地址、电话	南汇市江都区桂花路 24 号 6566660	开户银行及账号	工行爱民支行 3293290689224

商品或劳务名	计量单位	数量	单价	金额								税率 %	税额							
				十	万	千	百	十	元	角	分		十	万	千	百	十	元	角	分
丙产品	公斤	4 000	11.5		4	0	0	2	0	0	0	13			5	9	8	0	0	0
合计					4	0	0	2	0	0	0				5	9	8	0	0	0
价税合计(大写)	肆万陆仟元整											￥4 600.00								

销货单位	名称	利江公司	纳税人登记号	986985235741213
	地址、电话	0453—55526425	开户银行及账号	工行东安支行 596789632888
备注				

第二联 发票联 购货方记账

销货单位(章):(印)　　收款人:姜伟华　　复核:王学兵　　开票人:庞婷婷

附表 20-13-2

入库单

年　月　日　　　发票号码:NO

材料编号	材料名称及规格	计量单位	数量		价格		运杂费	合计
			应收	实收	单价	金额		
合计								

第三联 记账联

仓库负责人:　　材料会计:　　收料人:　　经办人:　　制单:

附表 20-14-1

增值税专用发票

记账联

开票日期:

购货单位	名称		纳税人登记号	
	地址、电话		开户银行及账号	

商品或劳务名	计量单位	数量	单价	金额								税率 %	税额							
				十	万	千	百	十	元	角	分		十	万	千	百	十	元	角	分
合计																				
价税合计(大写)																				

销货单位	名称		纳税人登记号	
	地址、电话		开户银行及账号	
备注				

第四联 记账联 销货方记账

销货单位(章):印　　收款人:　　复核:　　开票人:

附表 20-14-2

中国工商银行进账单(收款通知)

年 月 日 第 号

<table>
<tr><td rowspan="4">付款人</td><td>全 称</td><td></td><td rowspan="4">收款人</td><td>全 称</td><td colspan="10"></td></tr>
<tr><td>账 号</td><td></td><td>账 号</td><td colspan="10"></td></tr>
<tr><td>开户行</td><td></td><td>开户行</td><td colspan="10"></td></tr>
<tr><td colspan="2"></td><td colspan="11"></td></tr>
<tr><td rowspan="2">人民币
(大写)</td><td colspan="3" rowspan="2"></td><td>亿</td><td>千</td><td>百</td><td>十</td><td>万</td><td>千</td><td>百</td><td>十</td><td>元</td><td>角</td><td>分</td></tr>
<tr><td></td><td></td><td></td><td></td><td></td><td></td><td></td><td></td><td></td><td></td><td></td></tr>
<tr><td colspan="2">票据种类</td><td></td><td colspan="12" rowspan="3">收款人开户盖章</td></tr>
<tr><td colspan="2">票据张数</td><td></td></tr>
<tr><td colspan="3">单位主管: 会计: 复核: 记账:</td></tr>
</table>

附表 20-14-3

产品出库单

用途: 年 月 日 编号:

产品名称	规格型号	计量单位	出库数量	单位成本	总成本	备注
合 计						

财务: 仓库主管: 仓库经手人:

附表 20-14-4

应交消费税计算表

年 月 日

项 目	应纳税消费额	税 率	已缴消费税	应缴消费税
合 计				

主管: 审核: 制单:

附表 20-15-1

应付股利分配表

年 月 日

项 目	分配股利基数	分配比例	分配金额
合 计			

财务主管: 复核: 制表:

附表 20－17－1

材料盘点报告表

单位名称:原材料仓库　　　　2013 年 3 月 30 日

编号	类别及名称	计量单位	单价	实存		账存		对比结果				备注
				数量	金额	数量	金额	盘盈		盘亏		
								数量	金额	数量	金额	
1	A 材料	公斤	40	2 500	100 000	2 650	106 000			150	6 000	

仓库主管:　　　　审核:　　　　仓库经手人:

附表 20－17－2

材料毁损处理审批表

2013 年 3 月 30 日

名称	盘亏数		盈亏原因	领导批示
	数量	单价		
A 材料	150 公斤	40 元	遭受水灾	按规定处理 沈力 2013 年 3 月 30 日
合　计		6 000 元		

仓库主管:　　　　审核:　　　　仓库经手人:

附表 20－18－1

借款利息计算表

年　　月　　日

借款种类	借款额	月利率	本月利息	备注
合　计				

主管:　　　　会计:　　　　记账:　　　　制单:

附表 20－19－1

应交增值税计算表

年　　月　　日

项　目	当期销项税额	当期进项税额	当期进项税额转出	已交金额	应交增值税
合　计					

主管:　　　　审核:　　　　制单:

附表 20－19－2

城市维护建设税、教育费附加计算表

年　　月　　日

税　种	计税依据				税　率	应纳税金额
	增值税	营业税	消费税	合计		
合　计						

主管：　　　　审核：　　　　制单：

附表 20－19－3

中华人民共和国税收缴款书

隶属关系：　　　　征收机关：

经济类型：　　　　填发日期：

缴款单位人			预算科目		
代码			款		
全称			项		
开户银行			级次		
账号			收缴国库		
税款所属时间			税款限缴日期		
品目名称	课税数量	计税金额或销售收入	税率或单位税额	已缴或扣除额	实缴金额
金额合计					
缴款单位(人) (盖章) 经办人(章)	税务机关 (盖章) 填票人(章)	上列款项已收妥并划转收款单位账户 国库(银行)盖章 年　月　日			备注：

逾期不缴按税法规定加收滞纳

附表 20－20－1

中国工商银行贷款还款凭证

收款日期：2013 年 3 月 31 日　　　　号码：00000121

借款单位名称	智慧电子股份有限公司	贷款账号	3293290689224	结算账号	3293290689224
还款金额(大写)	壹拾万元整	千 百 十 万 千 百 十 元 角 分	¥ 1 0 0 0 0 0 0 0		
贷款种类	流动资金借款	借出日期	2012 年 12 月 31 日	原约定还款日期	2013 年 3 月 31 日
上述借款请从本单位 3293290689224 存款账户中支付。 借款单位盖章		会计分录： 收： 付： 复核员　　记账员			

附表 20-20-2

中国工商银行利息计算凭证(付款通知)

2013 年 12 月 31 日

户　名:智慧电子股份有限公司					账号:3293290689224				
计息时间:2012 年 12 月 31 日—2013 年 3 月 31 日									左列利息:你单位上述存款利息已从你单位账户支出
计息积数共计:¥1 350.00									
存款利率:　月　　共计　‰	十	万	千	百	十	元	角	分	
			1	3	5	0	0	0	
加收:									
合　　计		¥	1	3	5	0	0	0	(银行盖章)

实训二十一　长期负债

一、实训目的

通过长期负债的实训,使学生掌握长期借款的取得、偿还的核算及借款费用的计算,应付债券的发行及偿还的核算、利息的确认及计量;了解长期应付款的核算。

二、实训要求

1. 根据期初余额开设各项长期负债总账及明细账,并登记期初余额。
2. 填制并审核原始凭证。
3. 根据原始凭证填制记账凭证。
4. 审核记账凭证,并根据原始凭证和记账凭证登记长期负债总账和明细账。

三、实训组织

1. 所需学时:6 学时。
2. 所需资料:原始凭证、记账凭证、三栏式总账及明细账。

四、实训资料

(一)企业概况

企业名称:智慧电子股份有限公司

法人代表:王牧之

企业性质:股份有限公司

地址:南汇市江都区桂花路 24 号

开户银行:中国工商银行南汇市爱民支行

银行账号:3293290689224

税号:643329857321657

电话:6566660

邮编:150222

(二)期初资料

2013 年 1 月 1 日智慧电子股份有限公司有关长期负债总账与明细账期初余额见表21－1：

表 21－1 长期负债总账与明细账期初余额表 单位：元

总 账	明 细 账	金 额	备 注
长期借款	基建借款	5 000 000	2012 年 12 月 31 日借入，4 年期，年利率 6%，每年付息一次

(三)核算方法

1. 债券按面值发行。

2. 外汇业务以当日市场汇率结算。

(四)有关业务

智慧电子股份有限公司 2013—2017 年发生以下有关长期负债的经济业务：

1. 2013 年 3 月 1 日，企业为购买一项大型设备借入 2 年期的长期借款 800 000 元，存入银行，该借款到期一次还本付息，年利率 6.5%。（见所附凭证）

2. 2013 年 4 月 1 日，企业用设备借款购入一台不需要安装的设备，价款 850 000 元，增值税为 144 500 元，运杂费 8 000 元，款项已付，设备交付使用。（见所附凭证，填固定资产验收单）

3. 2013 年 4 月 30 日，为建造厂房企业用借入的基建借款支付第一笔工程款 1 000 000 元。（见所附凭证，填转账支票）

4. 2013 年 9 月 1 日，用借入的基建借款支付第二笔工程款 3 000 000 元。（见所附凭证，填转账支票）

5. 2013 年 12 月 31 日，确认设备借款及基建借款的利息，并支付基建借款的利息。（见所附凭证，填借款利息计算表）

6. 2014 年 1 月 1 日，企业发行面值为 1 000 000 元的债券，债券票面利率为 6%，3 年期，每年付息一次，到期一次还本，已收到发行价款转账支票一张。（填进账单）

7. 2014 年 6 月 30 日，支付最后一笔工程款 1 000 000 元。厂房建造完工，办理竣工手续。（见所附凭证，填工程竣工验收单、借款利息计算表）

8. 2014 年 12 月 31 日，确认设备借款及基建借款的利息，并支付基建借款的利息。（见所附凭证，填借款利息计算表）

9. 2015 年 1 月 1 日，计提并支付 2013 年应付债券利息。（填债券利息计算表）

10. 2015 年 3 月 1 日，设备借款到期，偿还借款本息。（见所附凭证，填借款利息计算表）

11. 2015 年 8 月 1 日，企业采用补偿贸易方式从英国引进一台生产设备，价款 200 000 英镑，同时引进相关设备零备件，价款 4 000 英镑，另外支付进口关税、国内运杂费 6 000 元人民币，由设备负担；设备已交付安装，安装费 8 000 元人民币，零备件已验收入库，当日市场汇率为 1 英镑＝10.12 元人民币；双方约定以该设备生产的产品抵偿设备价款。（填转账支票）

12. 2015 年 8 月 10 日，引进设备安装完毕并交付使用。（填固定资产验收单）

13. 2015 年 12 月 31 日，确认并支付基建借款的利息。（见所附凭证，填借款利息计算表）

14. 2016 年 1 月 1 日，计提并支付 2015 年应付债券利息。（填债券利息计算表）

15. 2016 年 8 月 1 日，补偿贸易设备投产，生产产品 1 000 件，每件售价 80 英镑，全部用于还款（免增值税），当日 1 英镑＝10 元人民币。（填产品出库单）

16.2016 年 12 月 31 日，确认 2016 年基建借款的利息，并偿还本金及利息。（见所附凭证）

17.2017 年 1 月 1 日，计提 2016 年应付债券利息，并偿还本金及利息。（填债券利息计算表、应付债券还款凭证）

附表 21-1-1

中国工商银行（短期贷款）借款凭证（入账通知）

单位编号：3621　　　　日期：2013 年 3 月 1 日　　　　银行编号：2688

<table>
<tr><td rowspan="3">收款单位</td><td>名　称</td><td>智慧电子股份有限公司</td><td rowspan="3">付款单位</td><td>名　称</td><td colspan="9">中国工商银行南汇市爱民支行</td></tr>
<tr><td>往来账号</td><td>3293290689224</td><td>往来账号</td><td colspan="9">658974231</td></tr>
<tr><td>开户银行</td><td>工行南汇市爱民支行</td><td>开户银行</td><td colspan="9">工商银行南汇市爱民支行</td></tr>
<tr><td rowspan="2">借款金额</td><td colspan="4" rowspan="2">人民币（大写）贰拾万元整</td><td>百</td><td>十</td><td>万</td><td>千</td><td>百</td><td>十</td><td>元</td><td>角</td><td>分</td></tr>
<tr><td>¥</td><td>8</td><td>0</td><td>0</td><td>0</td><td>0</td><td>0</td><td>0</td><td>0</td></tr>
<tr><td>借款原因及用途</td><td colspan="2">设备借款</td><td colspan="2">利　率</td><td colspan="9">6.5%</td></tr>
<tr><td colspan="3">借　款　期　限</td><td colspan="11" rowspan="4">你单位上列借款，已转入你单位结算户内，借款到期时由我行按期自你单位结算账户转还。
（银行盖章）
2013 年 3 月 1 日</td></tr>
<tr><td>期　限</td><td>计划还款日期</td><td>计划还款金额</td></tr>
<tr><td>2 年</td><td>2015 年 3 月 1 日</td><td>800 000</td></tr>
<tr><td></td><td></td><td></td></tr>
</table>

附表 21-2-1

增值税专用发票

发票联

开票日期：2014 年 4 月 1 日

<table>
<tr><td rowspan="2">购货单位</td><td>名称</td><td colspan="3">智慧电子股份有限公司</td><td colspan="8">纳税人登记号</td><td colspan="9">643329857321657</td></tr>
<tr><td>地址、电话</td><td colspan="3">南汇市江都区桂花路 24 号 6566660</td><td colspan="8">开户银行及账号</td><td colspan="9">工行爱民支行 3293290689224</td></tr>
<tr><td colspan="2" rowspan="2">商品或劳务名</td><td rowspan="2">计量单位</td><td rowspan="2">数量</td><td rowspan="2">单价</td><td colspan="8">金　额</td><td rowspan="2">税率 %</td><td colspan="8">税　额</td></tr>
<tr><td>十</td><td>万</td><td>千</td><td>百</td><td>十</td><td>元</td><td>角</td><td>分</td><td>十</td><td>万</td><td>千</td><td>百</td><td>十</td><td>元</td><td>角</td><td>分</td></tr>
<tr><td colspan="2">L2N 设备</td><td>台</td><td>1</td><td>850 000</td><td>8</td><td>5</td><td>0</td><td>0</td><td>0</td><td>0</td><td>0</td><td>0</td><td>17</td><td>1</td><td>4</td><td>4</td><td>5</td><td>0</td><td>0</td><td>0</td><td>0</td></tr>
<tr><td colspan="2"></td><td></td><td></td><td></td><td></td><td></td><td></td><td></td><td></td><td></td><td></td><td></td><td></td><td></td><td></td><td></td><td></td><td></td><td></td><td></td><td></td></tr>
<tr><td colspan="2">合计</td><td></td><td></td><td></td><td>8</td><td>5</td><td>0</td><td>0</td><td>0</td><td>0</td><td>0</td><td>0</td><td></td><td>1</td><td>4</td><td>4</td><td>5</td><td>0</td><td>0</td><td>0</td><td>0</td></tr>
<tr><td colspan="2">价税合计（大写）</td><td colspan="12">玖拾玖万肆仟伍佰元整</td><td colspan="8">¥994 500.00</td></tr>
<tr><td rowspan="3">销货单位</td><td>名称</td><td colspan="3">光华设备有限责任公司</td><td colspan="8">纳税人登记号</td><td colspan="9">986985230036980</td></tr>
<tr><td>地址、电话</td><td colspan="3">0451—598874562</td><td colspan="8">开户银行及账号</td><td colspan="9">工行香坊支行 596789631238</td></tr>
<tr><td colspan="21"></td></tr>
<tr><td>备注</td><td colspan="21"></td></tr>
</table>

第二联 发票联 购货方记账

销货单位（章）：（印）　　　　收款人：王新　　　　复核：代敏　　　　开票人：纪丽华

附表 21-2-2

固定资产验收单

年　月　日

固定资产编号	名称	规格	型号	计量单位	数量	建造单位	建造编号	资金来源	附属技术资料
总价（净值）	土建工程费	设备费	安装费	运杂费	包装费	其他	合计	预计年限	净残值率
附属设备或建筑						原值		已提折旧	
验收意见		验收人签章				保管使用人签章			

附表 21-3-1

南汇市建安工程统一发票

单位名称：智慧电子股份有限公司　　2013 年 4 月 30 日

工程名称	工程地址	单位造价	建安数量	结算方式	结算价款
3 号厂房	智慧电子股份有限公司				1 000 000
合　计					¥1 000 000
人民币(大写)壹佰万元整					

附表 21-3-2

中国工商银行转账支票存根

支票号码：

签发日期：

收款人：
金额：
用途：
备注：

单位主管：　　会计：

中国工商银行**转账支票**　　支票号码：

签发日期(大写)：　　年　月　日　　开户行名称：

收款人：　　签发人账号：

人民币(大写)	千	百	十	万	千	百	十	元	角	分

用途：________

上列款项请从　　复核

我账户内支付　　记账

签发人盖章　　验印

附表 21-4-1

南汇市建安工程统一发票

单位名称：智慧电子股份有限公司　　2013 年 9 月 1 日

工程名称	工程地址	单位造价	建安数量	结算方式	结算价款
3 号厂房	智慧电子股份有限公司				3 000 000
合　计					￥3 000 000
人民币(大写)叁佰万元整					

附表 21-4-2

中国工商银行转账支票存根

支票号码：

签发日期：

收款人：
金额：
用途：
备注：

单位主管：　　会计：

中国工商银行**转账支票**　　支票号码：

签发日期(大写)：　　年　月　日　　开户行名称：

收款人：　　签发人账号：

人民币(大写)	千	百	十	万	千	百	十	元	角	分

用途：

上列款项请从我账户内支付

签发人盖章

复核

记账

验印

附表 21-5-1

中国工商银行利息计算凭证(付款通知)

2013 年 12 月 31 日

户　名：智慧电子股份有限公司										账号：3293290689224
计息时间：2013 年 1 月 1 日—2013 年 12 月 31 日										左列利息：你单位上述借款利息已从你单位账户支出
计息积数共计：￥300 000.00										
贷款利率：　月　　共计　‰	百	十	万	千	百	十	元	角	分	
		3	0	0	0	0	0	0	0	
加收：										
合　　计	￥	3	0	0	0	0	0	0	0	(银行盖章)

附表 21-5-2

借款利息计算表

年　月　日

借款种类	借款额	月利率	本月利息	备注
合　计				

主管：　　会计：　　记账：　　制单：

附表 21-6-1

中国工商银行进账单(收款通知)

年　月　日　　　　　　　　第　　号

<table>
<tr><td rowspan="3">付款人</td><td>全　称</td><td></td><td rowspan="3">收款人</td><td>全　称</td><td colspan="11"></td></tr>
<tr><td>账　号</td><td></td><td>账　号</td><td colspan="11"></td></tr>
<tr><td>开户行</td><td></td><td>开户行</td><td colspan="11"></td></tr>
<tr><td rowspan="2">人民币
(大写)</td><td colspan="4" rowspan="2"></td><td>亿</td><td>千</td><td>百</td><td>十</td><td>万</td><td>千</td><td>百</td><td>十</td><td>元</td><td>角</td><td>分</td></tr>
<tr><td></td><td></td><td></td><td></td><td></td><td></td><td></td><td></td><td></td><td></td><td></td></tr>
<tr><td colspan="2">票据种类</td><td></td><td colspan="13" rowspan="3">收款人开户盖章</td></tr>
<tr><td colspan="2">票据张数</td><td></td></tr>
<tr><td colspan="3">单位主管：　会计：　复核：　记账：</td></tr>
</table>

附表 21-7-1

南汇市建安工程统一发票

单位名称：智慧电子股份有限公司　　　　2013 年 6 月 30 日

工程名称	工程地址	单位造价	建安数量	结算方式	结算价款
3 号厂房	智慧电子股份有限公司				1 000 000
合　计					¥1 000 000
人民币(大写)壹佰万元整					

附表 21-7-2

工程竣工验收单

<table>
<tr><td>项目名称</td><td colspan="2"></td><td>批准日期</td><td colspan="2"></td></tr>
<tr><td>项目性质</td><td colspan="2"></td><td>完成日期</td><td colspan="2"></td></tr>
<tr><td>合同金额</td><td colspan="2"></td><td>追加金额</td><td colspan="2"></td></tr>
<tr><td>承包单位</td><td colspan="2"></td><td>承包方负责人</td><td colspan="2"></td></tr>
<tr><td>预算价</td><td colspan="2"></td><td>决算价</td><td colspan="2"></td></tr>
<tr><td>结构类型</td><td colspan="2"></td><td>建筑面积</td><td colspan="2"></td></tr>
<tr><td>验收意见</td><td colspan="5"></td></tr>
<tr><td rowspan="2">验收人员</td><td>使用部门</td><td>外请专家</td><td colspan="2">单位负责人</td><td>财务部门</td></tr>
<tr><td></td><td></td><td colspan="2"></td><td></td></tr>
<tr><td colspan="6">备注：</td></tr>
<tr><td colspan="2">验收单位(盖章)
负责人：</td><td colspan="2">施工单位(盖章)
负责人：</td><td colspan="2">使用单位(盖章)
负责人：</td></tr>
</table>

附表 21-7-3

借款利息计算表

年　月　日

借款种类	借款额	月利率	本月利息	备注
合　计				

主管：　　会计：　　记账：　　制单：

附表 21-8-1

中国工商银行利息计算凭证(付款通知)

2014 年 12 月 31 日

户　名:智慧电子股份有限公司										账号:3293290689224
计息时间:2014 年 1 月 1 日—2014 年 12 月 31 日										左列利息:你单位上述借款利息已从你单位账户支出 (银行盖章)
计息积数共计:￥300 000.00										
存款利率:　月　　共计　‰	百	十	万	千	百	十	元	角	分	
		3	0	0	0	0	0	0	0	
加收:										
合　　计	￥	3	0	0	0	0	0	0	0	

附表 21-8-2

借款利息计算表

年　月　日

借款种类	借款额	月利率	本月利息	备注
合　计				

主管：　　会计：　　记账：　　制单：

附表 21-9-1

债券利息计算表

年　月　日

债券种类	票面要素					购买日期	购买份数	利息调整	投资收益	其他
	发行日期	到期日期	票面价格	利率	偿还方法					

主管：　　会计：　　记账：　　制单：

附表 21-10-1

中国工商银行利息计算凭证(付款通知)

2015 年 3 月 1 日

户　名:智慧电子股份有限公司										账号:3293290689224
计息时间:2013 年 3 月 1 日—2015 年 3 月 1 日										左列利息:你单位上述借款利息已从你单位账户支出
计息积数共计:¥104 000.00										
存款利率:　月　　共计　‰	百	十	万	千	百	十	元	角	分	
		1	0	4	0	0	0	0	0	
加收:										
合　　计	¥	1	0	4	0	0	0	0	0	(银行盖章)

附表 21-10-2

中国工商银行贷款还款凭证

收款日期 2015 年 3 月 1 日　　　　号码:00000123

借款单位名称	智慧电子股份有限公司	贷款账号	3293290689224	结算账号	3293290689224									
还款金额(大写)	捌拾万元整			千	百	十	万	千	百	十	元	角	分	
					¥	8	0	0	0	0	0	0	0	
贷款种类	设备借款	借出日期				原约定还款日期								
		2013 年　3　月　1　日				2015 年　3　月　1　日								
上述借款请从本单位 3293290689224 存款账户中支付。 借款单位盖章		会计分录: 收: 付: 复核员　　　　记账员												

附表 21-10-3

借款利息计算表

年　　月　　日

借款种类	借款额	月利率	本月利息	备注
合　计				

主管:　　　　会计:　　　　记账:　　　　制单:

附表 21－11－1

中国工商银行转账支票存根
支票号码：
签发日期：

收款人：
金额：
用途：
备注：

单位主管：　　会计：

中国工商银行**转账支票**　　支票号码：
签发日期(大写)：　　年　月　日　　开户行名称：
收款人：　　签发人账号：

人民币 (大写)	千	百	十	万	千	百	十	元	角	分

用途：________
上列款项请从　　复核
我账户内支付　　记账
签发人盖章　　验印

附表 21－11－2

中国工商银行转账支票存根
支票号码：
签发日期：

收款人：
金额：
用途：
备注：

单位主管：　　会计：

中国工商银行**转账支票**　　支票号码：
签发日期(大写)：　　年　月　日　　开户行名称：
收款人：　　签发人账号：

人民币 (大写)	千	百	十	万	千	百	十	元	角	分

用途：________
上列款项请从　　复核
我账户内支付　　记账
签发人盖章　　验印

附表 21－12－1

固定资产验收单

年　月　日

固定资产编号	名　称	规　格	型　号	计量单位	数　量	建造单位	建造编号	资金来源	附属技术资料
总价(净值)	土建工程费	设备费	安装费	运杂费	包装费	其他	合计	预计年限	净残值率
附属设备或建筑						原值		已提折旧	
验收意见			验收人签章			保管使用人签章			

附表 21-13-1

中国工商银行利息计算凭证(付款通知)

2015 年 12 月 31 日

<table>
<tr><td colspan="10">户　名:智慧电子股份有限公司</td><td>账号:3293290689224</td></tr>
<tr><td colspan="10">计息时间:2015 年 1 月 1 日—2015 年 12 月 31 日</td><td rowspan="5">左列利息:你单位上述借款利息已从你单位账户支出</td></tr>
<tr><td colspan="10">计息积数共计:¥300 000.00</td></tr>
<tr><td rowspan="2">存款利率:　月　　共计　‰</td><td>百</td><td>十</td><td>万</td><td>千</td><td>百</td><td>十</td><td>元</td><td>角</td><td>分</td></tr>
<tr><td></td><td>3</td><td>0</td><td>0</td><td>0</td><td>0</td><td>0</td><td>0</td><td>0</td></tr>
<tr><td>加收:</td><td></td><td></td><td></td><td></td><td></td><td></td><td></td><td></td><td></td></tr>
<tr><td>合　　计</td><td>¥</td><td>3</td><td>0</td><td>0</td><td>0</td><td>0</td><td>0</td><td>0</td><td>0</td><td>(银行盖章)</td></tr>
</table>

附表 21-13-2

借款利息计算表

年　　月　　日

借款种类	借款额	月利率	本月利息	备注
合　计				

主管:　　　　　　会计:　　　　　　记账:　　　　　　制单:

附表 21-14-1

债券利息计算表

年　　月　　日

借款种类	借款额	月利率	本月利息	备注
合　计				

主管:　　　　　　会计:　　　　　　记账:　　　　　　制单:

附表 21-15-1

产品出库单

用途:　　　　　　　　年　　月　　日　　　　　　　　编号:

产品名称	规格型号	计量单位	出库数量	单位成本	总成本	备注

财务:　　　　仓库主管:　　　　　　　　　　仓库经手人:

附表 21-16-1

中国工商银行利息计算凭证(付款通知)

2016 年 12 月 31 日

<table>
<tr><td colspan="9">户　名:智慧电子股份有限公司</td><td>账号:3293290689224</td></tr>
<tr><td colspan="9">计息时间:2016 年 1 月 1 日—2016 年 12 月 31 日</td><td rowspan="6">左列利息:你单位上述借款利息已从你单位账户支出

(银行盖章)</td></tr>
<tr><td colspan="9">计息积数共计:￥300 000.00</td></tr>
<tr><td rowspan="2">存款利率：　月　　共计　‰</td><td>百</td><td>十</td><td>万</td><td>千</td><td>百</td><td>十</td><td>元</td><td>角</td><td>分</td></tr>
<tr><td></td><td>3</td><td>0</td><td>0</td><td>0</td><td>0</td><td>0</td><td>0</td><td>0</td></tr>
<tr><td>加收：</td><td></td><td></td><td></td><td></td><td></td><td></td><td></td><td></td><td></td></tr>
<tr><td>合　　计</td><td>￥</td><td>3</td><td>0</td><td>0</td><td>0</td><td>0</td><td>0</td><td>0</td><td>0</td></tr>
</table>

附表 21-16-2

中国工商银行贷款还款凭证

收款日期　2016 年 12 月 31 日　　　号码:00000326

<table>
<tr><td>借款单位名称</td><td colspan="2">智慧电子股份有限公司</td><td>贷款账号</td><td colspan="5">3293290689224</td><td>结算账号</td><td colspan="5">3293290689224</td></tr>
<tr><td rowspan="2">还款金额(大写)</td><td rowspan="2" colspan="4">伍佰万元整</td><td>千</td><td>百</td><td>十</td><td>万</td><td>千</td><td>百</td><td>十</td><td>元</td><td>角</td><td>分</td></tr>
<tr><td>￥</td><td>5</td><td>0</td><td>0</td><td>0</td><td>0</td><td>0</td><td>0</td><td>0</td><td>0</td></tr>
<tr><td rowspan="2">贷　款
种　类</td><td rowspan="2" colspan="2">基建借款</td><td colspan="6">借出日期</td><td colspan="6">原约定还款日期</td></tr>
<tr><td colspan="6">2012 年　12　月　31 日</td><td colspan="6">2016 年　12　月　31　日</td></tr>
<tr><td colspan="4">上述借款请从本单位 3293290689224 存款账户中支付。

借款单位盖章</td><td colspan="11">会计分录：
收：
付：
复核员　　　　记账员</td></tr>
</table>

附表 21-17-1

债券利息计算表

年　　月　　日

<table>
<tr><td rowspan="2">债券种类</td><td colspan="5">票　面　要　素</td><td rowspan="2">购买日期</td><td rowspan="2">购买份数</td><td rowspan="2">利息调整</td><td rowspan="2">投资收益</td><td rowspan="2">其他</td></tr>
<tr><td>发行日期</td><td>到期日期</td><td>票面价格</td><td>利率</td><td>偿还方法</td></tr>
<tr><td></td><td></td><td></td><td></td><td></td><td></td><td></td><td></td><td></td><td></td><td></td></tr>
<tr><td></td><td></td><td></td><td></td><td></td><td></td><td></td><td></td><td></td><td></td><td></td></tr>
<tr><td></td><td></td><td></td><td></td><td></td><td></td><td></td><td></td><td></td><td></td><td></td></tr>
</table>

主管：　　　　会计：　　　　记账：　　　　制单：

附表 21-17-2

应付债券还款凭证

还款日期　　年　　月　　日　　　　　　　　号码：

<table>
<tr><td>债券发行
单位名称</td><td colspan="2"></td><td>债券
发行
账号</td><td colspan="4"></td><td>结算
账号</td><td colspan="6"></td></tr>
<tr><td rowspan="2">还款金额
（大写）</td><td rowspan="2" colspan="4"></td><td>千</td><td>百</td><td>十</td><td>万</td><td>千</td><td>百</td><td>十</td><td>元</td><td>角</td><td>分</td></tr>
<tr><td></td><td>¥</td><td>1</td><td>0</td><td>0</td><td>0</td><td>0</td><td>0</td><td>0</td><td>0</td></tr>
<tr><td rowspan="2">债　券
种　类</td><td rowspan="2"></td><td colspan="6">发行日期</td><td colspan="7">原约定还款日期</td></tr>
<tr><td colspan="6">年　　月　　日</td><td colspan="7">年　　月　　日</td></tr>
<tr><td colspan="4">上述借款请从本单位　　　　存款
账户中支付。

借款单位盖章</td><td colspan="11">会计分录：
收：
付：
复核员　　　　　　记账员</td></tr>
</table>

实训二十二　所有者权益

一、实训目的

通过所有者权益的实训，使学生掌握所有者权益增加、减少的核算，所有者权益内部之间的关系、转化及核算。

二、实训要求

1. 开设各项实收资本、资本公积、盈余公积及利润分配总账和明细账。

2. 填制并审核原始凭证。

3. 根据原始凭证填制记账凭证。

4. 审核记账凭证，并根据原始凭证和记账凭证登记实收资本、资本公积、盈余公积及利润分配总账和明细账。

三、实训组织

1. 所需学时：2 学时。

2. 所需资料：原始凭证、记账凭证、三栏式总账和明细账。

四、实训资料

（一）企业概况

企业名称：智慧电子股份有限公司

法人代表：王牧之

企业性质:股份有限公司

地址:南汇市江都区桂花路24号

开户银行:中国工商银行南汇市爱民支行

银行账号:3293290689224

税号:643329857321657

电话:6566660

邮编:150222

(二)期初资料

2012年1月1日,智慧电子股份有限公司为新设立的股份有限公司,尚无期初资料。

(三)核算方法

企业为新设立的股份有限公司,资本账户使用"股本",总股本将达到1亿元人民币。

(四)有关业务

智慧电子股份有限公司2013—2014年发生以下有关所有者权益的经济业务:

1.2013年1月1日,企业收到江宇公司货币资金投资,金额为44 000 000元,占总股本的44%,款项存入银行。(见所附凭证)

2.2013年2月1日,收到北泽集团投入的一项专利权,双方确认价值为600 000元,占总股份的0.6%。(填无形资产入账通知单)

3.2013年3月5日,收到达雨公司投入的货币资金3 000 000元,占本企业所有者权益的3%的股权份额。(见所附凭证)

4.2013年4月8日,收到锐利公司投入机器设备一台,锐利公司原账面价值为2 000 000元,已提折旧200 000元,双方确认的价值为1 900 000元,占总股本的1.9%。(填固定资产验收单)

5.2013年5月1日,以发行5 000万股面值为1元的普通股向社会募集资金,每股售价6.5元,按募集资金的2%支付发行费用,已收到募集资金存入银行。(见所附凭证)

6.2013年8月15日,收到大自然公司投入的一批原材料,价值500 000元,按17%计算增值税,占总股权的0.5%。(见所附凭证,填入库单)

7.2013年12月31日,获得利润总额60 000 000元,按25%计算所得税。(填所得税计算表)

8.2013年12月31日,将净利润转入利润分配。

9.2014年1月15日,召开股东大会,提出对2012年的利润分配方案,按10%提取法定盈余公积,按5%提取任意盈余公积,向投资者分配股利,每10股分派2元。(填提取盈余公积计算表、应付股利分配表)

10.2014年4月25日,用法定盈余公积转增资本2 000 000元。(填法定盈余公积转增资本表)

11.2014年5月8日,用资本公积转增资本15 000 000元。(填资本公积转增资本表)

附表 22-1-1

中国工商银行进账单(收款通知)

2013 年 1 月 1 日　　第 3663 号

付款人	全　称	江宇公司	收款人	全　称	智慧电子股份有限公司
	账　号	3323290689546		账　号	32932960389224
	开户行	中行东安支行		开户行	工行爱民支行

人民币(大写)	亿	千	百	十	万	千	百	十	元	角	分
肆仟肆佰万元整	¥	4	4	0	0	0	0	0	0	0	0

票据种类	转账支票	
票据张数	1 张	
单位主管：　会计：　复核：　记账：		收款人开户盖章

附表 22-2-1

无形资产入账(出账)通知单

被通知单位：　　年　月　日　　编号：

类别	资产编号	无形资产名称	规格型号	研制单位	数量	原值	月摊销额	使用年限	收回残值	累计摊销额	净值	使用单位	入账(出账)原因

附表 22-3-1

中国工商银行进账单(收款通知)

2013 年 3 月 5 日　　第 3664 号

付款人	全　称	达雨公司	收款人	全　称	智慧电子股份有限公司
	账　号	3453285361533		账　号	3293290389224
	开户行	农行东安支行		开户行	工行爱民支行

人民币(大写)	千	百	十	万	千	百	十	元	角	分
叁佰万元整	¥	3	0	0	0	0	0	0	0	0

票据种类	转账支票	
票据张数	1 张	
单位主管：　会计：　复核：　记账：		收款人开户盖章

附表 22－4－1

固定资产验收单

年 月 日

固定资产编号	名 称	规 格	型 号	计量单位	数 量	建造单位	建造编号	资金来源	附属技术资料
总价（净值）	土建工程费	设备费	安装费	运杂费	包装费	其他	合计	预计年限	净残值率
附属设备或建筑						原值		已提折旧	
验收意见		验收人签章				保管使用人签章			

附表 22－5－1

中国工商银行进账单(收款通知)

2013 年 5 月 1 日

第 3665 号

付款人	全 称	海通证券公司	收款人	全 称	智慧电子股份有限公司
	账 号	5673290666333		账 号	32932960389224
	开户行	中行东安支行		开户行	工行爱民支行

人民币（大写）	十	亿	千	百	十	万	千	百	十	元	角	分
叁亿壹仟捌佰伍拾万元整	¥	3	1	8	5	0	0	0	0	0	0	0

票据种类	转账支票	收款人开户盖章
票据张数	1 张	
单位主管： 会计： 复核： 记账：		

附表 22－6－1

增值税专用发票

发票联

开票日期:2013 年 4 月 1 日

购货单位	名称	智慧电子股份有限公司	纳税人登记号	643329857321657
	地址、电话	南汇市江都区桂花路 24 号 6566660	开户银行及账号	工行爱民支行 3293290689224

商品或劳务名	计量单位	数量	单价	金额 十	万	千	百	十	元	角	分	税率%	税额 十	万	千	百	十	元	角	分
SP 原材料	台	800	625	5	0	0	0	0	0	0	0	17		8	5	0	0	0	0	0
合计				5	0	0	0	0	0	0	0			8	5	0	0	0	0	0
价税合计(大写)	伍拾捌万伍仟元整												¥585 500.00							

销货单位	名称	大自然公司	纳税人登记号	986985230024501
	地址、电话	0451—598874562	开户银行及账号	工行东安支行 7566587888898
备注				

第二联 发票联 购货方记账

销货单位(章):(印) 收款人:王新 复核:代敏 开票人:纪丽华

附表 22-6-2

入库单

年 月 日　　　　发票号码:NO

材料编号	材料名称及规格	计量单位	数量		价格		运杂费	合计
			应收	实收	单价	金额		
合计								

第三联 记账联

仓库负责人:　　材料会计:　　收料人:　　经办人:　　制单:

附表 22-7-1

所得税计算表

年 月 日　　　　单位:元

会计利润	纳税调整增减额	应纳税所得额	税率(%)	所得税额

财务主管:　　复核:　　制表:

附表 22-9-1

提取盈余公积计算表

年 月 日

项　目	金　额
净利润	
减:弥补企业以前年度亏损	
计提盈余公积基数	
本期计提法定盈余公积金	
本期计提任意盈余公积金	

财务主管:　　复核:　　制表:

附表 22-9-2

应付股利分配表

年 月 日

项　目	分配股利基数	分配比例	分配金额

财务主管:　　复核:　　制表:

附表 22－10－1

法定盈余公积转增资本表

年　月　日

项　目	转 增 金 额

财务主管：　　　　复核：　　　　制表：

附表 22－11－1

资本公积转增资本表

年　月　日

项　目	转 增 金 额

财务主管：　　　　复核：　　　　制表：

实训二十三　商品销售收入

一、实训目的

通过收入的实训，使学生掌握收入的确认及主营业务收入的会计处理，理解收入与成本的配比关系。

二、实训要求

1. 开设主营业务收入、主营业务成本、库存商品总账及明细账。

2. 填制并审核原始凭证。

3. 根据原始凭证填制记账凭证。

4. 审核记账凭证，并根据原始凭证和记账凭证登记主营业务收入、主营业务成本、库存商品总账及明细账。

三、实训组织

1. 所需学时：6 学时；

2. 所需资料：原始凭证、记账凭证、三栏式及多栏式明细账。

四、实训资料

(一)企业概况

企业名称：智慧电子股份有限公司

法人代表：王牧之

企业性质：股份有限公司

地址：南汇市江都区桂花路 24 号

开户银行：中国工商银行南汇市爱民支行

银行账号：3293290689224

税号:643329857321657

电话:6566660

邮编:150222

(二)核算方法

1.企业为增值税一般纳税人,增值税率为17%,企业以产品生产为主营业务,其他为附营业务。

2.产品销售成本逐笔结转。

(三)有关业务

智慧电子股份有限公司2013年8月份发生以下有关收入的经济业务:

1.2013年8月1日,向新立公司销售A产品800件,每件售价240元,计192 000元,增值税销项税额为32 640元,单位成本180元,产品已发出,货款已收到。(填增值税专用发票、产品出库单、进账单)

2.2013年8月6日,委托恒大有限责任公司以视同买断的方式代销B产品1 000件,每件售价280元,增值税销项税额为47 600元,单位成本200元,产品已经发出。(填产品出库单)

3.2013年8月10日,企业销售给江风公司A产品500件,每件售价240元,单位成本180元,产品发出后得知,江风公司陷入财务危机,经证实,此收入近期收回的可能性不大。(填增值税专用发票、产品出库单)

4.2013年8月15日,企业销售给美德股份有限公司B产品3 000件,每件售价280元,单位成本200元,计840 000元,销项税额为142 800元,双方签定的合同中规定货款四个月内分四次等额收回,已收到第一期货款。(填增值税专用发票、产品出库单、进账单)

5.2013年8月16日,销售A产品100件给卓越公司,每件售价240元,计24 000元,单位成本180元,产品已发出,货款及税款尚未收到。(填增值税专用发票、产品出库单)

6.2013年8月17日,恒大公司送来代销清单,恒大公司开具增值税专用发票,发票上标明售价280 000元,增值税47 600元。(见所附凭证,填增值税专用发票、产品出库单)

7.2013年8月17日,销售给广厦公司B产品600件,单价280元,单位成本200元,货款计168 000元,销项税额28 560元,付款条件为2/10、1/20、*N*/30。(填增值税专用发票、出库单)

8.2013年8月19日,收到恒大公司转来的代销款。(填进账单)

9.2013年8月20日,卓越公司收到A产品后,发现质量不符合要求,经协商,决定退货,企业已收到卓越公司退回的A产品。(填增值税专用发票、产品入库单)

10.2013年8月21日,委托宝丽经贸有限责任公司以收取手续费方式销售A产品2 000件,单位成本180元,宝丽公司以每件240元的价格销售给顾客,企业按售价的12%支付手续费给宝丽公司。(填产品出库单)

11.2013年8月21日,销售B产品200件给精诚公司,每件售价280元,单位成本200元,货款计56 000元,销项税额9 520元,产品已发出,货款也已收到。(填增值税专用发票、产品出库单、进账单)

12.2013年8月22日,收到广厦公司的货款。(填进账单)

13.2013年8月25日,精诚公司收到B产品后,发现质量不合格,要求在价格上给予25%的折让,企业已同意。(填增值税专用发票)

14. 2013 年 8 月 26 日，收到宝丽公司送来的代销清单，向宝丽公司开出增值税专用发票，售价 480 000 元，销项税额为 81 600 元，该产品成本为 360 000 元。（见所附凭证，填增值税专用发票）

15. 2013 年 8 月 27 日，江风公司经济状况好转，已承诺付款。

16. 2013 年 8 月 30 日，收到江风公司的货款。（填进账单）

附表 23－1－1

增值税专用发票

记账联

开票日期：

购货单位	名称		纳税人登记号																	
	地址、电话		开户银行及账号																	
商品或劳务名		计量单位	数量	单价	金额								税率	税额						
					十	万	千	百	十	元	角	分	%	十	万	千	百	十	元	角	分
合计																				
价税合计（大写）																				
销货单位	名称		纳税人登记号																	
	地址、电话		开户银行及账号																	
备注																				

第四联记账联　购货方记账

销货单位（章）：　（印）　收款人：　复核：　开票人：

附表 23－1－2

产品出库单

用途：　年　月　日　编号：

产品名称	规格型号	计量单位	出库数量	单位成本	总成本	备注
合　计						

财务：　仓库主管：　仓库经手人：

附表 23－1－3

中国工商银行进账单（收款通知）

年　月　日　第　号

付款人	全　称		收款人	全　称											
	账　号			账　号											
	开户行			开户行											
人民币（大写）					亿	千	百	十	万	千	百	十	元	角	分
票据种类															
票据张数															
单位主管：　会计：　复核：　记账：			收款人开户盖章												

附表 23-2-1

产品出库单

用途：　　　　　　　　　　　　　年　月　日　　　　　　　　　　　编号：

产品名称	规格型号	计量单位	出库数量	单位成本	总成本	备注
合　计						

财务：　　　　　　　　　　　　仓库主管：　　　　　　　　　　　仓库经手人：

附表 23-3-1

增值税专用发票

记账联

开票日期：

购货单位	名称		纳税人登记号	
	地址、电话		开户银行及账号	

商品或劳务名	计量单位	数量	单价	金额 十	万	千	百	十	元	角	分	税率 %	税额 十	万	千	百	十	元	角	分
合计																				
价税合计(大写)																				

销货单位	名称		纳税人登记号	
	地址、电话		开户银行及账号	
备注				

第四联记账联　购货方记账

销货单位(章)：　(印)　　　　收款人：　　　　复核：　　　　开票人：

附表 23-3-2

产品出库单

用途：　　　　　　　　　　　　　年　月　日　　　　　　　　　　　编号：

产品名称	规格型号	计量单位	出库数量	单位成本	总成本	备注
合　计						

财务：　　　　　　　　　　　　仓库主管：　　　　　　　　　　　仓库经手人：

附表 23-4-1

增值税专用发票

记账联

开票日期：

购货单位	名称		纳税人登记号	
	地址、电话		开户银行及账号	

商品或劳务名	计量单位	数量	单价	金额								税率	税额							
				十	万	千	百	十	元	角	分	%	十	万	千	百	十	元	角	分
合计																				
价税合计(大写)																				

销货单位	名称		纳税人登记号	
	地址、电话		开户银行及账号	
备注				

第四联记账联 购货方记账

销货单位(章)：　(印)　收款人：　复核：　开票人：

附表 23-4-2

产品出库单

用途：　年　月　日　编号：

产品名称	规格型号	计量单位	出库数量	单位成本	总成本	备注
合　计						

财务：　仓库主管：　仓库经手人：

附表 23-4-3

中国工商银行进账单(收款通知)

年　月　日　第　号

付款人	全　称		收款人	全　称										
	账　号			账　号										
	开户行			开户行										
人民币(大写)				亿	千	百	十	万	千	百	十	元	角	分
票据种类														
票据张数														
单位主管：　会计：　复核：　记账：				收款人开户盖章										

附表 23－5－1

增值税专用发票

记账联

开票日期：

购货单位	名称		纳税人登记号																	
	地址、电话		开户银行及账号																	
商品或劳务名		计量单位	数量	单价	金额								税率	税额						
					十	万	千	百	十	元	角	分	%	十	万	千	百	十	元	角	分
合计																				
价税合计(大写)																				
销货单位	名称		纳税人登记号																	
	地址、电话		开户银行及账号																	
备注																				

第四联记账联 购货方记账

销货单位(章)：　（印）　收款人：　复核：　开票人：

附表 23－5－2

产品出库单

用途：　年　月　日　编号：

产品名称	规格型号	计量单位	出库数量	单位成本	总成本	备注
合　计						

财务：　仓库主管：　仓库经手人：

附表 23－6－1

代销货品清单

采购单号：000123　供应商编号：14005　年　月　日　商品零售模式：☑建议零售价☐确定零售价

甲方：恒大公司				乙方：智慧电子股份有限公司			
联系人	王飞	联系电话/邮箱	6277777	联系人	刘佳统	联系电话/邮箱	6566660
商务助理	李娟娟	联系电话/邮箱		商务助理	张楠	联系电话/邮箱	
仓库人员	白国庆	联系电话/邮箱		仓库人员	黄小圳	联系电话/邮箱	
财务主管	沈江超	联系电话/邮箱		财务主管	姜为民	联系电话/邮箱	
送货地址：南汇市西安区五星路281号				订单有限期：			

序号	商品货号/款号	条形码	商品中文名称	商品描述	类别	颜色	尺码/规格	数量	装箱数	供货价(采购成本)	吊牌价	折后价(销售价)	折扣比	毛利率	总金额	材质/成分	产地
1			B产品					1 000		280		327.60			327 600		中国

附表 23－6－2

增值税专用发票

记账联

开票日期：

购货单位	名称			纳税人登记号																
	地址、电话			开户银行及账号																
商品或劳务名	计量单位	数量	单价	金额								税率 %	税额							
				十	万	千	百	十	元	角	分		十	万	千	百	十	元	角	分
合计																				
价税合计(大写)																				
销货单位	名称			纳税人登记号																
	地址、电话			开户银行及账号																
备注																				

第四联记账联　购货方记账

销货单位(章)：　　(印)　　　　收款人：　　　　复核：　　　　开票人：

附表 23－6－3

产品出库单

用途：　　　　　　　　　　年　月　日　　　　　　　　　　编号：

产品名称	规格型号	计量单位	出库数量	单位成本	总成本	备注
合　计						

财务：　　　　　　　　　　仓库主管：　　　　　　　　　　仓库经手人：

附表 23－7－1

增值税专用发票

记账联

开票日期：

购货单位	名称			纳税人登记号																
	地址、电话			开户银行及账号																
商品或劳务名	计量单位	数量	单价	金额								税率 %	税额							
				十	万	千	百	十	元	角	分		十	万	千	百	十	元	角	分
合计																				
价税合计(大写)																				
销货单位	名称			纳税人登记号																
	地址、电话			开户银行及账号																
备注																				

第四联记账联　购货方记账

销货单位(章)：　　(印)　　　　收款人：　　　　复核：　　　　开票人：

附表 23-7-2

产品出库单

用途：　　　　　　　　　　　　　　年　月　日　　　　　　　　　　编号：

产品名称	规格型号	计量单位	出库数量	单位成本	总成本	备注
合　计						

财务：　　　　　　　　　　　　仓库主管：　　　　　　　　　　　　仓库经手人：

附表 23-8-1

中国工商银行进账单(收款通知)

年　月　日　　　　　　　　　　　　第　　号

付款人	全　称		收款人	全　称											
	账　号			账　号											
	开户行			开户行											
人民币(大写)				亿	千	百	十	万	千	百	十	元	角	分	
票据种类															
票据张数															
单位主管：　会计：　复核：　记账：			收款人开户盖章												

附表 23-9-1

增值税专用发票

记账联

开票日期：

购货单位	名称				纳税人登记号																		
	地址、电话				开户银行及账号																		
商品或劳务名		计量单位	数量	单价	金额								税率 %	税额									
					十	万	千	百	十	元	角	分		十	万	千	百	十	元	角	分		
合计																							
价税合计(大写)																							
销货单位	名称				纳税人登记号																		
	地址、电话				开户银行及账号																		
备注																							

第四联记账联　购货方记账

销货单位(章)：　(印)　　　　收款人：　　　　　复核：　　　　　开票人：

附表 23-9-2

产品入库单

年 月 日

<table>
<tr><td colspan="6">交库单位：</td><td colspan="5">凭证编号：
产品仓库： 号</td></tr>
<tr><td rowspan="2">产品编号</td><td rowspan="2">产品名称</td><td rowspan="2">规格</td><td rowspan="2">计量单位</td><td rowspan="2">交付数量</td><td colspan="2">检验结果</td><td rowspan="2">实收数量</td><td rowspan="2">单价</td><td rowspan="2" colspan="2">金额</td></tr>
<tr><td>合格</td><td>不合格</td></tr>
<tr><td></td><td></td><td></td><td></td><td></td><td></td><td></td><td></td><td></td><td colspan="2"></td></tr>
<tr><td></td><td></td><td></td><td></td><td></td><td></td><td></td><td></td><td></td><td colspan="2"></td></tr>
<tr><td colspan="7">备注</td><td colspan="2">合计</td><td colspan="2"></td></tr>
</table>

经办人： 验收： 保管员： 制单：

附表 23-10-1

产品出库单

用途： 年 月 日 编号：

产品名称	规格型号	计量单位	出库数量	单位成本	总成本	备注
合　计						

财务： 仓库主管： 仓库经手人：

附表 23-11-1

增值税专用发票

记账联

开票日期：

<table>
<tr><td rowspan="2">购货单位</td><td>名称</td><td colspan="3"></td><td colspan="8">纳税人登记号</td><td colspan="9"></td></tr>
<tr><td>地址、电话</td><td colspan="3"></td><td colspan="8">开户银行及账号</td><td colspan="9"></td></tr>
<tr><td colspan="2" rowspan="2">商品或劳务名</td><td rowspan="2">计量单位</td><td rowspan="2">数量</td><td rowspan="2">单价</td><td colspan="8">金　额</td><td rowspan="2">税率
%</td><td colspan="8">税　额</td></tr>
<tr><td>十</td><td>万</td><td>千</td><td>百</td><td>十</td><td>元</td><td>角</td><td>分</td><td>十</td><td>万</td><td>千</td><td>百</td><td>十</td><td>元</td><td>角</td><td>分</td></tr>
<tr><td colspan="2"></td><td></td><td></td><td></td><td></td><td></td><td></td><td></td><td></td><td></td><td></td><td></td><td></td><td></td><td></td><td></td><td></td><td></td><td></td><td></td><td></td></tr>
<tr><td colspan="2"></td><td></td><td></td><td></td><td></td><td></td><td></td><td></td><td></td><td></td><td></td><td></td><td></td><td></td><td></td><td></td><td></td><td></td><td></td><td></td><td></td></tr>
<tr><td colspan="2">合计</td><td></td><td></td><td></td><td></td><td></td><td></td><td></td><td></td><td></td><td></td><td></td><td></td><td></td><td></td><td></td><td></td><td></td><td></td><td></td><td></td></tr>
<tr><td colspan="2">价税合计(大写)</td><td colspan="20"></td></tr>
<tr><td rowspan="2">销货单位</td><td>名称</td><td colspan="4"></td><td colspan="7">纳税人登记号</td><td colspan="9"></td></tr>
<tr><td>地址、电话</td><td colspan="4"></td><td colspan="7">开户银行及账号</td><td colspan="9"></td></tr>
<tr><td>备注</td><td colspan="21"></td></tr>
</table>

第四联记账联 购货方记账

销货单位(章)： (印) 收款人： 复核： 开票人：

附表 23-11-2

产品出库单

用途：　　　　　　　　　　　　　　年　月　日　　　　　　　　　　　　　　编号：

产品名称	规格型号	计量单位	出库数量	单位成本	总成本	备注
合　计						

财务：　　　　　　　　　　　　仓库主管：　　　　　　　　　　　　仓库经手人：

附表 23-11-3

中国工商银行进账单(收款通知)

年　月　日　　　　　　　　　　　第　　号

<table>
<tr><td>付</td><td>全　称</td><td></td><td>收</td><td>全　称</td><td colspan="11"></td></tr>
<tr><td>款</td><td>账　号</td><td></td><td>款</td><td>账　号</td><td colspan="11"></td></tr>
<tr><td>人</td><td>开户行</td><td></td><td>人</td><td>开户行</td><td colspan="11"></td></tr>
<tr><td rowspan="2">人民币
(大写)</td><td colspan="4" rowspan="2"></td><td>亿</td><td>千</td><td>百</td><td>十</td><td>万</td><td>千</td><td>百</td><td>十</td><td>元</td><td>角</td><td>分</td></tr>
<tr><td></td><td></td><td></td><td></td><td></td><td></td><td></td><td></td><td></td><td></td><td></td></tr>
<tr><td colspan="2">票据种类</td><td></td><td colspan="13" rowspan="3">收款人开户盖章</td></tr>
<tr><td colspan="2">票据张数</td><td></td></tr>
<tr><td colspan="3">单位主管：　会计：　复核：　记账：</td></tr>
</table>

附表 23-12-1

中国工商银行进账单(收款通知)

年　月　日　　　　　　　　　　　第　　号

<table>
<tr><td>付</td><td>全　称</td><td></td><td>收</td><td>全　称</td><td colspan="11"></td></tr>
<tr><td>款</td><td>账　号</td><td></td><td>款</td><td>账　号</td><td colspan="11"></td></tr>
<tr><td>人</td><td>开户行</td><td></td><td>人</td><td>开户行</td><td colspan="11"></td></tr>
<tr><td rowspan="2">人民币
(大写)</td><td colspan="4" rowspan="2"></td><td>亿</td><td>千</td><td>百</td><td>十</td><td>万</td><td>千</td><td>百</td><td>十</td><td>元</td><td>角</td><td>分</td></tr>
<tr><td></td><td></td><td></td><td></td><td></td><td></td><td></td><td></td><td></td><td></td><td></td></tr>
<tr><td colspan="2">票据种类</td><td></td><td colspan="13" rowspan="3">收款人开户盖章</td></tr>
<tr><td colspan="2">票据张数</td><td></td></tr>
<tr><td colspan="3">单位主管：　会计：　复核：　记账：</td></tr>
</table>

附表 23－13－1

增值税专用发票

记账联

开票日期：

购货单位	名称				纳税人登记号															
	地址、电话				开户银行及账号															
商品或劳务名	计量单位	数量	单价	金额								税率 %	税额							
				十	万	千	百	十	元	角	分		十	万	千	百	十	元	角	分
合计																				
价税合计(大写)																				
销货单位	名称				纳税人登记号															
	地址、电话				开户银行及账号															
备注																				

第四联记账联 购货方记账

销货单位(章)： (印) 收款人： 复核： 开票人：

附表 23－14－1

代销货品清单

采购单号：422006 供应商编号：17009 商品零售模式：□建议零售价☑确定零售价

甲方：宝丽公司				乙方：智慧电子股份有限公司			
联系人	汪光明	联系电话/邮箱	04515489710	联系人	刘佳统	联系电话/邮箱	6566660
商务助理	刘蓓	联系电话/邮箱		商务助理	张楠	联系电话/邮箱	
仓库人员	梁瞳	联系电话/邮箱		仓库人员	黄小圳	联系电话/邮箱	
财务主管	李英俊	联系电话/邮箱		财务主管	姜为民	联系电话/邮箱	
送货地址：南汇市西安区五星路 281 号				订单有限期：			

序号	商品货号/款号	条形码	商品中文名称	商品描述	类别	颜色	尺码/规格	数量	装箱数	供货价(采购成本)	吊牌价	折后价(销售价)	折扣比	毛利率	总金额	材质/成分	产地
1			A产品					2 000		240		280.80			561 600		中国

附表 23-14-2

增值税专用发票

记账联

开票日期：

购货单位	名称				纳税人登记号																	
	地址、电话				开户银行及账号																	
商品或劳务名		计量单位	数量	单价	金额								税率%	税额								
					十	万	千	百	十	元	角	分		十	万	千	百	十	元	角	分	
合计																						
价税合计(大写)																						
销货单位	名称				纳税人登记号																	
	地址、电话				开户银行及账号																	
备注																						

第四联记账联 购货方记账

销货单位(章)： (印) 收款人： 复核： 开票人：

附表 23-16-1

中国工商银行进账单(收款通知)

年 月 日 第 号

付款人	全称		收款人	全称											
	账号			账号											
	开户行			开户行											
人民币(大写)				亿	千	百	十	万	千	百	十	元	角	分	
票据种类															
票据张数															
单位主管： 会计： 复核： 记账：			收款人开户盖章												

实训二十四 提供劳务、让渡资产使用权、建造合同收入

一、实训目的

通过提供劳务、让渡资产使用权、建造合同收入的实训，使学生掌握提供劳务收入、让渡资产使用权收入、建造合同收入的会计处理，理解收入与成本的配比关系。

二、实训要求

1. 开设主营业务收入、主营业务成本、劳务成本、工程施工、工程结算等总账及相关明细账。

2.填制并审核原始凭证。

3.根据原始凭证填制记账凭证。

4.审核记账凭证,并根据原始凭证和记账凭证登记工程施工、工程结算总账及明细账。

三、实训组织

1.所需学时:4学时。

2.所需资料:原始凭证、记账凭证、总账、三栏式及多栏式明细账。

四、实训资料

(一)企业概况

企业名称:智慧电子股份有限公司

法人代表:王牧之

企业性质:股份有限公司

地址:南汇市江都区桂花路24号

开户银行:中国工商银行南汇市爱民支行

银行账号:3293290689224

税号:643329857321657

电话:6566660

邮编:150222

(二)核算方法

1.提供劳务收入、建造合同收入核算采用完工百分比法确认。

2.银行每半年结息一次。

(三)有关业务

智慧电子股份有限公司2013年发生以下有关收入的经济业务:

1.2013年1月1日,企业将一幢厂房出租给利伟有限责任公司,租期5年,每年租金60 000元,年末收取;收到押金100 000元,存入银行。(填进账单)

2.2013年6月30日,计算银行存款上半年利息24 800元。(填利息计算表)

3.2013年7月5日,收到银行存款利息24 800元。(见所附凭证)

4.2013年8月1日,企业与汇畅公司签订了建造房屋固定造价合同,合同总金额为8 000 000元,合同规定工期为2年,最初预计成本5 000 000元。

5.2013年9月1日,企业接受星空公司的一项设备安装任务,安装期为5个月,合同总收入2 000 000元,收到预付款1 200 000元。(填进账单)

6.2013年12月31日,计算本年度下半年银行存款利息32 000元。(填利息计算表)

7.2013年12月31日,汇畅公司建造合同实际发生成本1 500 000元,预计为完成合同尚需发生成本4 500 000元,开出账单结算工程价款为1 500 000元,实际收到1 300 000元。(填进账单)

8.2013年12月31日,星空公司的安装工程实际发生成本750 000元,估计还会发生成本250 000元,至年底已预收款项1 600 000元。(填转账支票、进账单)

9.2013年12月31日,收到本年度房屋租金60 000元。(见所附凭证)

10.2013年12月31日,按3%计算本年度应交营业税,按7%计算城建税,按3%计算教

育费附加。(填应交营业税计算表,应交城市维护建设税、教育费附加计算表)

附表 24-1-1

中国工商银行进账单(收款通知)

年 月 日 第 号

<table>
<tr><td rowspan="3">付
款
人</td><td>全 称</td><td></td><td rowspan="3">收
款
人</td><td>全 称</td><td colspan="11"></td></tr>
<tr><td>账 号</td><td></td><td>账 号</td><td colspan="11"></td></tr>
<tr><td>开户行</td><td></td><td>开户行</td><td colspan="11"></td></tr>
<tr><td rowspan="2">人民币
(大写)</td><td colspan="4" rowspan="2"></td><td>亿</td><td>千</td><td>百</td><td>十</td><td>万</td><td>千</td><td>百</td><td>十</td><td>元</td><td>角</td><td>分</td></tr>
<tr><td></td><td></td><td></td><td></td><td></td><td></td><td></td><td></td><td></td><td></td><td></td></tr>
<tr><td colspan="2">票据种类</td><td></td><td colspan="13" rowspan="3">收款人开户盖章</td></tr>
<tr><td colspan="2">票据张数</td><td></td></tr>
<tr><td colspan="3">单位主管: 会计: 复核: 记账:</td></tr>
</table>

附表 24-2-1

借款利息计算表

年 月 日

借款种类	借款额	月利率	本月利息	备注
合 计				

主管: 会计: 记账: 制单:

附表 24-3-1

中国工商银行利息计算凭证(收款通知)

2013 年 7 月 5 日

<table>
<tr><td colspan="9">户 名:智慧电子股份有限公司 账号:3293290689224</td><td rowspan="6">左列利息:你单位上述存款利息已收入你单位账户

(银行盖章)</td></tr>
<tr><td colspan="9">计息时间:2013 年 1 月 1 日—2013 年 6 月 30 日</td></tr>
<tr><td colspan="9">计息积数共计:¥24 800</td></tr>
<tr><td rowspan="2">存款利率: 月 共计 ‰</td><td>十</td><td>万</td><td>千</td><td>百</td><td>十</td><td>元</td><td>角</td><td>分</td></tr>
<tr><td></td><td>2</td><td>4</td><td>8</td><td>0</td><td>0</td><td>0</td><td>0</td></tr>
<tr><td>加收:</td><td colspan="8"></td></tr>
<tr><td>合 计</td><td>¥</td><td>2</td><td>4</td><td>8</td><td>0</td><td>0</td><td>0</td><td>0</td><td></td></tr>
</table>

附表 24-5-1

中国工商银行进账单(收款通知)

年 月 日 第 号

<table>
<tr><td rowspan="3">付
款
人</td><td>全 称</td><td></td><td rowspan="3">收
款
人</td><td>全 称</td><td colspan="11"></td></tr>
<tr><td>账 号</td><td></td><td>账 号</td><td colspan="11"></td></tr>
<tr><td>开户行</td><td></td><td>开户行</td><td colspan="11"></td></tr>
<tr><td rowspan="2">人民币
(大写)</td><td colspan="3" rowspan="2"></td><td>亿</td><td>千</td><td>百</td><td>十</td><td>万</td><td>千</td><td>百</td><td>十</td><td>元</td><td>角</td><td>分</td></tr>
<tr><td></td><td></td><td></td><td></td><td></td><td></td><td></td><td></td><td></td><td></td><td></td></tr>
<tr><td colspan="2">票据种类</td><td></td><td colspan="12" rowspan="3">收款人开户盖章</td></tr>
<tr><td colspan="2">票据张数</td><td></td></tr>
<tr><td colspan="3">单位主管: 会计: 复核: 记账:</td></tr>
</table>

附表 24-6-1

借款利息计算表

年 月 日

借款种类	借款额	月利率	本月利息	备注
合 计				

主管: 会计: 记账: 制单:

附表 24-7-1

中国工商银行进账单(收款通知)

年 月 日 第 号

<table>
<tr><td rowspan="3">付
款
人</td><td>全 称</td><td></td><td rowspan="3">收
款
人</td><td>全 称</td><td colspan="11"></td></tr>
<tr><td>账 号</td><td></td><td>账 号</td><td colspan="11"></td></tr>
<tr><td>开户行</td><td></td><td>开户行</td><td colspan="11"></td></tr>
<tr><td rowspan="2">人民币
(大写)</td><td colspan="3" rowspan="2"></td><td>亿</td><td>千</td><td>百</td><td>十</td><td>万</td><td>千</td><td>百</td><td>十</td><td>元</td><td>角</td><td>分</td></tr>
<tr><td></td><td></td><td></td><td></td><td></td><td></td><td></td><td></td><td></td><td></td><td></td></tr>
<tr><td colspan="2">票据种类</td><td></td><td colspan="12" rowspan="3">收款人开户盖章</td></tr>
<tr><td colspan="2">票据张数</td><td></td></tr>
<tr><td colspan="3">单位主管: 会计: 复核: 记账:</td></tr>
</table>

附表 24-8-1

中国工商银行转账支票存根
支票号码：
签发日期：
收款人：
金额：
用途：
备注：
单位主管：　　会计：

中国工商银行**转账支票**											支票号码：
签发日期(大写)：　　年　月　日											开户行名称：
收款人：											签发人账号：
人民币（大写）	千	百	十	万	千	百	十	元	角	分	
用途： 上列款项请从 我账户内支付 签发人盖章											复核 记账 验印

附表 24-8-2

中国工商银行进账单(收款通知)

年　月　日　　　　　　第　　号

付款人	全　称		收款人	全　称											
	账　号			账　号											
	开户行			开户行											
人民币（大写）				亿	千	百	十	万	千	百	十	元	角	分	
票据种类															
票据张数															
单位主管：　会计：　复核：　记账：				收款人开户盖章											

附表 24-9-1

中国工商银行进账单(收款通知)

2013年12月31日　　　　　　第3665号

付款人	全　称	利伟公司	收款人	全　称	智慧电子股份有限公司										
	账　号	3273290666335		账　号	329329068924										
	开户行	工行爱民支行		开户行	工行爱民支行										
人民币（大写）	陆万元整			亿	千	百	十	万	千	百	十	元	角	分	
							¥	6	0	0	0	0	0	0	
票据种类	转账支票														
票据张数	1张														
单位主管：　会计：　复核：　记账：				收款人开户盖章											

附表 24－10－1

应交营业税计算表

年　　月　　日

项　　目	应纳税营业额	税　　率	已缴营业税	应缴营业税
合　　计				

主管：　　　　　　　　审核：　　　　　　　　制单：

附表 24－10－2

应交城市维护建设税、教育费附加计算表

年　　月　　日

税　种	计税依据				税　　率	应纳税金额
	增值税	营业税	消费税	合计		
合　　计						

主管：　　　　　　　　审核：　　　　　　　　制单：

实训二十五　费　用

一、实训目的

通过对费用的实训，使学生掌握费用的确认、计量的核算，理解收入与费用互相之间的配比关系。

二、实训要求

1. 开设管理费用、财务费用、销售费用总账及相关明细账。

2. 填制并审核原始凭证。

3. 根据原始凭证填制记账凭证。

4. 审核记账凭证，并根据原始凭证和记账凭证登记管理费用、财务费用、销售费用总账及相关明细账。

三、实训组织

1. 所需学时：2 学时。

2. 所需资料：原始凭证、记账凭证、总账、多栏式明细账。

四、实训资料

(一)企业概况

企业名称:智慧电子股份有限公司

法人代表:王牧之

企业性质:股份有限公司

地址:南汇市江都区桂花路24号

开户银行:中国工商银行南汇市爱民支行

银行账号:3293290689224

税号:643329857321657

电话:6566660

邮编:150222

(二)有关业务

智慧电子股份有限公司2013年10月份发生以下有费用的经济业务:

1.2013年10月5日,用银行存款支付产品的展览费10 000元。(见所附凭证,填费用报销单)

2.2013年10月7日,企业为销售产品用现金支付装卸费600元。(见所附凭证,填费用报销单)

3.2013年10月8日,企业行政部购买办公用品4 000元,用转账支票付讫。(见所附凭证,填转账支票、费用报销单)

4.2013年10月10日,计提短期借款利息1 200元。(填利息计算表)

5.2013年10月11日,用银行存款支付业务招待费2 500元。(见所附凭证,填费用报销单)

6.2013年10月13日,用现金支付专设销售部发生办公费800元,发生折旧费1 700元,应付销售人员工资24 000元。(填费用报销单)

7.2013年10月16日,用银行存款支付银行手续费150元。(见所附凭证)

8.2013年10月18日,用银行存款支付审计费6 000元。(见所附凭证,填转账支票、费用报销单)

9.2013年10月21日,收到银行通知,银行存款利息8 124.50元已入账。(见所附凭证)

10.2013年10月24日,企业向税务局支付滞纳金、罚款12 000元。(见所附凭证,填转账支票、费用报销单)

11.2013年10月25日,用银行存款支付管理部门的电费2 200元。(见所附凭证,填转账支票、费用报销单)

12.2013年10月27日,支付产品的保险费4 500元。(见所附凭证,填转账支票、费用报销单)

13.2013年10月28日,按销售人员的工资的14%计提职工福利费。(填计提表)

14.2013年10月29日,用银行存款支付诉讼费6 500元。(见所附凭证,填转账支票、费用报销单)

15.2013年10月30日,用银行存款支付销售部的水费2 000元。(见所附凭证,填转账支票、费用报销单)

附表 25-1-1

服务业专用发票

客户名称:智慧电子股份有限公司　　2013年10月5日

项目	单位	数量	单价	金额
展览费				10 000.00
合计金额(大写)壹万元整				

单位(盖章)　　开票人:黄虹菲

附表 25-1-2

费用报销单

年　月　日

			金额									备注
单位:			百	十	万	千	百	十	元	角	分	
用途:												
人民币(大写)												
单位领导	财务负责人	部门负责人	报销人									

附表 25-2-1

服务业专用发票

客户名称:智慧电子股份有限公司　　2013年10月7日

项目	单位	数量	单价	金额
装卸费				600.00
合计金额(大写)陆佰元整				

单位(盖章)　　开票人:刘姗姗

附表 25-2-2

费用报销单

年　月　日

			金额									备注
单位:			百	十	万	千	百	十	元	角	分	
用途:												
人民币(大写)												
单位领导	财务负责人	部门负责人	报销人									

附表 25-3-1

商品零售发票

购货单位：智慧电子股份有限公司　　　　2013 年 10 月 8 日

货号	品名规格	单位	数量	单价	金额									备注
					百	十	万	千	百	十	元	角	分	
办公用品	打印纸	包	40	100				4	0	0	0	0	0	
合　计：人民币(大写)肆仟元整							¥	4	0	0	0	0	0	

复核：　　　　　　收款：李丽　　　　　　开票：何言

附表 25-3-2

中国工商银行转账支票存根

支票号码：

签发日期：

收款人：
金额：
用途：
备注：

单位主管：　　会计：

中国工商银行**转账支票**　　　　支票号码：

签发日期(大写)：　　　年　月　日　　　开户行名称：

收款人：　　　　　　　　签发人账号：

人民币（大写）	千	百	十	万	千	百	十	元	角	分

用途：________

上列款项请从　　　　　　复核

我账户内支付　　　　　　记账

签发人盖章　　　　　　　验印

附表 25-3-3

费用报销单

年　月　日

单位：				金额									备注
				百	十	万	千	百	十	元	角	分	
用途：													
人民币(大写)													
单位领导	财务负责人	部门负责人	报销人										

附表 25-4-1

借款利息计算表

年　月　日

借款种类	借款额	月利率	本月利息	备注
合　计				

主管：　　　　会计：　　　　记账：　　　　制单：

附表 25－5－1

服务业专用发票

客户名称：智慧电子股份有限公司 2013 年 10 月 11 日

项目	单位	数量	单价	金额
业务招待费				2 500.00
合计金额(大写)贰万伍仟元整				

单位(盖章) 开票人：李江中

附表 25－5－2

费用报销单

年 月 日

单位：			金额									备注
			百	十	万	千	百	十	元	角	分	
用途：												
人民币(大写)												
单位领导	财务负责人	部门负责人										
			报销人									

附表 25－6－1

费用报销单

年 月 日

单位：			金额									备注
			百	十	万	千	百	十	元	角	分	
用途：												
人民币(大写)												
单位领导	财务负责人	部门负责人	报销人									

附表 25－7－1

中国工商银行收费(转账)凭证

2013 年 10 月 16 日

交费单位：智慧电子股份有限公司			账号：3293290689224						
种类	份数	单价	金额						备注
			千	百	十	元	角	分	
手续费	1	150.00		1	5	0	0	0	
人民币(大写)	壹佰伍拾元整		¥	1	5	0	0	0	

附表 25－8－1

行政事业性收费票据

缴费单位：智慧电子股份有限公司　　2013 年 10 月 18 日

收费项目	收费依据	收费标准及数量	金额								
			百	十	万	千	百	十	元	角	分
审计费						6	0	0	0	0	0
合　计：人民币(大写)陆仟元整					¥	6	0	0	0	0	0
备注：			收款单位：南汇市审计局 收款人：张国珍								

第二联　收据

附表 25－8－2

中国工商银行转账支票存根

支票号码：

签发日期：

收款人：
金额：
用途：
备注：

单位主管：　　会计：

中国工商银行转账支票　　支票号码：

签发日期(大写)：　　年　月　日　　开户行名称：

收款人：　　签发人账号：

人民币 (大写)	千	百	十	万	千	百	十	元	角	分

用途：________

上列款项请从　　复核

我账户内支付　　记账

签发人盖章　　验印

附表 25－8－3

费用报销单

年　月　日

单位：				金额									备注
				百	十	万	千	百	十	元	角	分	
用途：													
人民币(大写)													
单位领导	财务负责人	部门负责人	报销人										

附表 25－9－1

中国工商银行利息计算凭证(收款通知)

2013 年 10 月 21 日

户　名：智慧电子股份有限公司									账号：3293290689224
计息时间：2013 年 8 月 20 日—2013 年 10 月 20 日									左列利息：你单位上述存款利息已收入你单位账户 (银行盖章)
计息积数共计：¥8 124.50									
存款利率：　月　　共计　‰	十	万	千	百	十	元	角	分	
			8	1	2	4	5	0	
加收：									
合　　计		¥	8	1	2	4	5	0	

附表 25－10－1

行政事业性收费票据

缴费单位：智慧电子股份有限公司　　　　2013 年 10 月 18 日

收费项目	收费依据	收费标准及数量	金额 百	十	万	千	百	十	元	角	分
滞纳金、罚款					1	2	0	0	0	0	0
合　计：人民币（大写）壹万贰仟元整				¥	1	2	0	0	0	0	0
备注：			收款单位：南汇市环保局 收款人：王红								

第二联　收据

附表 25－10－2

中国工商银行转账支票存根

支票号码：

签发日期：

收款人：
金额：
用途：
备注：

单位主管：　　会计：

中国工商银行转账支票　　　　支票号码：

签发日期（大写）：　　年　　月　　日　　　　开户行名称：

收款人：　　　　　　　　　　　　签发人账号：

人民币（大写）	千	百	十	万	千	百	十	元	角	分

用途：________

上列款项请从　　　　　　　　复核

我账户内支付　　　　　　　　记账

签发人盖章　　　　　　　　　验印

附表 25－10－3

费用报销单

年　　月　　日

单位：			金额 百	十	万	千	百	十	元	角	分	备注
用途：												
人民币（大写）												
单位领导	财务负责人	部门负责人										
			报销人									

附表 25－11－1

南汇市电业局电费专业票据

2013 年 10 月 25 日

注　册　号	DYJ23169874566		
税　　号	643329857321657	电　话	6566660
户　　名	智慧电子股份有限公司		
地　　址	南汇市江都区桂花路 24 号		
用　电　量	5 000 度		
电　　费	2 200.00		
附　加　费			
合　　计	（大写）贰仟贰佰元整　　¥2 200.00		

附表 25-11-2

中国工商银行转账支票存根
支票号码：
签发日期：

收款人：
金额：
用途：
备注：

单位主管： 会计：

<table>
<tr><td colspan="11">中国工商银行转账支票　　　　支票号码：
签发日期(大写)：　　年　月　日　　开户行名称：
收款人：　　　　　　签发人账号：</td></tr>
<tr><td rowspan="2">人民币
(大写)</td><td>千</td><td>百</td><td>十</td><td>万</td><td>千</td><td>百</td><td>十</td><td>元</td><td>角</td><td>分</td></tr>
<tr><td></td><td></td><td></td><td></td><td></td><td></td><td></td><td></td><td></td><td></td></tr>
<tr><td colspan="11">用途：________
上列款项请从　　　　复核
我账户内支付　　　　记账
签发人盖章　　　　　验印</td></tr>
</table>

附表 25-11-3

费用报销单

年　月　日

<table>
<tr><td colspan="3" rowspan="2">单位：</td><td colspan="9">金　额</td><td rowspan="2">备注</td></tr>
<tr><td>百</td><td>十</td><td>万</td><td>千</td><td>百</td><td>十</td><td>元</td><td>角</td><td>分</td></tr>
<tr><td colspan="3">用途：</td><td></td><td></td><td></td><td></td><td></td><td></td><td></td><td></td><td></td><td rowspan="5"></td></tr>
<tr><td colspan="3">人民币(大写)</td><td></td><td></td><td></td><td></td><td></td><td></td><td></td><td></td><td></td></tr>
<tr><td>单位领导</td><td>财务负责人</td><td>部门负责人</td><td></td><td></td><td></td><td></td><td></td><td></td><td></td><td></td><td></td></tr>
<tr><td></td><td></td><td></td><td colspan="9">报销人</td></tr>
</table>

附表 25-12-1

中保财产保险公司保险费用收据

2013 年 10 月 27 日

<table>
<tr><td rowspan="2">户名</td><td rowspan="2">保险类别</td><td rowspan="2">保险金额</td><td rowspan="2">保险期</td><td colspan="9">保险费</td><td rowspan="2"></td></tr>
<tr><td>百</td><td>十</td><td>万</td><td>千</td><td>百</td><td>十</td><td>元</td><td>角</td><td>分</td></tr>
<tr><td>智慧电子股份有限公司</td><td>财产保险</td><td></td><td>14 年第一季</td><td></td><td></td><td></td><td>4</td><td>5</td><td>0</td><td>0</td><td>0</td><td>0</td><td></td></tr>
<tr><td></td><td></td><td></td><td></td><td></td><td></td><td></td><td></td><td></td><td></td><td></td><td></td><td></td><td></td></tr>
<tr><td></td><td></td><td></td><td></td><td></td><td></td><td></td><td></td><td></td><td></td><td></td><td></td><td></td><td></td></tr>
<tr><td colspan="4">合　计：人民币(大写)肆仟伍佰元整</td><td></td><td></td><td>¥</td><td>4</td><td>5</td><td>0</td><td>0</td><td>0</td><td>0</td><td></td></tr>
</table>

附表 25-12-2

中国工商银行转账支票存根
支票号码：
签发日期：

收款人：
金额：
用途：
备注：

单位主管： 会计：

<table>
<tr><td colspan="11">中国工商银行转账支票　　　　支票号码：
签发日期(大写)：　　年　月　日　　开户行名称：
收款人：　　　　　　签发人账号：</td></tr>
<tr><td rowspan="2">人民币
(大写)</td><td>千</td><td>百</td><td>十</td><td>万</td><td>千</td><td>百</td><td>十</td><td>元</td><td>角</td><td>分</td></tr>
<tr><td></td><td></td><td></td><td></td><td></td><td></td><td></td><td></td><td></td><td></td></tr>
<tr><td colspan="11">用途：________
上列款项请从　　　　复核
我账户内支付　　　　记账
签发人盖章　　　　　验印</td></tr>
</table>

附表 25－12－3

费用报销单

年　月　日

单位：				金额									备注
				百	十	万	千	百	十	元	角	分	
用途：													
人民币(大写)													
单位领导	财务负责人	部门负责人	报销人										

附表 25－13－1

职工福利费计提表

年　月　日

部　门	职工工资	提取率	计提职工福利费
合　计			

主管：　　　　审核：　　　　制单：

附表 25－14－1

行政事业性收费票据

缴费单位：智慧电子股份有限公司　　2013 年 10 月 29 日

收费项目	收费依据	收费标准及数量	百	十	万	千	百	十	元	角	分
诉讼费						6	5	0	0	0	0
合　计：人民币(大写)陆仟伍佰元整					¥	6	5	0	0	0	0
备注：			收款单位：南汇市检察院 收款人：王丽娟								

第二联　收据

附表 25－14－2

中国工商银行转账支票存根

支票号码：

签发日期：

收款人：
金额：
用途：
备注：

单位主管：　　会计：

中国工商银行转账支票　　支票号码：

签发日期(大写)：　　年　月　日　　开户行名称：

收款人：　　签发人账号：

人民币(大写)	千	百	十	万	千	百	十	元	角	分

用途：________

上列款项请从　　复核

我账户内支付　　记账

签发人盖章　　验印

附表 25-14-3

费用报销单

年　月　日

<table>
<tr><td colspan="3" rowspan="2">单位：</td><td colspan="9">金　额</td><td rowspan="2">备注</td></tr>
<tr><td>百</td><td>十</td><td>万</td><td>千</td><td>百</td><td>十</td><td>元</td><td>角</td><td>分</td></tr>
<tr><td colspan="3">用途：</td><td></td><td></td><td></td><td></td><td></td><td></td><td></td><td></td><td></td><td rowspan="4"></td></tr>
<tr><td colspan="3">人民币(大写)</td><td></td><td></td><td></td><td></td><td></td><td></td><td></td><td></td><td></td></tr>
<tr><td>单位领导</td><td>财务负责人</td><td>部门负责人</td><td colspan="9">报销人</td></tr>
<tr><td></td><td></td><td></td><td colspan="9"></td></tr>
</table>

附表 25-15-1

自来水公司水费收据

托收号:25789　　2013 年 10 月 30 日

注　册　号			
税　　　号	643329857321657	电话	6566660
户　　　名	智慧电子股份有限公司		
地　　　址	南汇市江都区桂花路 24 号		
指　　　数		水　量	4 000 吨
水　　　费	2 000.00	附加费	
合计(大写)	贰仟元整		

附表 25-15-2

中国工商银行转账支票存根

支票号码：

签发日期：

收款人：
金额：
用途：
备注：

单位主管：　　会计：

中国工商银行**转账支票**　　支票号码：

签发日期(大写)：　　年　月　日　　开户行名称：

收款人：　　签发人账号：

人民币(大写)	千	百	十	万	千	百	十	元	角	分

用途：________

上列款项请从　　复核

我账户内支付　　记账

签发人盖章　　验印

附表 25-15-3

费用报销单

年　月　日

<table>
<tr><td colspan="3" rowspan="2">单位：</td><td colspan="9">金　额</td><td rowspan="2">备注</td></tr>
<tr><td>百</td><td>十</td><td>万</td><td>千</td><td>百</td><td>十</td><td>元</td><td>角</td><td>分</td></tr>
<tr><td colspan="3">用途：</td><td></td><td></td><td></td><td></td><td></td><td></td><td></td><td></td><td></td><td rowspan="4"></td></tr>
<tr><td colspan="3">人民币(大写)</td><td></td><td></td><td></td><td></td><td></td><td></td><td></td><td></td><td></td></tr>
<tr><td>单位领导</td><td>财务负责人</td><td>部门负责人</td><td colspan="9">报销人</td></tr>
<tr><td></td><td></td><td></td><td colspan="9"></td></tr>
</table>

实训二十六　利　润

一、实训目的

通过利润的实训，使学生熟悉利润的构成及其计算，掌握本年利润的结转及利润分配的核算。

二、实训要求

1. 开设各项有关总账及明细分类账。
2. 填制并审核原始凭证。
3. 根据原始凭证填制记账凭证。
4. 审核记账凭证，并根据原始凭证和记账凭证登记各项总账及明细分类账。

三、实训组织

1. 所需学时：6 学时。
2. 所需资料：原始凭证、记账凭证、总账、三栏式明细分类账、多栏式明细分类账。

四、实训资料

(一)企业概况

企业名称：智慧电子股份有限公司

法人代表：王牧之

企业性质：股份有限公司

地址：南汇市江都区桂花路 24 号

开户银行：中国工商银行南汇市爱民支行

银行账号：3293290689224

税号：643329857321657

电话：6566660

邮编：150222

(二)核算方法

1. 企业为增值税一般纳税人，增值税率为 17%；消费税率为 10%；营业税率为 5%；所得税率为 25%；城市维护建设税为 7%；教育费附加为 3%。

2. 产品销售成本逐笔结转。

(三)有关业务

智慧电子股份有限公司 2013 年 12 月发生以下有关利润的经济业务：

1. 2013 年 12 月 1 日，企业销售 A 产品 8 000 件，每件售价 30 元，计 240 000 元，单位成本 15 元，增值税 40 800 元，该产品属应税消费品，消费税率为 10%，产品已发出，货款也已收到。(填增值税专用发票、应交消费税计算表、产品出库单)

2. 2013 年 12 月 2 日，企业由于排污不当被环保局罚款 35 000 元，用银行存款支付。(见所附凭证，填转账支票)

3. 2013 年 12 月 4 日，企业收到交易性金融资产——股票 A 分配的股利 60 000 元，存入银行。(填进账单)

4. 2013 年 12 月 7 日，企业接受快利得公司捐赠材料甲 2 500 千克，每千克 20 元，计 50 000元，提供的增值税专用发票上注明的增值税为 8 500 元，材料已入库。(见所附凭证，填

入库单）

5.2013 年 12 月 10 日，企业的运输队为林佳公司运送货物取得收入 80 000，同时发生运输成本（进行修理、修配）45 000 元。（见所附凭证，填应交营业税计算表、进账单）

6.2013 年 12 月 15 日，企业出售可供出售的金融资产债券取得收入 60 000 元，债券成本 55 000 元。（填进账单）

7.2013 年 12 月 18 日，收到忠利公司交来的违反合同的违约金 5 000 元支票，存入银行。（填进账单）

8.2013 年 12 月 19 日，用现金支付销售部办公费 1 800 元。（填费用报销单）

9.2013 年 12 月 21 日，财务部用现金购入账簿 3 本，每本 8 元，每本支付了 5%的印花税。（见所附凭证，填费用报销单）

10.2013 年 12 月 25 日，支付长期借款利息 40 000 元（事先没有预提）。（见所附凭证）

11.2013 年 12 月 27 日，出售一台管理设备取得收入 30 000 元，该设备原值为 50 000 元，已提折旧 15 000 元，支付清理费用 600 元，营业税率为 5%，款项以银行存款收付。（填固定资产清理计算表、转账支票、进账单、应交营业税计算表）

12.2013 年 12 月 31 日，按应交增值税、应交消费税及应交营业税的 7%计算城市维护建设税，按 3%计算教育费附加。（填应交城市维护建设税、教育费附加计算表）

13.2013 年 12 月 31 日，将损益类账户的余额转入“本年利润”账户。

14.2013 年 12 月 31 日，按 25%计算应交所得税。（填所得税计算表）

15.2013 年 12 月 31 日，将“本年利润”账户的余额转入“利润分配”。

16.2013 年 12 月 31 日，按税后利润的 10%计提法定盈余公积，按 5%计提任意盈余公积。（填提取盈余公积计算表）

17.2013 年 12 月 31 日，按税后利润的 40%向投资者分配股利。（填应付股利分配计算表）

18.2013 年 12 月 31 日，结转未分配利润。

附表 26－1－1

增值税专用发票

记账联

开票日期：

购货单位	名称			纳税人登记号																
购货单位	地址、电话			开户银行及账号																
商品或劳务名	计量单位	数量	单价	金额								税率	税额							
				十	万	千	百	十	元	角	分	%	十	万	千	百	十	元	角	分
合计																				
价税合计（大写）																				
销货单位	名称			纳税人登记号																
销货单位	地址、电话			开户银行及账号																
备注																				

第四联 记账联 销货方记账

销货单位（章）：（印）　　收款人：　　复核：　　开票人：

附表 26－1－2

应交消费税计算表

年 月 日

项 目	应纳税消费额	税 率	已缴消费税	应缴消费税
合 计				

主管： 审核： 制单：

附表 26－1－3

产品出库单

用途： 年 月 日 编号：

产品名称	规格型号	计量单位	出库数量	单位成本	总成本	备注

财务： 仓库主管： 仓库经手人： 制单：

附表 26－2－1

行政事业性收费票据

缴费单位：智慧电子股份有限公司 2013 年 12 月 2 日

收费项目	收费依据	收费标准及数量	金额 百	十	万	千	百	十	元	角	分
罚款					3	5	0	0	0	0	0
合 计：人民币（大写）叁万伍仟元整				¥	3	5	0	0	0	0	0
备注：			收款单位：南汇市环保局 收款人：王红								

第二联 收据

附表 26－2－2

中国工商银行转账支票存根

支票号码：

签发日期：

收款人：
金额：
用途：
备注：

单位主管： 会计：

中国工商银行转账支票 支票号码：

签发日期（大写）： 年 月 日 开户行名称：

收款人： 签发人账号：

人民币（大写）	千	百	十	万	千	百	十	元	角	分

用途：

上列款项请从 复核

我账户内支付 记账

签发人盖章 验印

附表 26－3－1

中国工商银行进账单(收款通知)

年 月 日　　　　　　　　第　　号

付款人	全称		收款人	全称											
	账号			账号											
	开户行			开户行											
人民币(大写)				亿	千	百	十	万	千	百	十	元	角	分	
票据种类															
票据张数															
单位主管： 会计： 复核： 记账：			收款人开户盖章												

附表 26－4－1

入库单

年 月 日　　　　发票号码:NO

材料编号	材料名称及规格	计量单位	数量		价格		运杂费	合计
			应收	实收	单价	金额		
合计								

仓库负责人：　　材料会计：　　收料人：　　经办人：　　制单：

附表 26－5－1

公路运输货车统一发票

NO　045615

托运单位:林佳公司　　　　运输日期:2013 年 12 月 10 日

货物名称	起讫地址		公里	重量	计量单位	单价	运输金额
	起点	终点					
TYN 产品	广州	南汇		200	吨公里	400	80 000.00
运费合计(大写)捌万元元整							

车号：　　　　收款单位:(盖章有效)　　　　收款人:张安洁

地址：

附表 26－5－2

工业商业修理修配发票

发票联

委托单位:智慧电子股份有限公司

地址:南汇市江都区桂花路 24 号　　　　2013 年 12 月 10 日　　　　NO　0002444

项目	说明	单位	数量	单价	金额 百	十	万	千	百	十	元	角	分	备注
修理费							4	5	0	0	0	0	0	
合计:人民币(大写)肆万伍仟元整						¥	4	5	0	0	0	0	0	

复核:白丽昆　　　　收款:李建山　　　　开票:刘庆利

附表 26－5－3

应交营业税计算表

年　月　日

项　　目	应纳税营业额	税　　率	已缴营业税	应缴营业税
合　　计				

主管：　　　　审核：　　　　制单：

附表 26－5－4

中国工商银行进账单(收款通知)

年　月　日　　　　第　　号

<table>
<tr><td rowspan="3">付款人</td><td>全　称</td><td colspan="2"></td><td rowspan="3">收款人</td><td>全　称</td><td colspan="11"></td></tr>
<tr><td>账　号</td><td colspan="2"></td><td>账　号</td><td colspan="11"></td></tr>
<tr><td>开户行</td><td colspan="2"></td><td>开户行</td><td colspan="11"></td></tr>
<tr><td rowspan="2">人民币
(大写)</td><td colspan="5" rowspan="2"></td><td>亿</td><td>千</td><td>百</td><td>十</td><td>万</td><td>千</td><td>百</td><td>十</td><td>元</td><td>角</td><td>分</td></tr>
<tr><td></td><td></td><td></td><td></td><td></td><td></td><td></td><td></td><td></td><td></td><td></td></tr>
<tr><td colspan="2">票据种类</td><td></td><td colspan="14" rowspan="3">收款人开户盖章</td></tr>
<tr><td colspan="2">票据张数</td><td></td></tr>
<tr><td colspan="3">单位主管：　会计：　复核：　记账：</td></tr>
</table>

附表 26－6－1

中国工商银行进账单(收款通知)

年　月　日　　　　第　　号

<table>
<tr><td rowspan="3">付款人</td><td>全　称</td><td colspan="2"></td><td rowspan="3">收款人</td><td>全　称</td><td colspan="11"></td></tr>
<tr><td>账　号</td><td colspan="2"></td><td>账　号</td><td colspan="11"></td></tr>
<tr><td>开户行</td><td colspan="2"></td><td>开户行</td><td colspan="11"></td></tr>
<tr><td rowspan="2">人民币
(大写)</td><td colspan="5" rowspan="2"></td><td>亿</td><td>千</td><td>百</td><td>十</td><td>万</td><td>千</td><td>百</td><td>十</td><td>元</td><td>角</td><td>分</td></tr>
<tr><td></td><td></td><td></td><td></td><td></td><td></td><td></td><td></td><td></td><td></td><td></td></tr>
<tr><td colspan="2">票据种类</td><td></td><td colspan="14" rowspan="3">收款人开户盖章</td></tr>
<tr><td colspan="2">票据张数</td><td></td></tr>
<tr><td colspan="3">单位主管：　会计：　复核：　记账：</td></tr>
</table>

附表 26－7－1

中国工商银行进账单(收款通知)

年　月　日　　　　第　　号

<table>
<tr><td rowspan="3">付款人</td><td>全　称</td><td colspan="2"></td><td rowspan="3">收款人</td><td>全　称</td><td colspan="11"></td></tr>
<tr><td>账　号</td><td colspan="2"></td><td>账　号</td><td colspan="11"></td></tr>
<tr><td>开户行</td><td colspan="2"></td><td>开户行</td><td colspan="11"></td></tr>
<tr><td rowspan="2">人民币
(大写)</td><td colspan="5" rowspan="2"></td><td>亿</td><td>千</td><td>百</td><td>十</td><td>万</td><td>千</td><td>百</td><td>十</td><td>元</td><td>角</td><td>分</td></tr>
<tr><td></td><td></td><td></td><td></td><td></td><td></td><td></td><td></td><td></td><td></td><td></td></tr>
<tr><td colspan="2">票据种类</td><td></td><td colspan="14" rowspan="3">收款人开户盖章</td></tr>
<tr><td colspan="2">票据张数</td><td></td></tr>
<tr><td colspan="3">单位主管：　会计：　复核：　记账：</td></tr>
</table>

附表 26-8-1

费用报销单

年 月 日

单位：	金额									备注
	百	十	万	千	百	十	元	角	分	
用途：										
人民币(大写)										

单位领导	财务负责人	部门负责人	报销人

附表 26-9-1

行政事业性收费票据

缴费单位：智慧电子股份有限公司 2013 年 12 月 2 日

收费项目	收费依据	收费标准及数量	金额								
			百	十	万	千	百	十	元	角	分
账册								2	5	2	0
合 计：人民币(大写)贰拾伍元贰角整							¥	2	5	2	0
备注：			收款单位：南汇市财政局 收款人：吴君								

第二联 收据

附表 26-9-2

费用报销单

年 月 日

单位：	金额									备注
	百	十	万	千	百	十	元	角	分	
用途：										
人民币(大写)										

单位领导	财务负责人	部门负责人	报销人

附表 26－10－1

中国工商银行计收利息清单(支款通知)

户名	智慧电子股份有限公司				账号	3293290689224
计息起止时间	2013 年 7 月 1 日—2013 年 12 月 31 日				左列贷款利息业已从你单位账户扣付，逾期罚息 30%	
贷款种类	贷款账号	计算日贷款余额	计息积数	利　率	利息金额	
					40 000.00	

利息金额 人民币　　肆万元整 (大写)	十	万	仟	十	佰	元	角	分	转账日期 2013 年 12 月 25 日
	¥	4	0	0	0	0	0	0	

2013 年 12 月 25 日

附表 26－11－1

固定资产清理计算表

年　月　日

清理项目		清理原因	
固定资产清理借方发生额		固定资产清理贷方发生额	
清理支出内容	金　额	清理收入内容	金　额
固定资产净值		出售收入	
营业税		固定资产报废残值	
借方合计		贷方合计	
固定资产清理 净收益/净损失	金额(人民币)		

复核：　　　　制表：

附表 26－11－2

中国工商银行转账支票存根

支票号码：

签发日期：

收款人：
金额：
用途：
备注：

单位主管：　　会计：

中国工商银行**转账支票**　　　　支票号码：

签发日期(大写)：　　年　月　日　　　　开户行名称：

收款人：　　　　签发人账号：

人民币 (大写)	千	百	十	万	千	百	十	元	角	分

用途：

上列款项请从　　　　复核

我账户内支付　　　　记账

签发人盖章　　　　验印

附表 26－11－3

中国工商银行进账单(收款通知)

年 月 日 第 号

付款人	全 称		收款人	全 称										
	账 号			账 号										
	开户行			开户行										
人民币(大写)				亿	千	百	十	万	千	百	十	元	角	分
票据种类			收款人开户盖章											
票据张数														
单位主管： 会计： 复核： 记账：														

附表 26－11－4

应交营业税计算表

年 月 日

项 目	应纳税营业额	税 率	已缴营业税	应缴营业税
合 计				

主管： 审核： 制单：

附表 26－12－1

应交城市维护建设税、教育费附加计算表

年 月 日

税 种	计 税 依 据				税 率	应纳税金额
	增值税	营业税	消费税	合计		
合 计						

主管： 审核： 制单：

附表 26－14－1

所得税计算表

年 月 日 单位:元

会计利润	纳税调整增减额	应纳税所得额	税率(%)	所得税额

财务主管： 复核： 制表：

附表 26-16-1

提取盈余公积计算表

年 月 日

项 目	金 额
净利润	
减:弥补企业以前年度亏损	
计提盈余公积基数	
本期计提法定盈余公积金	
本期计提任意盈余公积金	

财务主管: 复核: 制表:

附表 26-17-1

应付股利分配表

年 月 日

项 目	分配股利基数	分配比例	分配金额

财务主管: 复核: 制表:

实训二十七 所得税

一、实训目的

通过所得税的实训,使学生掌握永久性差异、应纳税暂时性差异、可抵扣暂时性差异的产生及递延所得税负债、递延所得税资产的确认,并进一步掌握应纳税所得额的计算、应交所得税和所得税费用的会计处理。

二、实训要求

1. 开设各项所得税费用、应交税费、递延所得税资产、递延所得税负债总账及应交税费明细账。

2. 填制并审核原始凭证。

3. 计算应纳税所得额、应交所得税、递延所得税、所得税费用,并结转净利润。

4. 根据计算结果及原始凭证填制记账凭证。

5. 审核记账凭证,并根据原始凭证和记账凭证登记各项所得税费用、应交税费、递延所得税资产、递延所得税负债总账及应交税费明细账。

三、实训组织

1. 所需学时:2 学时。

2. 所需资料:原始凭证、记账凭证、总账、三栏式明细账、多栏式明细账。

四、实训资料

(一)企业概况

企业名称:智慧电子股份有限公司

法人代表:王牧之

企业性质:股份有限公司

地址:南汇市江都区桂花路 24 号

开户银行:中国工商银行南汇市爱民支行

银行账号:3293290689224

税号:643329857321657

电话:6566660

邮编:150222

(二)期初资料

1. 2013 年 12 月 31 日,企业年度利润表中的利润总额为 2 000 万元,适用所得税率为 25%。

2. 企业递延所得税资产年初数 1.4 万元,递延所得税负债年初数为 0.25 万元。

(三)核算方法

所得税的核算采用资产负债表债务法。

(四)有关业务

智慧电子股份有限公司 2013—2014 年发生以下有关所得税的经济业务:

1. 2013 年发生的有关交易和事项中,会计处理与税收处理存在的差异有以下几方面:

(1)取得了国债利息收入 9 万元;

(2)2012 年 12 月购入的一台生产用设备,原值为 120 万元,会计处理按直线法计提折旧,年限为 6 年,税收处理也按直线法计提折旧,折旧年限为 5 年,会计处理与税收处理净残值同样为零;

(3)计提坏账准备 2.8 万元;

(4)预计产品保修费用 76 万元;

(5)支付了税收滞纳金 6 万元。(填所得税计算表)

2. 2014 年 1 月 20 日,用银行存款支付 2013 年度所得税。(填税收缴款书、转账支票)

附表 27-1-1

所得税计算表

年　月　日　　　　单位:元

会计利润	纳税调整增减额	应纳税所得额	税率(%)	所得税额

财务主管:　　　　复核:　　　　制表:

附表 27-2-1

中华人民共和国税收缴款书

隶属关系：　　　　　　　　　　　　　　　　　　征收机关：

经济类型：　　　　　　填发日期：

<table>
<tr><td rowspan="4">缴款单位人</td><td>代码</td><td colspan="2"></td><td rowspan="3">预算科目</td><td>款</td><td colspan="2"></td></tr>
<tr><td>全称</td><td colspan="2"></td><td>项</td><td colspan="2"></td></tr>
<tr><td>开户银行</td><td colspan="2"></td><td>级次</td><td colspan="2"></td></tr>
<tr><td>账号</td><td colspan="2"></td><td colspan="2">收缴国库</td><td colspan="2"></td></tr>
<tr><td colspan="4">税款所属时间</td><td colspan="4">税款限缴日期</td></tr>
<tr><td colspan="2">品　目
名　称</td><td>课税数量</td><td>计税金额
或销售收入</td><td>税率或
单位税额</td><td>已缴或
扣除额</td><td colspan="2">实缴金额</td></tr>
<tr><td colspan="2"></td><td></td><td></td><td></td><td></td><td colspan="2"></td></tr>
<tr><td colspan="2">金额合计</td><td colspan="2"></td><td colspan="2"></td><td colspan="2"></td></tr>
<tr><td colspan="2">缴款单位(人)
(盖章)
经办人(章)</td><td>税务机关
(盖章)
填票人(章)</td><td colspan="3">上列款项已收妥并划转收款单位账户
国库(银行)盖章
年　月　日</td><td colspan="2">备注：</td></tr>
</table>

逾期不缴按税法规定加收滞纳

附表 27-2-2

中国工商银行转账支票存根

支票号码：

签发日期：

收款人：
金额：
用途：
备注：

单位主管：　　会计：

<table>
<tr><td colspan="11">中国工商银行转账支票　　　　　　支票号码：
签发日期(大写)：　年　月　日　　　开户行名称：
收款人：　　　　　　　　　　　　签发人账号：</td></tr>
<tr><td rowspan="2">人民币
(大写)</td><td>千</td><td>百</td><td>十</td><td>万</td><td>千</td><td>百</td><td>十</td><td>元</td><td>角</td><td>分</td></tr>
<tr><td></td><td></td><td></td><td></td><td></td><td></td><td></td><td></td><td></td><td></td></tr>
<tr><td colspan="11">用途：
上列款项请从　　　　　　复核
我账户内支付　　　　　　记账
签发人盖章　　　　　　　验印</td></tr>
</table>

实训二十八　财务报告

一、实训目的

通过财务报告的实训，使学生掌握资产负债表、利润表及现金流量表的结构及编制方法。

二、实训要求

1. 开设各项总账及相关明细分类账。
2. 填制并审核原始凭证。
3. 根据原始凭证填制记账凭证。

4. 审核记账凭证，并根据原始凭证和记账凭证登记各项总账及相关明细分类账。

5. 编制资产负债表。

6. 编制利润表。

7. 编制现金流量表。

三、实训组织

1. 所需学时：12 学时。

2. 所需资料：原始凭证、记账凭证、总账、三栏式明细账、多栏式明细账、资产负债表、利润表、现金流量表。

四、实训资料

（一）企业概况

企业名称：智慧电子股份有限公司

法人代表：王牧之

企业性质：股份有限公司

地址：南汇市江都区桂花路 24 号

开户银行：中国工商银行南汇市爱民支行

银行账号：3293290689224

税号：643329857321657

电话：6566660

邮编：150222

（二）期初资料

1. 2013 年 12 月 1 日智慧电子股份有限公司的期初资料如表 28-1 所示。

会企 01 表

表 28-1　资产负债表

编制单位：智慧电子股份有限公司　　2013 年 11 月 30 日　　单位：元

资　产	期末余额	年初余额	负债和股东权益	期末余额	年初余额
流动资产		（略）	流动负债		（略）
货币资金	1 400 000		短期借款	200 000	
交易性金融资产	50 000		交易性金融负债	0	
应收票据	20 000		应付票据	40 000	
应收账款	45 000		应付账款	30 000	
预付账款	30 000		预收账款	10 000	
应收利息	0		应付职工薪酬	0	
应收股利	0		应交税费	0	
其他应收款	2 000		应付利息	0	
存货	1 600 000		应付股利	0	
一年内到期非流动资产	0		其他应付款	7 000	
其他流动资产	0		一年内到期非流动负债	0	
流动资产合计	3 147 000		其他流动负债	0	
非流动资产			流动负债合计	287 000	

续表 28－1

资　产	期末余额	年初余额	负债和股东权益	期末余额	年初余额
可供出售金融资产	60 000		非流动负债		
持有至到期投资	0		长期借款	500 000	
长期应收账款	0		应付债券	0	
长期股权投资	200 000		长期应付款	40 000	
投资房地产	0		专项应付款	0	
固定资产	800 000		预计负债	0	
在建工程	0		递延所得税负债	0	
工程物资	0		其他非流动负债	0	
固定资产清理	0		非流动负债合计	540 000	
生产性生物资产	0		负债合计	827 000	
油气资产	0		股东权益		
无形资产	90 000		股本	3 000 000	
开发支出	0		资本公积	50 000	
商誉	0		减:库存股	0	
长期待摊费用	0		盈余公积	250 000	
递延所得税资产	0		未分配利润	170 000	
其他非流动资产	0		股东权益合计	3 470 000	
非流动资产合计	1 150 000				
资产总计	4 297 000		负债和股东权益总计	4 297 000	

2.其他资料如表 28－2 所示。

表 28－2　其他资料

项　目	科　目	金　额
货币资金	库存现金	5 800
	银行存款	894 200
	其他货币资金——银行汇票存款	500 000
坏账准备		200(贷方)
存货	原材料	895 400
	周转材料	4 600
	库存商品	700 000
累计折旧		150 000(贷方)

(三)核算方法

1.企业为增值税一般纳税人,增值税率为 17%,营业税率为 5%,城建税率为 7%,教育费附加 3%,所得税率为 25%。

2.材料按实际成本核算,发出采用先进先出法。

3.产品销售成本逐笔结转。

4.坏账准备的计提比例为期末应收账款余额的 3‰。

(四)有关业务

智慧电子股份有限公司 2013 年 12 月份发生以下有关经济业务:

1.2013 年 12 月 1 日,用银行存款支付车间固定资产修理费 4 000 元。(见所附凭证,填转账支票、费用报销单)

2.2013 年 12 月 2 日,用银行存款向伟业公司预付采购 A 材料的货款 20 000 元。(填转

账支票）

3.2013年12月4日，向光明工厂销售甲产品8 000件，每件售价150元，单位成本80元，计1 200 000元，销项税额204 000元，付款条件为2/10、1/20、N/30。（填增值税专用发票、产品出库单）

4.2013年12月5日，报废一台生产用设备，原值100 000元，已提折旧80 000元，支付清理费用900元，残料入库为500元，款项用现金支付。（填固定资产清理计算表、固定资产注销单、入库单、费用报销单）

5.2013年12月7日，购买江华公司的股票5 000股，买价每股10元，另支付相关税费150元，买价中含有已宣告尚未发放的股利每股0.50元，企业将其划分为交易性金融资产。

6.2013年12月8日，收到利华公司的违约金7 000元，存入银行。（填进账单）

7.2013年12月9日，企业投资的慧美公司的长期股权投资分派的股利6 000元，企业已收到。（填进账单）

8.2013年12月10日，企业将所持有的一项特许权的使用权转让给明星公司，每年收到租金12 000元，已收到当年的租金，支付该特许权的指导费3 000元，应交营业税600元。（见所附凭证，填转账支票、进账单、应交营业税计算表）

9.2013年12月11日，用银行存款支付所欠绿园公司的货款20 000元。（填转账支票）

10.2013年12月13日，企业生产领用原材料120千克，每千克1 250元，计150 000元。（填领料单）

11.2013年12月14日，企业用转账支票支付广告费90 000元。（见所附凭证，填转账支票）

12.2013年12月14日，用银行存款支付电话费2 500元。（见所附凭证，填转账支票）

13.2013年12月17日，伟业公司发来A材料40千克，每千克1 250元，计50 000元，增值税进项税额为8 500元，款项总计为58 500元，材料已验收入库，货款用2日预付的款项支付，不足部分用银行存款补付。（见所附凭证，填转账支票、入库单）

14.2013年12月19日，行政部李慧出差预借差旅费5 000元，用银行存款支付。（填借款单）

15.2013年12月21日，收到光明工厂支付的货款，存入银行。（填进账单）

16.2013年12月24日，用存款支付本年度财产保险费10 000元。（见所附凭证，填转账支票）

17.2013年12月25日，购入一台需要安装的生产设备一台，价款为400 000元，增值税进项税额为68 000元，对方代垫运杂费2 500元，款项用银行汇票支付。（见所附凭证）

18.2013年12月25日，设备安装领用生产用材料20千克，每千克1 250元，计25 000元。（填领料单）

19.2013年12月26日，支付安装人员工资1 000元，安装完毕交付使用。（填工资结算汇总表、固定资产验收单）

20.2013年12月26日，企业向银行借入三年期借款1 000 000元，年利率为6.5%，款项存入银行。（见所附凭证）

21.2013年12月27日，用存款支付车间办公用品费4 000元。（见所附凭证，填费用报销单）

22.2013年12月27日，向海岸公司销售产品300件，每件售价150元，计45 000元，增值税进项税额7 650元，单位成本80元，产品发出，已办好委托收款手续，货款尚未收到。（见所附凭证，填增值税专用发票、产品出库单）

23.2013年12月29日，在财产清查中，发现盘亏一台设备，型号为QAL405齿轮机，原值100 000元，已提折旧65 000元。（填固定资产盘点盈亏报告表）

24.2013年12月30日，盘亏设备无法查明原因，转作营业外支出。（填固定资产报废申请单）

25.2013 年 12 月 31 日，计提本月固定资产折旧 6 000 元，其中：生产车间固定资产计提折旧 4 000 元，管理部门 2 000 元。（填固定资产折旧计算表）

26.2013 年 12 月 31 日，摊销本月无形资产 2 000 元。（填无形资产摊销计算表）

27.2013 年 12 月 31 日，结算本月工资费用 50 000 元，其中：生产工人工资 30 000 元，车间管理人员工资 10 000 元，管理人员工资 10 000 元。（填工资分配表）

28.2013 年 12 月 31 日，按工资总额的 14％提取职工福利费。（填职工福利费计提表）

29.2013 年 12 月 31 日，计提本年度坏账准备。（填坏账准备计提表）

30.2013 年 12 月 31 日，结转本月制造费用。（填制造费用分配表）

31.2013 年 12 月 31 日，本月投入生产的产品全部完工，结转完工产品成本。（填完工产品成本计算表、产品入库单）

32.2013 年 12 月 31 日，计算本期应交纳的城市维护建设税、教育费附加。（填应交城市维护建设税、教育费附加计算表）

33.2013 年 12 月 31 日，用银行存款支付借款利息 42 000 元（未预提）。（见所附凭证）

34.2013 年 12 月 31 日，将损益类账户余额结转至“本年利润”。

35.2013 年 12 月 31 日，计算本期应交所得税。（填所得税计算表）

36.2013 年 12 月 31 日，将本年利润结转入未分配利润。

37.2013 年 12 月 31 日，按净利润的 10％提取法定盈余公积，按 5％提取任意盈余公积，向投资者分配利润 200 000 元。（填提取盈余公积计算表、应付股利分配表）

附表 28－1－1

工业商业修理修配发票

发票联

委托单位：智慧电子股份有限公司

地址：南汇市江都区桂花路 24 号　　2013 年 12 月 1 日　　NO 0002490

项目	说明	单位	数量	单价	金额									备注
					百	十	万	千	百	十	元	角	分	
修理费								4	0	0	0	0	0	
合　计：人民币（大写）肆仟元整							¥	4	0	0	0	0	0	

复核：尚将军　　收款：赵薇　　开票：杨小华

附表 28－1－2

中国工商银行转账支票存根

支票号码：

签发日期：

收款人：
金额：
用途：
备注：

单位主管：　　会计：

中国工商银行**转账支票**　　支票号码：

签发日期（大写）：　　年　　月　　日　　开户行名称：

收款人：　　签发人账号：

人民币（大写）	千	百	十	万	千	百	十	元	角	分

用途：

上列款项请从　　复核

我账户内支付　　记账

签发人盖章　　验印

附表 28－1－3

费用报销单

年　月　日

单位：			金额									备注
			百	十	万	千	百	十	元	角	分	
用途：												
人民币(大写)												
单位领导	财务负责人	部门负责人	报销人									

附表 28－2－1

中国工商银行转账支票存根

支票号码：

签发日期：

收款人：
金额：
用途：
备注：

单位主管：　　会计：

中国工商银行**转账支票**　　支票号码：

签发日期(大写)：　　年　月　日　　开户行名称：

收款人：　　签发人账号：

人民币(大写)	千	百	十	万	千	百	十	元	角	分

用途：________

上列款项请从　　复核

我账户内支付　　记账

签发人盖章　　验印

附表 28－3－1

增值税专用发票

记账联

开票日期：

购货单位	名称				纳税人登记号																
	地址、电话				开户银行及账号																
商品或劳务名		计量单位	数量	单价	金额								税率%	税额							
					十	万	千	百	十	元	角	分		十	万	千	百	十	元	角	分
合计																					
价税合计(大写)																					
销货单位	名称				纳税人登记号																
	地址、电话				开户银行及账号																
备注																					

第四联记账联　销货方记账

销货单位(章)：(印)　　收款人：　　复核：　　开票人：

附表 28－3－2

产品出库单

用途：　　　　　　　　　　　　年　月　日　　　　　　　　　　编号：

编号	产品名称	规格型号	计量单位	出库数量	单位成本	总成本	备注

财务：　　　　　　　　仓库主管：　　　　　　　　仓库经手人：

附表 28－4－1

固定资产清理计算表

年　月　日

清理项目		清理原因	
固定资产清理借方发生额		固定资产清理贷方发生额	
清理支出内容	金　额	清理收入内容	金　额
固定资产净值		出售收入	
营业税		固定资产报废残值	
借方合计		贷方合计	
固定资产清理 净收益／净损失	金额(人民币)		

复核：　　　　制表：

附表 28－4－2

固定资产注销单

年　月　日　　　　　　　　　　编号：

类别	资产编号	固定资产名称	规格型号	建造单位			数量	原值	折旧额		使用年限	收回残值	累计已提折旧	净值	所在地	注销原因
				名称	日期	编号			应计折旧总额	月折旧额						

主管：　　　　复核：　　　　制表：

附表 28－4－3

入库单

年　月　日　　　　　　　　发票号码：NO

材料编号	材料名称及规格	计量单位	数量		价格		运杂费	合计
			应收	实收	单价	金额		
合　计								

第三联 记账联

仓库负责人：　　　材料会计：　　　收料人：　　　经办人：　　　制单：

附表 28-4-4

费用报销单

年 月 日

单位：	金额									备注
	百	十	万	千	百	十	元	角	分	
用途：										
人民币(大写)										

单位领导	财务负责人	部门负责人	报销人

附表 28-6-1

中国工商银行进账单(收款通知)

年 月 日　　　　第 号

付款人	全 称		收款人	全 称	
	账 号			账 号	
	开户行			开户行	

人民币(大写)	亿	千	百	十	万	千	百	十	元	角	分

票据种类		
票据张数		
单位主管： 会计： 复核： 记账：		收款人开户盖章

附表 28-7-1

中国工商银行进账单(收款通知)

年 月 日　　　　第 号

付款人	全 称		收款人	全 称	
	账 号			账 号	
	开户行			开户行	

人民币(大写)	亿	千	百	十	万	千	百	十	元	角	分

票据种类		
票据张数		
单位主管： 会计： 复核： 记账：		收款人开户盖章

附表 28－8－1

中国工商银行转账支票存根

支票号码：

签发日期：

收款人：
金额：
用途：
备注：

单位主管： 会计：

<table>
<tr><td colspan="2">中国工商银行转账支票</td><td colspan="10">支票号码：</td></tr>
<tr><td colspan="2">签发日期(大写)： 年 月 日</td><td colspan="10">开户行名称：</td></tr>
<tr><td colspan="2">收款人：</td><td colspan="10">签发人账号：</td></tr>
<tr><td colspan="2" rowspan="2">人民币
(大写)</td><td>千</td><td>百</td><td>十</td><td>万</td><td>千</td><td>百</td><td>十</td><td>元</td><td>角</td><td>分</td></tr>
<tr><td></td><td></td><td></td><td></td><td></td><td></td><td></td><td></td><td></td><td></td></tr>
<tr><td>用途：
上列款项请从
我账户内支付
签发人盖章</td><td></td><td colspan="10">复核
记账
验印</td></tr>
</table>

附表 28－8－2

中国工商银行进账单(收款通知)

年 月 日 第 号

<table>
<tr><td rowspan="3">付款人</td><td>全 称</td><td></td><td rowspan="3">收款人</td><td>全 称</td><td colspan="11"></td></tr>
<tr><td>账 号</td><td></td><td>账 号</td><td colspan="11"></td></tr>
<tr><td>开户行</td><td></td><td>开户行</td><td colspan="11"></td></tr>
<tr><td rowspan="2">人民币
(大写)</td><td colspan="4" rowspan="2"></td><td>亿</td><td>千</td><td>百</td><td>十</td><td>万</td><td>千</td><td>百</td><td>十</td><td>元</td><td>角</td><td>分</td></tr>
<tr><td></td><td></td><td></td><td></td><td></td><td></td><td></td><td></td><td></td><td></td><td></td></tr>
<tr><td colspan="2">票据种类</td><td></td><td colspan="13" rowspan="3">收款人开户盖章</td></tr>
<tr><td colspan="2">票据张数</td><td></td></tr>
<tr><td colspan="3">单位主管： 会计： 复核： 记账：</td></tr>
</table>

附表 28－8－3

应交营业税计算表

年 月 日

项 目	应纳税营业额	税 率	已缴营业税	应缴营业税
合 计				

主管： 审核： 制单：

附表 28 - 9 - 1

中国工商银行转账支票存根

支票号码：

签发日期：

收款人：
金额：
用途：
备注：

单位主管：　　会计：

中国工商银行**转账支票**											支票号码：
签发日期(大写)：　年　月　日											开户行名称：
收款人：											签发人账号：
人民币（大写）	千	百	十	万	千	百	十	元	角	分	
用途：											
上列款项请从											复核
我账户内支付											记账
签发人盖章											验印

附表 28 - 10 - 1

领料单

领用部门：

编号：　　　　　年　月　日

编号	类别	名　称	规　格	单　位	数　量		金　额	
					请　领	实　发	单　价	金　额
合　计								
用途								

发料人：　　　记账：　　　领料部门负责人：　　　领料人：

附表 28 - 11 - 1

服务业专用发票

客户名称：智慧电子股份有限公司　　　2013 年 12 月 14 日

项　目	单位	数量	单价	金额
广告费				90 000.00
合计金额(大写)玖万元整				

单位(盖章)　　　　　开票人：庄立山

附表 28 - 11 - 2

中国工商银行转账支票存根

支票号码：

签发日期：

收款人：
金额：
用途：
备注：

单位主管：　　会计：

中国工商银行**转账支票**											支票号码：
签发日期(大写)：　年　月　日											开户行名称：
收款人：											签发人账号：
人民币（大写）	千	百	十	万	千	百	十	元	角	分	
用途：											
上列款项请从											复核
我账户内支付											记账
签发人盖章											验印

附表 28－12－1

南汇市电信局专用收据

2013 年 12 月 14 日　　　　第 069127 号

号码	6566660	种类	支票	用户名称	智慧电子股份有限公司
总金额(人民币)		贰仟伍佰元整			￥2 500.00
收费明细项目:市话费		2 000.00			
长话费		500.00			
收款人:严基莱					收费章

附表 28－12－2

中国工商银行转账支票存根

支票号码:

签发日期:

收款人:
金额:
用途:
备注:

单位主管:　　会计:

中国工商银行**转账支票**　　支票号码:

签发日期(大写):　　年　月　日　　开户行名称:

收款人:　　签发人账号:

人民币（大写）	千	百	十	万	千	百	十	元	角	分

用途:

上列款项请从　　复核

我账户内支付　　记账

签发人盖章　　验印

附表 28－13－1

增值税专用发票

发票联

开票日期:2013 年 12 月 17 日

购货单位	名称	智慧电子股份有限公司			纳税人登记号		643329857321657
购货单位	地址、电话	南汇市江都区桂花路 24 号 6566660			开户银行及账号		工商爱民支行 3293290689224

商品或劳务名	计量单位	数量	单价	金额 十	万	千	百	十	元	角	分	税率 %	税额 十	万	千	百	十	元	角	分
A 材料	千克	40	1 250		5	0	0	0	0	0	0	17			8	5	0	0	0	0
合计					5	0	0	0	0	0	0				8	5	0	0	0	0

价税合计(大写)	伍万捌仟伍佰元整		￥58 500.00

销货单位	名称	伟业公司	纳税人登记号	968745987415924
销货单位	地址、电话	0451－55519871	开户银行及账号	农行东风支行 328123698745
备注				

第二联 发票联 购货方记账

销货单位(章):(印)　　收款人:惠和方　　复核:柏歌　　开票人:王真真

附表 28－13－2

中国工商银行转账支票存根

支票号码：

签发日期：

收款人：
金额：
用途：
备注：

单位主管： 会计：

中国工商银行**转账支票** 支票号码：

签发日期(大写)： 年 月 日 开户行名称：

收款人： 签发人账号：

人民币(大写)	千	百	十	万	千	百	十	元	角	分

用途：

上列款项请从 复核

我账户内支付 记账

签发人盖章 验印

附表 28－13－3

入库单

年 月 日 发票号码：NO

材料编号	材料名称及规格	计量单位	数量		价格		运杂费	合计
			应收	实收	单价	金额		
合计								

第三联 记账联

仓库负责人： 材料会计： 收料人： 经办人： 制单：

附表 28－14－1

借款单

年 月 日

借款单位			金额									备注
			百	十	万	千	百	十	元	角	分	
人民币(大写)												
借款事由：												
单位领导	财务负责人	部门负责人	借款人									

附表 28－15－1

中国工商银行进账单(收款通知)

年 月 日 第 号

付款人	全称		收款人	全称											
	账号			账号											
	开户行			开户行											
人民币(大写)				亿	千	百	十	万	千	百	十	元	角	分	
票据种类															
票据张数															
单位主管： 会计： 复核： 记账：			收款人开户盖章												

附表 28-16-1

中保财产保险公司保险费用收据

2013 年 12 月 24 日

户名	保险类别	保险金额	保险期	保险费 百	十	万	千	百	十	元	角	分	备注
智慧电子股份有限公司	财产保险		14 年第一季度			1	0	0	0	0	0	0	
合　计:人民币(大写)壹万元整					¥	1	0	0	0	0	0	0	

复核:　　　　收款:关鹏　　　　开票:王国军

附表 28-16-2

中国工商银行转账支票存根

支票号码:

签发日期:

收款人:
金额:
用途:
备注:

单位主管:　　会计:

中国工商银行**转账支票**　　支票号码:

签发日期(大写):　　年　月　日　　开户行名称:

收款人:　　签发人账号:

人民币(大写)	千	百	十	万	千	百	十	元	角	分

用途:____________

上列款项请从　　复核

我账户内支付　　记账

签发人盖章　　验印

附表 28-17-1

增值税专用发票

发票联

开票日期:2013 年 12 月 25 日

购货单位	名称	智慧电子股份有限公司			纳税人登记号								643329857321657							
	地址、电话	南汇市江都区桂花路 24 号 6566660			开户银行及账号								工商爱民支行 3293290689224							
商品或劳务名		计量单位	数量	单价	金额 十	万	千	百	十	元	角	分	税率 %	税额 十	万	千	百	十	元	角	分
NZ99 设备		台	1	400 000		4	0	0	0	0	0	0	17		6	8	0	0	0	0	0
合计						4	0	0	0	0	0	0			6	8	0	0	0	0	0
价税合计(大写)		肆拾陆万捌仟元整											¥468 000.00							
销货单位	名称	金利公司			纳税人登记号								968745635777789							
	地址、电话	0452—2790838			开户银行及账号								建行江滨支行 328123698329							
备注																				

第二联发票联　购货方记账

销货单位(章):(印)　　收款人:严利　　复核:斡真　　开票人:陈辉

附表 28－17－2

齐齐哈尔铁路局货物运单

货位：

运输号码：　　　　2013 年 12 月 25 日

发货人填写					铁路填写		
发站	齐齐哈尔	到站	南汇		车种车号	B3579	货车标重	
到站所属省(市)		黑龙江			施封号码	铁路货车篷布号	
发货人	金利公司				经由	集装箱号	
收货人	智慧电子股份有限公司					集装箱箱型	
货物名称	件数	发货人确定重量	铁路确定重量	计费重量		
NZ99 设备	1	2 000 千克	2 000	2 000	运杂费	2 500.00
					合计	2 500.00

附表 28－17－3

中国工商银行银行汇票

NO　00001006

第　　号

出票日期：贰零壹叁年壹拾贰月贰拾伍日 (大写)　　　代理付款银行：南汇工行爱民支行　　行号：									
收款人：金利公司									
出票金额人民币(大写)伍拾万元整　　(压数机压印出票金额)									
实际结算金额人民币(大写)肆拾柒万零伍佰元整	百	十	万	千	百	十	元	角	分
	¥	4	7	0	5	0	0	0	0

申请人：智慧电子股份有限公司　　　账号或住址：3293290689224

多余金额								科目(借)
十	万	千	百	十	元	角	分	对方科目(贷)
								兑付日期 年 月 日
								复核　　记账

出票行：南汇工行　　　　行号：

备注：购货款

凭票付款：

出票行签章：

附表 28－18－1

领料单

领用部门：

编号：　　　　年　　月　　日

编号	类别	名称	规格	单位	数量		金额	
					请领	实发	单价	金额
合计								
用途								

发料人：　　　记账：　　　领料部门负责人：　　　领料人：

附表 28－19－1

工资结算汇总表

年　月　日

部　门	计时工资	计件工资	奖金	津贴补贴	加班点工资	缺勤应扣工资	应付工资	代扣款项				实发工资
								水电费	医疗保险	个税	合计	
合　计												

复核：　　制表：

附表 28－19－2

固定资产验收单

年　月　日

固定资产编号	名　称	规　格	型　号	计量单位	数　量	建造单位	建造编号	资金来源	附属技术资料
总价（净值）	土建工程费	设备费	安装费	运杂费	包装费	其他	合计	预计年限	净残值率
附属设备或建筑						原值		已提折旧	
验收意见			验收人签章			保管使用人签章			

附表 28－20－1

中国工商银行(长期贷款)借款凭证(入账通知)

单位编号:3621　　日期:2013 年 12 月 26 日　　银行编号:3012

收款单位	名　称	智慧电子股份有限公司	付款单位	名　称	中国工商银行南汇市爱民支行
	往来账号	3293290689224		往来银行	658974231
	开户银行	工行南汇市爱民支行		开户银行	工商银行南汇市爱民支行

借款金额	人民币(大写)壹佰万元整	千	百	十	万	千	百	十	元	角	分
		¥	1	0	0	0	0	0	0	0	0

借款原因及用途	设备借款	利　率	6.5%

借　款　期　限			你单位上列借款,已转入你单位结算户内,借款到期时由我行按期自你单位结算账户转还
期　限	计划还款日期	计划还款金额	
3 年	2016 年 12 月 26 日	1 195 000	（银行盖章）
			2013 年 12 月 26 日

附表 28-21-1

商品零售发票

购货单位:智慧电子股份有限公司　　　　2013 年 12 月 27 日

货号	品名规格	单位	数量	单价	金额									备注
					百	十	万	千	百	十	元	角	分	
办公用品								4	0	0	0	0	0	
合　计:人民币(大写)肆仟元整							¥	4	0	0	0	0	0	

复核:刘婷　　　　收款:郭习东　　　　开票:施广林

附表 28-21-2

费用报销单

年　月　日

单位:				金额									备注
				百	十	万	千	百	十	元	角	分	
用途:													
人民币(大写)													
单位领导	财务负责人	部门负责人	报销人										

附表 28-22-1

委托收款凭证

委托日期 2013 年 12 月 27 日

收款人	全　称	智慧电子股份有限公司	付款人	全　称	海岸公司								
	账　号	3293290689224		账　号	496789634125								
	开户行	工行爱民支行		开户行	工行马基支行								
托收金额	人民币(大写)	伍万贰仟陆佰伍拾元整		百	十	万	千	百	十	元	角	分	
					¥	5	2	6	5	0	0	0	
款项内容	货款	委托收款票据名称		增值税专用发票									
备　注:													

单位主管:巫水风　　　　审计:王怀林　　　　复核:江山　　　　记账:刘丽丽

附表 28－22－2

增值税专用发票

记账联

开票日期：

<table>
<tr><td rowspan="2">购货单位</td><td>名称</td><td colspan="3"></td><td colspan="8">纳税人登记号</td><td colspan="9"></td></tr>
<tr><td>地址、电话</td><td colspan="3"></td><td colspan="8">开户银行及账号</td><td colspan="9"></td></tr>
<tr><td colspan="2" rowspan="2">商品或劳务名</td><td rowspan="2">计量单位</td><td rowspan="2">数量</td><td rowspan="2">单价</td><td colspan="8">金 额</td><td rowspan="2">税率%</td><td colspan="8">税 额</td></tr>
<tr><td>十</td><td>万</td><td>千</td><td>百</td><td>十</td><td>元</td><td>角</td><td>分</td><td>十</td><td>万</td><td>千</td><td>百</td><td>十</td><td>元</td><td>角</td><td>分</td></tr>
<tr><td colspan="2"></td><td></td><td></td><td></td><td></td><td></td><td></td><td></td><td></td><td></td><td></td><td></td><td></td><td></td><td></td><td></td><td></td><td></td><td></td><td></td><td></td></tr>
<tr><td colspan="2"></td><td></td><td></td><td></td><td></td><td></td><td></td><td></td><td></td><td></td><td></td><td></td><td></td><td></td><td></td><td></td><td></td><td></td><td></td><td></td><td></td></tr>
<tr><td colspan="2">合计</td><td></td><td></td><td></td><td></td><td></td><td></td><td></td><td></td><td></td><td></td><td></td><td></td><td></td><td></td><td></td><td></td><td></td><td></td><td></td><td></td></tr>
<tr><td colspan="2">价税合计(大写)</td><td colspan="20"></td></tr>
<tr><td rowspan="2">销货单位</td><td>名称</td><td colspan="3"></td><td colspan="8">纳税人登记号</td><td colspan="9"></td></tr>
<tr><td>地址、电话</td><td colspan="3"></td><td colspan="8">开户银行及账号</td><td colspan="9"></td></tr>
<tr><td>备注</td><td colspan="21"></td></tr>
</table>

第四联记账联 销货方记账

销货单位(章)：(印)　　收款人：　　复核：　　开票人：

附表 28－22－3

产品出库单

用途：　　年　月　日　　编号：

产品名称	规格型号	计量单位	出库数量	单位成本	总成本	备注

财务：　　仓库主管：　　仓库经手人：

附表 28－23－1

固定资产盘点盈亏报告表

年　月　日

<table>
<tr><td rowspan="2">固定资产名称</td><td rowspan="2">固定资产型号规格</td><td colspan="3">盘 盈</td><td colspan="3">盘 亏</td><td rowspan="2">原 因</td></tr>
<tr><td>数量</td><td>重置价值</td><td>估计折旧</td><td>数量</td><td>原始价值</td><td>已提折旧</td></tr>
<tr><td></td><td></td><td></td><td></td><td></td><td></td><td></td><td></td><td></td></tr>
<tr><td></td><td></td><td></td><td></td><td></td><td></td><td></td><td></td><td></td></tr>
<tr><td></td><td></td><td></td><td></td><td></td><td></td><td></td><td></td><td></td></tr>
<tr><td rowspan="2">处理意见</td><td>清查小组</td><td colspan="3">设备部门</td><td colspan="4">领导审批</td></tr>
<tr><td>签章：</td><td colspan="3">签章：</td><td colspan="4">签章：　　年　月　日</td></tr>
</table>

复核：　　制表：

附表 28-24-1

固定资产报废申请单

年　月　日

名　称		预计使用年限		已使用年限	
编　号		原值		已提折旧	
使用部门		折余价值		预计残值	
报废原因		部门意见			
报废处理建议		单位负责人意见			

主管：　　　　制表：

附表 28-25-1

固定资产折旧计算表

年　月　日　　　　单位：

使用单位和固定资产类别	上月计提折旧额	上月增加的固定资产应计提的折旧额	上月减少的固定资产应计提的折旧额	本月应计提折旧额
合　计				

主管：　　　　制表：

附表 28-26-1

无形资产摊销计算表

年　月　日

项　目	原　值	摊余价值	本月摊销		部　门	
			比　例	金　额	车　间	公　司
合　计						

主管：　　　　制表：

附表 28-27-1

工资分配表

年　月　日

部　门	金　额	计入科目	合　计
合　计			

主管：　　　　审核：　　　　制单：

附表 28－28－1

职工福利费计提表

年　　月　　日

部　　门	职工工资	提取率	计提职工福利费
合　　计			

主管：　　　　审核：　　　　制单：

附表 28－29－1

坏账准备计提表

年　　月　　日

项　　目	账面余额	计提比例	应计提准备数	账面已提数	应补提(或冲减)数
应收账款					
其他应收款					
合　　计					

主管：　　　　制表：

附表 28－30－1

制造费用分配表

年　　月　　日

分配对象(产品)	分配标准(实际工时)	分配率(单位成本)	分配金额
合　　计			

财务主管：　　　　制表：

附表 28－31－1

完工产品成本计算表

生产车间：　　　　年　　月　　日　　　　金额单位:元

项　　目	产品名称：　　产品数量：	
	总　成　本	单　位　成　本
直接材料 直接人工 制造费用		
合　　计		

财务主管：　　　　复核：　　　　制单：

附表 28－31－2

产品入库单

年　月　日

交库单位：　　凭证编号：　　产品仓库：　号

产品编号	产品名称	规格	计量单位	交付数量	检验结果		实收数量	单价	金额
					合格	不合格			
备注							合计		

经办人：　验收：　保管员：　制单

附表 28－32－1

应交城市维护建设税、教育费附加计算表

年　月　日

税　种	计　税　依　据				税　率	应纳税金额
	增值税	营业税	消费税	合计		
合　计						

主管：　审核：　制单：

附表 28－33－1

中国工商银行计收利息清单(支款通知)

户名	智慧电子股份有限公司				账号	3293290689224
计息起止时间	2013 年 11 月 25 日—2013 年 12 月 25 日				左列贷款利息业已从你单位账户扣付，逾期罚息 30%	
贷款种类	贷款账号	计算日贷款余额	计息积数	利　率	利息金额	
					42 000.00	
利息金额 人民币（大写） 肆万贰仟元整	十 万 仟 十 佰 元 角 分：¥ 4 2 0 0 0 0 0				转账日期 2013 年 12 月 31 日	

2013 年 12 月 31 日

附表 28－35－1

所得税计算表

年　月　日　　单位：元

会计利润	纳税调整增减额	应纳税所得额	税率(%)	所得税额

财务主管：　复核：　制表：

附表 28-37-1

提取盈余公积计算表

年　月　日

项　目	金　额
净利润	
减:弥补企业以前年度亏损	
计提盈余公积基数	
本期计提法定盈余公积金	
本期计提任意盈余公积金	

财务主管：　　　　复核：　　　　制表：

附表 28-37-2

应付股利分配表

年　月　日

项　目	分配股利基数	分配比例	分配金额

财务主管：　　　　复核：　　　　制表：

第二部分　财务会计综合模拟实训

一、实习目的

使学生掌握财务会计核算方法和会计凭证填制、账簿登记、会计报表的编制，全面系统地掌握财务会计的基本理论和会计核算方法，能进行经济业务的账务处理和成本核算，着重培养学生进行账务处理和财务报表的编制，以适应实际工作的需要。

二、实习要求

(1)根据2013年12月初余额开设总分类账、明细账、现金及银行存款日记账，并根据业务的发生情况，增设新账户。

(2)根据2013年12月份发生的经济业务填制记账凭证。

(3)采用科目汇总表核算形式登记总分类账，登记明细账和日记账，结出各账户余额。

(4)编制2013年12月31日资产负债表、利润表、现金流量表。

三、实训组织

(1)所需学时：90学时。

(2)所需资料：记账凭证，三栏式明细账，日记账，三栏式总账及资产负债表、利润表、现金流量表。

四、实训资料

(一)企业概况

企业性质：瑞丰实业股份有限公司

法人代表：李玉健

地址：南汇市江都区桂花路28号

机构设置：公司、车间

产品名称：金属膜电阻器、氧化膜电阻器

开户银行：中国工商银行南汇市爱民支行，银行账号为3293290689225

税号：643329857321675

电话：6566666

(二)核算方法

1.瑞丰实业股份有限公司为增值税一般纳税人，增值税税率为17%，所得税税率为25%，城市维护建设税税率为7%，教育费附加为3%，营业税税率为5%。

2.存货采用实际成本核算，发出采用“先进先出”法。

3.销售成本月末一次结转。

4.2013年12月份生产金属膜电阻器耗用5 000工时，生产氧化膜电阻器耗用10 000工时。

5.金属膜电阻器每台售价180元，氧化膜电阻器每台售价200元。

(三)总分类科目余额

该公司2013年12月1日总分类科目余额,见表1。

表1 总账科目余额表 单位:元

科目名称	借方余额	科目名称	贷方余额
库存现金	800	短期借款	120 000
银行存款	961 720	应付票据	80 000
交易性金融资产	6 000	应付账款	381 520
应收票据	98 400	预收账款	10 000
应收账款	120 000	其他应付款	40 000
坏账准备	−360	应付职工薪酬	44 000
预付账款	40 000	应交税费(不含增值税)	14 640
其他应收款	2 000	应付利息	5 400
在途物资	90 000	长期借款	640 000
原材料	225 000	其中:一年内到期长期负债	400 000
周转材料	70 000	股本	2 500 000
库存商品 其中:金属膜电阻器(2250台) 氧化膜电阻器(3216台)	672 000 270 000 402 000	盈余公积	40 000
长期股权投资	200 000	资本公积	400 000
固定资产 其中:办公用房 生产用房 管理用车 生产用设备	1 010 000 200 000 200 000 160 000 450 000	未分配利润	20 000
累计折旧	−160 000		
在建工程	600 000		
无形资产	240 000		
长期待摊费用	120 000		
合计	4 295 560		4 295 560

(四)明细分类科目余额

该公司2013年12月1日明细分类科目余额,见表2、表3、表4、表5、表6。

表2 应收账款明细账 单位:元

单 位	金 额
恒星有限责任公司	20 400
华达机械制造厂	50 000
万顺股份有限公司	49 600

表3 应收票据明细账 单位:元

单 位	金 额
红旗工厂	80 000
利鑫有限责任公司	18 400

表 4 应付票据明细账 单位:元

单 位	金 额
华泰有限责任公司	40 000
金石工厂	40 000

表 5 应付账款明细账 单位:元

单 位	金 额
华泰有限责任公司	39 520
广元修造厂	50 000
昌盛实业股份有限公司	292 000

表 6 材料明细账 单位:元

材料名称	单 位	数 量	单 价	金 额
靶材	块	600	34	20 400
瓷件	个	10 000	5	50 000
帽盖	个	7 920	2.5	19 800
铜线	公斤	852	100	85 200
油漆	桶	620	80	49 600

(五)有关业务

瑞丰实业股份有限公司 2013 年 12 月发生了以下经济业务：

1.12 月 1 日，从昌盛实业股份有限公司购入靶材一批，用银行存款支付款项共计 73 710 元，其中进项税额 10 710 元，款项已通过银行支付，材料未到。(见所附凭证，填转账支票)

2.12 月 1 日，企业购买翌阳公司的股票 10 000 股，每股买价 11 元，其中含有已宣告发放但尚未支取的股利 10 000 元，支付经纪人佣金等费用 1 000 元，以银行存款支付上述款项，企业将其划分为交易性金融资产。

3.12 月 2 日，车间购入稿纸等办公用品，价值 228 元，用现金支付。(见所附凭证，填费用报销单)

4.12 月 2 日，支付下年度财产保险费 7 200 元。(见所附凭证，填转账支票、费用报销单)

5.12 月 3 日，从江龙公司融资租入一台设备，设备价款 690 000 元，支付装卸费及安装费 7 162 元。(填转账支票、固定资产验收单)

6.12 月 3 日，董事马良去广东出差，预借差旅费 2 500，用银行存款支付。(填借款单、现金支票)

7.12 月 3 日，收到银行通知，用银行存款支付华泰有限责任公司到期商业承兑汇票 40 000元。

8.12 月 4 日，从冠王公司购入靶材一批，用银行存款支付材料货款 252 000 元，支付增值税 42 840 元，原材料验收入库。(见所附凭证，填转账支票、材料入库单)

9.12 月 4 日，租用南汇市化肥厂的货车一辆，为客户送货，租金 2 000 元，用银行存款支付。(填转账支票)

10.12 月 4 日，财务部购买账本 5 册，每册 12 元，每册交纳印花税 5 元，用现金支付。(填费用报销单)

11. 12 月 4 日，为了方便采购，电汇北京建设银行东城区分行开设采购专户 100 000 元。

(填电汇凭证)

12.12月4日,企业用一台闲置汽车投资于利达公司,汽车原值100 000元,已提折旧12 000元,双方确认价值90 000元。(填固定资产清理计算表、固定资产注销单)

13.12月4日,由于垃圾处理不当,被环保局罚款6 000元。(见所附凭证,填转账支票、费用报销单)

14.12月5日,提现金5 000备用。(填现金支票)

15.12月5日,用现金支付业务招待费460元。(见所附凭证,费用报销单)

16.12月5日,职工食堂购买炊具730元,以转账支票支付。(见所附凭证,填转账支票)

17.12月5日,收到铜线400公斤,每公斤100元,实际成本40 000元,材料已验收入库,货款已于上月支付。(填入库单)

18.12月5日,销售给红旗工厂金属膜电阻器780台,应收取的货款为140 400元,增值税23 868元,商品已发出,但款项尚未收到。(填增值税专用发票、产品出库单)

19.12月5日,预订下一年度的报刊,费用为2 400元,用银行存款支付。(见所附凭证,填转账支票)

20.12月6日,公司将账面成本为6 000元的交易性金融资产投资全部出售,收到款项6 600元存入银行。

21.12月6日,收王飞违约罚款2 000元现金。(填现金收据)

22.12月6日,公司从清雅机械厂购入不需要安装的生产设备一台,通过银行支付设备款40 400元,增值税6 868元,运费100元,设备投入使用。(见所附凭证,填固定资产验收单)

23.12月6日,为支持教育事业,向希望工程捐赠20 000元。(填转账支票)

24.12月6日,支付所欠昌盛实业股份有限公司货款92 000元。(填转账支票)

25.12月7日,用银行存款支付从江北公司购入的工程物资铝材10吨,每吨5 000元,计50 000元,支付增值税税款8 500元,铝材已入库,此物资用于修建营业用房。(见所附凭证,填转账支票、入库单)

26.12月7日,支付电话费2 628元。(见所附凭证,填转账支票)

27.12月7日,收到红旗工厂预付货款50 000元。(见所附凭证,填进账单)

28.12月7日,收到12月1日从昌盛实业股份有限公司购买的靶材,验收入库。(填入库单)

29.12月7日,生产车间生产产品领用铜线700公斤,用于生产金属膜电阻器。(填领料单)

30.12月8日,从金石工厂购买铜线300公斤,每公斤100元,付款条件为2/10、1/20、N/30,材料已到达并验收入库,货款尚未支付。(见所附凭证,填入库单)

31.12月8日,分配应付修建营业用房工程人员工资80 000元及福利费11 200元。(填工资分配表、职工福利费计提表)

32.12月8日,修建营业用房领用铝材9.5吨,计55 575元。(填领料单)

33.12月8日,修建营业用房领用油漆50桶。(填领料单)

34.12月8日,从昌盛实业股份有限公司购入机油20桶,每桶30元,计600元,用转账支票支付,材料验收入库。(见所附凭证,填转账支票、入库单)

35.12月9日,销售给华文工厂金属电阻器10台,收到现金2 106元(含税)。(填增值税

专用发票、产品出库单、收据)

36.12 月 9 日,修建营业用房,工程完工后交付使用。(填工程验收单)

37.12 月 9 日,向南汇市工商银行借入半年期借款 80 000 元,年利率 8%,存入银行。(见所附凭证)

38.12 月 10 日,因仓库漏雨,帽盖损失 246 个,共计 615 元,增值税 104.55 元,经批准转销。(见所附凭证)

39.12 月 10 日,从华泰有限责任公司购入瓷件、帽盖两种材料,瓷件 1 000 个,每件 5.20 元,价款 5 200 元;帽盖 2 000 个,每个 2.40 元,价款 4 800 元,运杂费共计 350 元,材料入库,货款及运杂费未付,运杂费按价款比例进行分配。(见所附凭证,填入库单、运杂费分配表)

40.12 月 10 日,生产车间生产产品领用瓷件 5 000 个,用于生产氧化膜电阻器。(填领料单)

41.12 月 10 日,收到仓库出售废品现金 500 元。(见所附凭证,填收据)

42.12 月 10 日,从正阳钢铁厂购入角铁 2 000 公斤,每公斤 2.6 元,运杂费 100 元,材料入库,货款未付。(见所附凭证,填入库单)

43.12 月 10 日,销售部刘海经手支付产品展览费 540 元,用转账支票结算。(见所附凭证,填转账支票)

44.12 月 10 日,从宝典铁厂购买铁钉 2 000 公斤,每公斤 2 元,材料入库,款项用转账支票付讫。(见所附凭证,填转账支票、入库单)

45.12 月 10 日,生产车间领用靶材 500 块,用于生产金属膜电阻器。(填领料单)

46.12 月 10 日,公司自行进行研发一项专利,本月投入资金 30 000 元。(填转账支票、费用报销单)

47.12 月 10 日,计算未完工工程应负担的长期借款利息 60 000 元,利息未付现。(填借款利息计算表)

48.12 月 10 日,销售给永东公司氧化膜电阻器 1 000 台,分四期收款。收到转账支票一张 58 500 元,为第一期货款。(填转账支票、增值税发票、产品出库单、进账单)

49.12 月 11 日,生产车间张彩主任领用机油 2 桶,用于日常的维护。(填领料单)

50.12 月 11 日,企业从佳力工厂租入一台设备,预付押金 5 000 元,开出转账支票支付。(填转账支票)

51.12 月 11 日,出售给腾飞工厂瓷件 300 个,每个成本 5 元,出售价格为 7 元,按 17%计算增值税,款项尚未收到。(填增值税专用发票、产品出库单)

52.12 月 11 日,基本生产车间报废一台设备,原价 80 000 元,已提累计折旧 72 000 元,清理费用 200 元,残值收入 320 元,均通过银行存款收支,清理工作已经完毕。(填转账支票、固定资产清理计算表、固定资产注销单)

53.12 月 12 日,收回原已确认的坏账 2 500 元。(填收据、进账单)

54.12 月 12 日,预付皇家公司购货款 60 000 元,信汇方式付款。(填信汇凭证)

55.12 月 12 日,销售给万顺股份有限公司氧化膜电阻器 600 台,用银行存款代垫运费 130 元,已办好托收手续,款项尚未收到。(填转账支票、增值税专用发票、产品出库单)

56.12 月 12 日,为购建固定资产从南汇市建设银行借入 3 年期借款 160 000 元,年利率 4%,借款已存入银行。(见所附凭证)

57.12 月 12 日，企业接受亚东公司投入仓库一幢，账面原值为 300 000 元，已提折旧 100 000元，双方确认价值为 250 000 元。（填固定资产验收单）

58.12 月 13 日，开出 3 个月期不带息银行承兑汇票一张，支付 10 日所欠华泰有限责任公司货款 12 050 元。（见所附凭证）

59.12 月 13 日，职工张育报销市内交通费 65 元，用现金支付。（见所附凭证，填费用报销单）

60.12 月 13 日，马良出差归来，报销差旅费 2 800 元（车票 1 300 元，补助费 960 元，宿费 540），用现金支付 300 元。（填费用报销单、差旅费报销单）

61.12 月 13 日，将新包装箱 2 000 个出租给万达机械制造厂，每个成本 8 元，每个收取押金 10 元，每月租金 0.50 元，租期 4 个月，收到本月租金。企业对包装物采用“五五摊销法”。（填进账单、领料单、包装物摊销计算表）

62.12 月 13 日，销售氧化膜电阻器 1 400 台给北方电机厂，价款 280 000 元，应交增值税 47 600 元，款项已存入银行。（填增值税专用发票、产品出库单）

63.12 月 14 日，公司将一张到期的红旗工厂无息银行承兑汇票 80 000 元到银行办理转账并存入银行。（填进账单）

64.12 月 14 日，公司对雅致公司的长期股权投资采用成本法核算。收到现金股利 12 000 元存入银行并确认为投资收益。本公司与接受投资方的所得税税率均为 25%。（填进账单）

65.12 月 14 日，出售一幢房屋给蓝天公司，收到价款 120 000 元，房屋原价 160 000 元，已提折旧 60 000 元。（填固定资产清理计算表、固定资产注销单、进账单）

66.12 月 14 日，生产车间生产产品领用油漆 20 桶，用于生产氧化膜电阻器。（填领料单）

67.12 月 14 日，从昌盛实业股份有限公司购买松木 10 立方米，每立方米 400 元；购买胶合板 15 张，每张 35 元，材料入库，开出一张商业承兑汇票，为期 6 个月，交给昌盛实业股份有限公司。（见所附凭证，填入库单）

68.12 月 14 日，从万利造纸厂购进生产用纸板 400 张，每张 12 元，按 17%计税，材料验收入库，款项用存款支付。（见所附凭证，填转账支票、入库单）

69.12 月 15 日，公司浴池领用拖把 5 把，每把 2.5 元，抹布 10 块，每块 1.2 元。（填低值易耗品领用表）

70.12 月 15 日，生产车间领用帽盖 6 000 个，用于生产金属膜电阻器。（填领料单）

71.12 月 15 日，生产车间设备出现问题，请外单位技术人员维修，支付劳务费 800 元，用现金付讫。（填工资结算表、费用报销单）

72.12 月 15 日，收到采购员转来的发票账单，从北京奇特实业股份有限公司用外埠存款购入靶材 2 200 块，每块 35 元，进项税额 13 090 元，运杂费 700 元，靶材尚未到达企业。（见所附凭证）

73.12 月 15 日，企业将商标使用权转让给仁爱工厂，每年使用费 120 000 元，收到本月使用费收入 20 000 元，款项存入银行。（填进账单）

74.12 月 15 日，收到外商托利普公司捐赠的新汽车一辆，价值 200 000 元。（填固定资产验收单）

75.12 月 15 日，技术员高原在上海进修，以电汇方式汇学费 4 000 元。（填借款单、电汇凭证）

76.12月15日,用银行存款支付职工医疗保险费43 000元。(填转账支票)

77.12月15日,销售给同乐工厂金属膜电阻器300台,代垫运杂费120元。款原已预收10 000,不足部分尚未收到。(见所附凭证,填转账支票、增值税发票、产品出库单)

78.12月15日,对亚东公司投入的仓库进行大修理,购买涂料2桶,每桶85元,用现金支付。(见所附凭证)

79.12月15日,用银行存款100 000元归还短期借款的本金。(见所附凭证)

80.12月15日,用银行存款归还短期借款的利息5 000元(原已预提,见所附凭证)。

81.12月16日,从银行提现金300 000元,备发工资。(填现金支票)

82.12月16日,用现金300 000元,支付经营人员工资220 000元,支付工程人员工资80 000元。(填工资结算汇总表)

83.12月16日,用银行存款支付办理汇票手续费100元。(见所附凭证)

84.12月16日,万顺股份有限公司收到氧化膜电阻器后,发现质量与合同不符,要求在价格上给予折让,经协商给予3%折让。(见所附凭证,填增值税专用发票)

85.12月16日,领用油漆5桶,用于仓库大修。(填领料单)

86.12月16日,用现金支付职工黄莺的医药费补助2 200元。(见所附凭证,填费用报销单)

87.12月16日,仓库发出生产用钳子100把,每把成本10元,计1 000元;发出办公桌椅4套,每套400元;两种物品分别由生产车间和企业管理部门领用。(填低值易耗品领用表)

88.12月16日,办公室购买复印机用纸5箱,每箱72元,用现金支付。(见所附凭证,填费用报销单)

89.12月17日,生产车间领用铁钉200公斤,用于生产金属膜电阻器。(填领料单)

90.12月17日,采购员杨花办理一个月的银行汇票100 000元,准备到上海电子元件厂采购。(见所附凭证)

91.12月17日,生产车间主任张彩为工人领用工作服、手套,价值660元。(填低值易耗品领用表。注:工作服20套,每套30元,手套30双,每双2元)

92.12月17日,仓库大修,领用松木6立方米,胶合板12张。(填领料单)

93.12月17日,发出纸板200张,委托江山工厂加工成包装箱,纸板单位成本12元,计2 400元,另用现金支付运输费20元。(见所附凭证,填领料单、费用报销单)

94.12月17日,用银行存款支付所欠广元修造厂货款50 000元。(填转账支票)

95.12月17日,分配经营人员工资220 000元,其中生产经营人员工资180 000元(生产金属膜电阻器工人工资80 000元,生产氧化膜电阻器工人工资100 000元),车间管理人员工资15 000元,行政管理人员工资25 000元。(填工资分配表)

96.12月17日,按14%提取经营人员福利费用。(填职工福利费计提表)

97.12月18日,通过银行支付水费3 000元,耗用水量5 000吨,其中:公司管理部门用水1 200吨;车间用水800吨;生产用水3 000吨,生产用水按生产工时进行分配。(见所附凭证,填水费分配表、费用报销单)

98.12月18日,修理公司围墙,领用角铁1 000公斤,油漆6桶。(填领料单)

99.12月18日,计算短期借款利息4 600元。(见所附凭证)

100.12月18日,计提长期借款利息(为购建固定资产,尚未完工)4 000元。(见所附凭

证）

101.12 月 18 日，支付小轿车的保险费 1 460 元。（见所附凭证，填转账支票）

102.12 月 18 日，秘书室购买文件夹、笔记本等办公用品 120 元，用现金付讫。（见所附凭证，填费用报销单）

103.12 月 18 日，按工资总额提取职工教育经费(1.2%)和工会经费(2%)。（填职工福利费计提表、工会经费计提表）

104.12 月 19 日，生产车间生产产品领用靶材 8 000 块，其中：5 000 块用于生产氧化膜电阻器，3 000 块用于生产金属膜电阻器。（填领料单）

105.12 月 19 日，仓库大修领用公司自己生产的金属膜电阻器 2 台。（填领料单）

106.12 月 19 日，生产车间生产产品领用模具成本 20 000 元，采用一次摊销法。（填低值易耗品领用单、分配表，按工时在两种产品之间分配）

107.12 月 19 日，从银行提取现金 5 000 元备用。（填现金支票）

108.12 月 19 日，收到红旗工厂偿付 12 月 5 日的购货款 164 268 元。（填进账单）

109.12 月 19 日，用现金结算风帆工程队仓库大修的劳务费 3 200 元。（见所附凭证）

110.12 月 19 日，生产车间领用铁钉 360 公斤，用于生产氧化膜电阻器。（填领料单）

111.12 月 19 日，收到从北京奇特公司购入的靶材 2 200 块，验收入库。（填入库单）

112.12 月 20 日，收到华达机械制造厂偿还的货款 20 000 元，收转账支票一张。（填进账单）

113.12 月 20 日，销售给华文工厂金属膜电阻器 560 台，货款 100 800 元，增值税 17 136 元，收到 90 天的无息商业承兑汇票一张，面值 117 936 元。（见所附凭证，填增值税专用发票、产品出库单）

114.12 月 20 日，销售给恒星有限责任公司氧化膜电阻器 1 000 台，计 200 000 元，增值税 34 000 元，货款收到转账支票存入银行。（填增值税发票、产品出库单、进账单）

115.12 月 20 日，办公室宁果报销业务招待费 1 250 元，用现金支付。（见所附凭证，填费用报销单）

116.12 月 20 日，收到万顺股份有限公司汇来的前欠货款 136 318 元。（见所附凭证）

117.12 月 20 日，收到银行通知，存款利息 850 元已入账。（见所附凭证）

118.12 月 20 日，摊销无形资产 24 000 元。（填无形资产摊销计算表）

119.12 月 20 日，计提固定资产折旧，提取标准为：房屋 0.4%，汽车 0.8%，机器设备 0.6%（其中：有一台上月购买的生产用大型计算机 50 000 元，按照国家规定应采用年数总和法计提折旧，使用年限 5 年，预计净残值 2 000 元）。（填固定资产折旧计算表）

120.12 月 21 日，收到恒星有限责任公司的银行本票一张，偿还所欠货款 20 400 元。（填进账单）

121.12 月 21 日，收到银行通知，转回多余外埠存款 9 210 元。

122.12 月 21 日，市歌舞团为举办圣诞节晚会募集资金，公司捐赠了 10 000 元。（填转账支票）

123.12 月 21 日，把闲置的仓库对外出租，收取租金现金 1 000 元。（见所附凭证，填现金收据）

124.12 月 21 日，通过银行支付电费 28 000 元，耗电 35 000 度，其中公司管理部门耗电量为 8 000 度，车间耗电量为 6 000 度，生产产品耗用电量为 21 000 度，生产用电按生产工时进行分配。（见所附凭证，填电费分配表、费用报销单）

125. 12 月 21 日，以现金 120 元支付支付车间修理费。（见所附凭证，填费用报销单）

126. 12 月 21 日，生产车间生产金属膜电阻器领用瓷件 5 500 个。（填领料单）

127. 12 月 22 日，从银行提取现金 15 000 元备用。（填现金支票）

128. 12 月 22 日，经领导批准，总工程师王朝因病去海南疗养，借款 5 000 元，用现金支付。（填借款单）

129. 12 月 22 日，公司资料室维修，领用松木 0.5 立方米，油漆 2 桶。（填领料单）

130. 12 月 22 日，收到国库券利息收入 6 000 元，存入银行。（见所附凭证）

131. 12 月 22 日，出纳员购买计算器一台，价格 56.45 元，用现金支付。（见所附凭证，填费用报销单）

132. 12 月 22 日，将多余现金 5 000 元存入银行，现金的面额分别为 100 元 35 张、面额 50 元 20 张、面额 20 元 15 张、面额 10 元 20 张。（填银行现金存款单）

133. 12 月 22 日，用银行存款支付产品广告等费用共 8 000 元。（见所附凭证，填转账支票、费用报销单）

134. 12 月 23 日，从奇特实业股份有限公司购入的靶材验收入库，发现有 20 块质量不合格，经与对方协商同意退货。（见所附凭证）

135. 12 月 23 日，开出转账支票，支付金石工厂铜线款。（填转账支票）

136. 12 月 23 日，进行材料清查，结果见清查表。（见所附凭证）

137. 12 月 23 日，有一笔应付给夏威公司的其他应付款 2 000 元，由于夏威公司已经破产而无法支付。（填收据）

138. 12 月 23 日，销售给利鑫有限责任公司氧化膜电阻器 1 200 台，价税合计 280 800 元，用银行存款代垫运费 320 元，已办好托收手续。（见所附凭证，填增值税专用发票、产品出库单）

139. 12 月 23 日，用银行存款支付职工劳动保险费 65 000 元。（填转账支票）

140. 12 月 23 日，生产车间领用靶材 700 块，用于生产氧化膜电阻器。（填领料单）

141. 12 月 23 日，职工李明去武汉出差预借差旅费 2 000 元，用现金支付。（填借款单）

142. 12 月 23 日，职工刘林因家里遭受火灾，公司决定给予 2 000 元补助，用现金支付。（见所附凭证）

143. 12 月 24 日，公司自行研发的专利试制成功，向国家专利局申请专利权，用银行存款支付专利登记费 45 000 元，律师费 15 000 元。（填转账支票、无形资产入账（出账）通知单）

144. 12 月 24 日，用现金支付销售产品的装卸费 600 元。（见所附凭证，填费用报销单）

145. 12 月 24 日，生产车间生产氧化膜电阻器领用帽盖 500 个。（填领料单）

146. 12 月 24 日，由于延期纳税，应交滞纳金及罚款 1 500 元，用存款支付（见所附凭证，填转账支票）

147. 12 月 24 日，购买非专利技术一项，价款 75 000 元，用存款支付。（填转账支票、无形资产入账（出账）通知单）

148. 12 月 24 日，委托江山工厂加工的包装箱 400 个已加工完毕，开出支票支付加工费 660 元，按 17%计算增值税，另外用现金支付运杂费 40 元。包装箱验收入库。（见所附凭证，

填转账支票、材料入库单、费用报销单）

149.12 月 24 日，公司将收到的华文工厂的票据到银行办理贴现，银行贴现率 8%。（见所附凭证，填进账单）

150.12 月 24 日，高原寄回学费收据，金额 4 000 元。（见所附凭证，填费用报销单）

151.12 月 24 日，收到同乐工厂补付的货款 53 300 元，支票存入银行。（见所附凭证，填进账单）

152.12 月 24 日，销售给精典电子仪器厂金属膜电阻器 3 000 台，收到转账支票一张，款项 631 800 元，存入银行。（填增值税发票、转账支票、产品出库单、进账单）

153.12 月 25 日，支付注册会计师的审计费 5 000 元。（见据所附凭证，填转账支票）

154.12 月 25 日，企业持有虹桥公司有表决权资本的 35%，并对虹桥公司有重大影响。虹桥公司今年实现利润 600 000 元。

155.12 月 25 日，在财产清查中，发现账外设备一台，重置价值为 10 000 元，估计七成新，经批准作以前年度损益调整处理。（见所附凭证）

156.12 月 26 日，为支付退休金从银行提取现金 20 000 元。（填现金支票）

157.12 月 26 日，用现金 20 000 元支付未统筹退休金。（填工资结算汇总表）

158.12 月 26 日，出纳员盘点库存现金，发现短款 20 元，尚未查明原因。（填现金盘点报告表）

159.12 月 26 日，计算应交车船税 700 元。（填应交车船税计算表）

160.12 月 26 日，用银行存款支付董事会会费 4 000。（填转账支票、费用报销单）

161.12 月 26 日，生产车间生产金属膜电阻器领用油漆 16 桶。（填领料单）

162.12 月 26 日，收到飞扬公司预付的货款 70 000 元，存入银行。（填进账单）

163.12 月 26 日，从皇家公司购入的油漆到货，验收入库。（见所附凭证，填入库单）

164.12 月 27 日，接到银行通知，翌阳公司发放的现金股利 10 000 元，存入银行。

165.12 月 27 日，库存现金短款系出纳员的责任，经批准已由出纳员赔偿。（填收据）

166.12 月 27 日，按 5%计算本月应交营业税。（填应交营业税计算表）

167.12 月 27 日，短期股票投资市价为 110 000 元。（填股票公允价值变动表）

168.12 月 27 日，生产车间生产氧化膜电阻器领用铜线 600 公斤。（填领料单）

169.12 月 27 日，虹桥公司宣告按实现利润的 50%分配股利。（填应收股利表）

170.12 月 27 日，向繁茂工厂购进一批瓷件 1 000 只，已到货验收入库，但结算凭证等单证尚未收到。（填入库单）

171.12 月 27 日，接银行通知，收到向利鑫有限责任公司托收的货款 281 120 元。（见所附凭证）

172.12 月 28 日，计算本期应交城市维护建设税（7%）和应交教育费附加（3%）。（填应交城市维护建设税、教育费附加计算表）

173.12 月 28 日，收到转账支票一张，系腾飞工厂货款 2 457 元，存入银行。（填进账单）

174.12 月 28 日，短缺材料系仓库被盗，经批准应由保管员刘温施赔偿 20%，其余作管理费用处理。（见所附凭证）

175.12 月 28 日，用银行存款交纳车船使用税和营业税。（填税收缴款书）

176.12 月 28 日，补付皇家公司货款 9 825 元。（填电汇凭证）

177.12 月 29 日，收到银行通知，虹桥公司分配的现金股利 105 000 元，已入账。（见所附凭证）

178.12 月 29 日，李明出差归来报销差旅费 1 820 元（车票 1 060 元，补助费 440 元，宿费 320），交回现金 180 元。（填现金收据、差旅费报销单）

179.12 月 29 日，按应收账款余额的 3‰ 计提坏账准备。（填坏账准备计提表）

180.12 月 29 日，将制造费用转入生产成本。（填制造费用分配表，按生产工时进行分配）

181.12 月 29 日，用银行存款上交本月增值税、城建税和教育费附加。（填转账支票、税收缴款书）

182.12 月 30 日，结转完工产品成本，本月金属膜电阻器全部完工，数量为 3 000 台；本月氧化膜电阻器完工 3 500 台，在产品 500 台，完工程度为 50%（填完工产品成本计算表、产品入库单）。

183.12 月 31 日，结转本期商品销售成本。（填已销产品成本计算表）

184.12 月 31 日，将各损益类账户发生额转入“本年利润”账户，并计算出本年应交所得税。并将所得税费用转入本年利润，计算出本年净利润。（填所得税计算表）

185.12 月 31 日，按净利润的 10% 提取法定盈余公积。（填提取法定盈余公积计算表）

186.12 月 31 日，按净利润的 5% 提取任意盈余公积。（填提取任意盈余公积计算表）

187.12 月 31 日，按净利润的 60% 宣告分派普通股现金股利。（填应付股利分配表）

188.12 月 31 日，将利润分配各明细科目的余额转入“未分配利润”明细科目，结转本年利润。

189.12 月 31 日，用银行存款上交本月所得税。（填转账支票、税务缴款书）

190.12 月 31 日，用银行存款归还长期借款 400 000 元。（填银行还款凭证）

191.12 月 31 日，将 27 日到货瓷件按暂估价 5 元入账。

附表 1－1

增值税专用发票

发票联

开票日期：2013 年 12 月 1 日

<table>
<tr><td rowspan="2">购货单位</td><td>名称</td><td colspan="3">瑞丰实业股份有限公司</td><td colspan="8">纳税人登记号</td><td colspan="9">643329857321675</td></tr>
<tr><td>地址、电话</td><td colspan="3">南汇市 6566666</td><td colspan="8">开户银行及账号</td><td colspan="9">工行爱民支行 3293290689225</td></tr>
<tr><td colspan="2" rowspan="2">商品或劳务名</td><td rowspan="2">计量单位</td><td rowspan="2">数量</td><td rowspan="2">单价</td><td colspan="8">金额</td><td>税率</td><td colspan="8">税额</td></tr>
<tr><td>十</td><td>万</td><td>千</td><td>百</td><td>十</td><td>元</td><td>角</td><td>分</td><td>%</td><td>十</td><td>万</td><td>千</td><td>百</td><td>十</td><td>元</td><td>角</td><td>分</td></tr>
<tr><td colspan="2">靶材</td><td>块</td><td>1 800</td><td>35</td><td></td><td>6</td><td>3</td><td>0</td><td>0</td><td>0</td><td>0</td><td>0</td><td>17</td><td></td><td>1</td><td>0</td><td>7</td><td>0</td><td>0</td><td>0</td><td>0</td></tr>
<tr><td colspan="2"></td><td></td><td></td><td></td><td></td><td></td><td></td><td></td><td></td><td></td><td></td><td></td><td></td><td></td><td></td><td></td><td></td><td></td><td></td><td></td><td></td></tr>
<tr><td colspan="2">合计</td><td></td><td></td><td></td><td></td><td>6</td><td>3</td><td>0</td><td>0</td><td>0</td><td>0</td><td>0</td><td></td><td></td><td>1</td><td>0</td><td>7</td><td>1</td><td>0</td><td>0</td><td>0</td></tr>
<tr><td colspan="2">价税合计(大写)</td><td colspan="20">柒万叁仟柒佰壹拾元整　　　　￥73 710.00</td></tr>
<tr><td rowspan="2">销货单位</td><td>名称</td><td colspan="4">昌盛实业股份有限公司</td><td colspan="8">纳税人登记号</td><td colspan="8">456985235741695</td></tr>
<tr><td>地址、电话</td><td colspan="4">0453－6522050</td><td colspan="8">开户银行及账号</td><td colspan="8">工行环北支行 496789634125</td></tr>
<tr><td>备注</td><td colspan="21"></td></tr>
</table>

第二联发票联　销货方记账

销货单位(章)：(印)　　收款人：郭珏　　复核：赵阳　　开票人：张琴

附表 1-2

中国工商银行转账支票存根

支票号码：

签发日期：

收款人：
金额：
用途：
备注：

单位主管：　　会计：

中国工商银行**转账支票**											支票号码：
签发日期(大写)：　年　月　日											开户行名称：
收款人：											签发人账号：
人民币(大写)	千	百	十	万	千	百	十	元	角	分	
用途：											
上列款项请从我账户内支付签发人盖章											复核 记账 验印

附表 3-1

商品零售发票

购货单位：瑞丰实业股份有限公司　　2013 年 12 月 2 日

货号	品名规格	单位	数量	单价	金额									备注
					百	十	万	千	百	十	元	角	分	
	稿纸	本	20	3						6	0	0	0	
	钢笔	支	10	12					1	2	0	0	0	
	尺	把	6	8						4	8	0	0	
合　计：人民币(大写)贰佰贰拾捌元整								¥	2	2	8	0	0	

复核：　　收款：王璎　　开票：方兴

附表 3-2

费用报销单

年　月　日

单位：	金额									备注
	百	十	万	千	百	十	元	角	分	
用途：										
人民币(大写)										

单位领导	财务负责人	部门负责人	报销人

附表 4－1

中保财产保险公司保险费用收据

2013 年 12 月 2 日

户名	保险类别	保险金额	保险期	保险费									备注
				百	十	万	千	百	十	元	角	分	
瑞丰实业股份有限公司	财产保险		2014 年第一季度				7	2	0	0	0	0	
合　计：人民币(大写)柒仟贰佰元整						¥	7	2	0	0	0	0	

复核：　　　　收款：关鹏　　　　开票：王国军

附表 4－2

中国工商银行转账支票存根

支票号码：

签发日期：

收款人：
金额：
用途：
备注：

单位主管：　　会计：

中国工商银行**转账支票**　　　　支票号码：

签发日期(大写)：　　年　月　日　　　　开户行名称：

收款人：　　　　签发人账号：

人民币(大写)	千	百	十	万	千	百	十	元	角	分

用途：

上列款项请从我账户内支付　　　　复核

签发人盖章　　　　记账

　　　　验印

附表 4－3

费用报销单

年　月　日

单位：				金额									备注
				百	十	万	千	百	十	元	角	分	
用途：													
人民币(大写)													
单位领导	财务负责人	部门负责人	报销人										

附表 5－1

中国工商银行转账支票存根

支票号码：

签发日期：

收款人：
金额：
用途：
备注：

单位主管：　　会计：

中国工商银行**转账支票**　　　　支票号码：

签发日期(大写)：　　年　月　日　　　　开户行名称：

收款人：　　　　签发人账号：

人民币(大写)	千	百	十	万	千	百	十	元	角	分

用途：________________

上列款项请从我账户内支付　　　　复核

签发人盖章　　　　记账

　　　　验印

附表 5－2

固定资产验收单

年　月　日

固定资产编号	名　称	规　格	型　号	计量单位	数　量	建造单位	建造编号	资金来源	附属技术资料
总价(净值)	土建工程费	设备费	安装费	运杂费	包装费	其他	合计	预计年限	净残值率
附属设备或建筑						原值		已提折旧	
验收意见		验收人签章				保管使用人签章			

附表 6－1

借款单

年　月　日

借款单位				金额 百	十	万	千	百	十	元	角	分	备注
人民币(大写)													
借款事由：													
单位领导	财务负责人	部门负责人	借款人										

附表 6－2

中国工商银行转账支票存根

支票号码：

签发日期：

收款人：
金额：
用途：
备注：

单位主管： 会计：

中国工商银行**转账支票** 支票号码：

签发日期(大写)： 年 月 日 开户行名称：

收款人： 签发人账号：

人民币(大写)	千	百	十	万	千	百	十	元	角	分

用途：

上列款项请从 复核

我账户内支付 记账

签发人盖章 验印

附表 8－1

增值税专用发票

发票联

开票日期：2013 年 12 月 4 日

<table>
<tr><td rowspan="2">购货单位</td><td>名称</td><td colspan="3">瑞丰实业股份有限公司</td><td colspan="8">纳税人登记号</td><td colspan="9">643329857321675</td></tr>
<tr><td>地址、电话</td><td colspan="3">南汇市 6566666</td><td colspan="8">开户银行及账号</td><td colspan="9">工行爱民支行 3293290689225</td></tr>
<tr><td colspan="2" rowspan="2">商品或劳务名</td><td rowspan="2">计量单位</td><td rowspan="2">数量</td><td rowspan="2">单价</td><td colspan="8">金　额</td><td>税率</td><td colspan="8">税　额</td></tr>
<tr><td>十</td><td>万</td><td>千</td><td>百</td><td>十</td><td>元</td><td>角</td><td>分</td><td>%</td><td>十</td><td>万</td><td>千</td><td>百</td><td>十</td><td>元</td><td>角</td><td>分</td></tr>
<tr><td colspan="2">靶材</td><td>块</td><td>7 000</td><td>36</td><td>2</td><td>5</td><td>2</td><td>0</td><td>0</td><td>0</td><td>0</td><td>0</td><td>17</td><td></td><td>4</td><td>2</td><td>8</td><td>4</td><td>0</td><td>0</td><td>0</td></tr>
<tr><td colspan="2"></td><td></td><td></td><td></td><td></td><td></td><td></td><td></td><td></td><td></td><td></td><td></td><td></td><td></td><td></td><td></td><td></td><td></td><td></td><td></td><td></td></tr>
<tr><td colspan="2">合计</td><td></td><td></td><td></td><td>2</td><td>5</td><td>2</td><td>0</td><td>0</td><td>0</td><td>0</td><td>0</td><td></td><td></td><td>4</td><td>2</td><td>8</td><td>4</td><td>0</td><td>0</td><td>0</td></tr>
<tr><td colspan="2">价税合计(大写)</td><td colspan="20">贰拾玖万肆仟捌佰肆拾元整　　　　¥294 840.00</td></tr>
<tr><td rowspan="2">销货单位</td><td>名称</td><td colspan="3">冠王公司</td><td colspan="8">纳税人登记号</td><td colspan="9">968745635715925</td></tr>
<tr><td>地址、电话</td><td colspan="3">0453－6333521</td><td colspan="8">开户银行及账号</td><td colspan="9">农行东风支行 328123698526</td></tr>
<tr><td>备注</td><td colspan="21"></td></tr>
</table>

第二联 发票联 购货方记账

销货单位(章)：(印) 收款人：严利 复核：韩真 开票人：陈辉

附表 8－2

中国工商银行转账支票存根

支票号码：

签发日期：

收款人：
金额：
用途：
备注：

单位主管： 会计：

中国工商银行**转账支票** 支票号码：

签发日期(大写)： 年 月 日 开户行名称：

收款人： 签发人账号：

人民币(大写)	千	百	十	万	千	百	十	元	角	分

用途：

上列款项请从 复核

我账户内支付 记账

签发人盖章 验印

附表 8-3

入库单

年 月 日 发票号码:NO

材料编号	材料名称及规格	计量单位	数量		价格		运杂费	合计
			应收	实收	单价	金额		
合 计								

第三联 记账联

仓库负责人： 材料会计： 收料人： 经办人： 制单：

附表 9-1

中国工商银行转账支票存根

支票号码：

签发日期：

收款人：
金额：
用途：
备注：

单位主管： 会计：

中国工商银行**转账支票** 支票号码：

签发日期(大写)： 年 月 日 开户行名称：

收款人： 签发人账号：

人民币(大写)	千	百	十	万	千	百	十	元	角	分

用途：

上列款项请从 复核

我账户内支付 记账

签发人盖章 验印

附表 10-1

商品零售发票

购货单位:瑞丰实业股份有限公司 2013 年 12 月 4 日

货号	品名规格	单位	数量	单价	金额 百	十	万	千	百	十	元	角	分	备注
	账本	本	5	12						6	0	0	0	
合 计:人民币(大写)陆拾元整									¥	6	0	0	0	

复核： 收款:王明 开票:刘东

附表 10 - 2

费用报销单

年 月 日

单位：				金额									备注
				百	十	万	千	百	十	元	角	分	
用途：													
人民币(大写)													
单位领导	财务负责人	部门负责人	报销人										

附表 11 - 1

中国工商银行电汇凭证(回单)

委托日期 年 月 日 第 号

汇款人	全称				收款人	全称			
	账号或住址					账号或住址			
	汇出地点		汇出行名称			汇入地点		汇入行名称	

金额	人民币(大写)	百	十	万	千	百	十	元	角	分

汇款用途：

上列款项已根据委托办理。如需查询，请持此回单面洽。

单位主管： 会计： 出纳： 记账：

汇出行盖章

年 月 日

附表 12 - 1

固定资产清理计算表

年 月 日

清理项目		清理原因	
固定资产清理借方发生额		固定资产清理贷方发生额	
清理支出内容	金额	清理收入内容	金额
固定资产净值		出售收入	
营业税		固定资产报废残值	
借方合计		贷方合计	
固定资产清理 净收益/净损失 金额(人民币)			

主管： 复核： 制表：

附表 12-2

固定资产注销单

年　月　日　　　　　　　　　　　　编号：

类别	资产编号	固定资产名称	规格型号	建造单位			数量	原值	折旧额		使用年限	收回残值	累计已提折旧	净值	所在地	注销原因
				名称	日期	编号			应计折旧总额	月折旧额						

主管：　　　复核：　　　制表：

附表 13-1

行政事业性收费票据

缴费单位：瑞丰实业股份有限公司　　　　2013 年 12 月 4 日

收费项目	收费依据	收费标准及数量	金额								
			百	十	万	千	百	十	元	角	分
罚款	违反《环境保护法》，乱倒垃圾					6	0	0	0	0	0
合　计人民币（大写）陆仟元整					¥	6	0	0	0	0	0
备注：			收款单位：南汇市环保局 收款人：王红								

第二联　收据

附表 13-2

中国工商银行转账支票存根

支票号码：

签发日期：

收款人：
金额：
用途：
备注：

单位主管：　　会计：

中国工商银行**转账支票**　　　　支票号码：

签发日期（大写）：　　年　月　日　　　开户行名称：

收款人：　　　　　　　　　　　　　　签发人账号：

人民币（大写）	千	百	十	万	千	百	十	元	角	分

用途：________

上列款项请从　　　　　　复核

我账户内支付　　　　　　记账

签发人盖章　　　　　　　验印

附表 13 - 3

费用报销单

年 月 日

单位：	金额									备注
	百	十	万	千	百	十	元	角	分	
用途：										
人民币(大写)	报销人									
单位领导 / 财务负责人 / 部门负责人										

附表 14 - 1

中国工商银行现金支票存根

支票号码：

签发日期：

收款人：
金额：
用途：
备注：

单位主管： 会计：

中国工商银行**现金支票** 支票号码：

签发日期(大写)： 年 月 日 开户行名称：

收款人： 签发人账号：

人民币(大写)	千	百	十	万	千	百	十	元	角	分

用途：________________

上列款项请从 复核

我账户内支付 记账

签发人盖章 验印

附表 15 - 1

饮食业专用发票

发票联

2013 年 12 月 5 日

项目：餐费

金额：460.00

人民币(大写)肆佰陆拾元整

2013 年地税 0000329

单位(盖章)： 收款：江山

附表 15-2

费用报销单

年　月　日

单位：	金额									备注
	百	十	万	千	百	十	元	角	分	
用途：										
人民币(大写)										

单位领导	财务负责人	部门负责人	报销人

附表 16-1

商品零售发票

购货单位：瑞丰实业股份有限公司　　2013 年 12 月 5 日

货号	品名规格	单位	数量	单价	金额									备注
					百	十	万	千	百	十	元	角	分	
	碗	个	200	2					4	0	0	0	0	
	盘子	个	100	3					3	0	0	0	0	
	盆	个	6	5						3	0	0	0	
合　计：人民币(大写)柒佰叁拾元整								¥	7	3	0	0	0	

复核：　　收款：明玉　　开票：肖飞

附表 16-2

中国工商银行转账支票存根

支票号码：

签发日期：

收款人：
金额：
用途：
备注：

单位主管：　　会计：

中国工商银行**转账支票**　　支票号码：

签发日期(大写)：　　年　月　日　　开户行名称：

收款人：　　签发人账号：

人民币(大写)	千	百	十	万	千	百	十	元	角	分

用途：

上列款项请从　　复核

我账户内支付　　记账

签发人盖章　　验印

附表 17-1

入库单

年　月　日　　发票号码：NO

材料编号	材料名称及规格	计量单位	数量		价格		运杂费	合计
			应收	实收	单价	金额		
合　计								

第三联　记账联

仓库负责人：　　材料会计：　　收料人：　　经办人：　　制单：

附表 18－1

增值税专用发票

记账联

开票日期：

购货单位	名称				纳税人登记号																
	地址、电话				开户银行及账号																
商品或劳务名		计量单位	数量	单价	金额								税率%	税额							
					十	万	千	百	十	元	角	分		十	万	千	百	十	元	角	分
合计																					
价税合计(大写)																					
销货单位	名称				纳税人登记号																
	地址、电话				开户银行及账号																
备注																					

第四联记账联 销货方记账

销货单位(章)：(印)　　收款人：　　复核：　　开票人：

附表 18－2

产品出库单

用途：　　　　年　　月　　日　　　　编号：

产品名称	规格型号	计量单位	出库数量	单位成本	总成本	备注

财务：　　仓库主管：　　仓库经手人：

附表 19－1

中国邮政
报刊费收据

户名：瑞丰实业股份有限公司　　　　(公费订阅)

地址：南汇市江都区桂花路 28 号　　　　段别：

报刊代码	报刊名称	起止期	份数	价格	金额									备注
					百	十	万	千	百	十	元	角	分	
	报刊	本	20	120				2	4	0	0	0	0	
合　计：人民币(大写)贰仟肆佰元整							¥	2	4	0	0	0	0	

经手人：王汛

邮局收订日戳：2013 年 12 月 5 日

附表 19－2

中国工商银行转账支票存根

支票号码：

签发日期：

收款人：
金额：
用途：
备注：

单位主管： 会计：

中国工商银行**转账支票**											支票号码：
签发日期(大写)： 年 月 日											开户行名称：
收款人：											签发人账号：
人民币	千	百	十	万	千	百	十	元	角	分	
(大写)											
用途：________											
上列款项请从											复核
我账户内支付											记账
签发人盖章											验印

附表 21－1

收 据

年 月 日　　　　第 号

今收到					
人民币(大写) ￥___					
事 由				现金	
				支票第 号	
收款单位		财务主管		收款人	

附表 22－1

增值税专用发票

发票联

开票日期：2013 年 12 月 5 日

购货单位	名称	瑞丰实业股份有限公司			纳税人登记号								643329857321675								
	地址、电话	南汇市 6566666			开户银行及账号								工行爱民支行 3293290689225								
商品或劳务名		计量单位	数量	单价	金额								税率	税额							
					十	万	千	百	十	元	角	分	%	十	万	千	百	十	元	角	分
AIQ012 机床		台	1	40 400		4	0	4	0	0	0	0	17			6	8	6	8	0	0
合计						4	0	4	0	0	0	0				6	8	6	8	0	0
价税合计(大写)		肆万柒仟贰佰陆拾捌元整											￥47 268.00								
销货单位	名称	清雅机械厂			纳税人登记号								839687963358762								
	地址、电话	0451－55514789			开户银行及账号								工行沙龙支行 998123698575								
备注																					

第二联 发票联 购货方记账

销货单位(章)：(印)　　收款人：宁静　　复核：尚昆　　开票人：符佳音

附表 22－2

公路运输货车统一发票

NO 045623

托运单位：哈尔滨市清雅机械厂　　运输日期：2013 年 12 月 6 日

货物名称	起讫地址		公里	重量	计量单位	单价	运输金额
	起点	终点					
AIQ012 机床	哈尔滨	南汇		5	吨公里	20	100.00
运费合计(大写)壹佰元整							

车号：　　收款单位：(盖章有效)　　收款人：马静

地址：

附表 22－3

固定资产验收单

年　月　日

固定资产编号	名　称	规　格	型　号	计量单位	数　量	建造单位	建造编号	资金来源	附属技术资料
总价(净值)	土建工程费	设备费	安装费	运杂费	包装费	其他	合计	预计年限	净残值率
附属设备或建筑						原值		已提折旧	
验收意见			验收人签章			保管使用人签章			

附表 23－1

中国工商银行转账支票存根

支票号码：

签发日期：

收款人：
金额：
用途：
备注：

单位主管：　　会计：

中国工商银行**转账支票**

支票号码：

签发日期(大写)：　　年　月　日　　开户行名称：

收款人：　　签发人账号：

人民币(大写)	千	百	十	万	千	百	十	元	角	分

用途：

上列款项请从　　复核

我账户内支付　　记账

签发人盖章　　验印

附表 24－1

中国工商银行转账支票存根

支票号码：

签发日期：

收款人：
金额：
用途：
备注：

单位主管：　　会计：

中国工商银行**转账支票**											支票号码：
签发日期(大写)：　年　月　日											开户行名称：
收款人：											签发人账号：
人民币(大写)	千	百	十	万	千	百	十	元	角	分	
用途：											
上列款项请从											复核
我账户内支付											记账
签发人盖章											验印

附表 25－1

增值税专用发票

发票联

开票日期：2013 年 12 月 4 日

购货单位	名称	瑞丰实业股份有限公司			纳税人登记号									643329857321675								
	地址、电话	南汇市 6566666			开户银行及账号									工行爱民支行 3293290689225								
商品或劳务名		计量单位	数量	单价	金额								税率%	税额								
					十	万	千	百	十	元	角	分		十	万	千	百	十	元	角	分	
铝材		吨	10	5 000		5	0	0	0	0	0	0	17			8	5	0	0	0	0	
合计						5	0	0	0	0	0	0				8	5	0	0	0	0	
价税合计(大写)		伍万捌仟伍佰元整												¥58 500.00								
销货单位	名称	江北公司			纳税人登记号									369852698745632								
	地址、电话	0453－6632148			开户银行及账号									工行爱民支行 789241233698								
备注																						

第二联 发票联 购货方记账

销货单位(章)：(印)　　收款人：刘海　　复核：黄莺　　开票人：曾威

附表 25－2

中国工商银行转账支票存根

支票号码：

签发日期：

收款人：
金额：
用途：
备注：

单位主管：　　会计：

中国工商银行**转账支票**											支票号码：
签发日期(大写)：　年　月　日											开户行名称：
收款人：											签发人账号：
人民币(大写)	千	百	十	万	千	百	十	元	角	分	
用途：											
上列款项请从											复核
我账户内支付											记账
签发人盖章											验印

附表 25－3

入库单

年 月 日　　　　发票号码:NO

材料编号	材料名称及规格	计量单位	数量		价格		运杂费	合计
			应收	实收	单价	金额		
合计								

第三联 记账联

仓库负责人:　　材料会计:　　收料人:　　经办人:　　制单:

附表 26－1

南汇市电信局专用收据

2013 年 12 月 7 日　　　　第 069874 号

号码	6566666	种类	支票	用户名称	瑞丰实业股份有限公司
总金额(人民币)		贰仟陆佰贰拾捌元整			￥2 628.00
收费明细项目:市话费 1 704.00 长话费 924.00					
收款人:程怀伍				收费章	

附表 26－2

中国工商银行转账支票存根

支票号码:

签发日期:

收款人:
金额:
用途:
备注:

单位主管:　　会计:

中国工商银行**转账支票**　　支票号码:

签发日期(大写):　　年　月　日　　开户行名称:

收款人:　　签发人账号:

人民币(大写)	千	百	十	万	千	百	十	元	角	分

用途:________

上列款项请从我账户内支付　　复核

签发人盖章　　记账　　验印

附表 27－1

南汇市工商企业资金往来专用发票

副　联

客户名称:红旗工厂　　2013 年 12 月 7 日

项目	数量	收费标准	百	十	万	千	百	十	元	角	分
预收货款					5	0	0	0	0	0	0
合计:人民币(大写)伍万元整				￥	5	0	0	0	0	0	0
备注:											

第三联 副联

收款单位盖章:　　开票人:

附表 27－2

中国工商银行进账单(收款通知)

年 月 日 第 号

付款人	全 称		收款人	全 称										
	账 号			账 号										
	开户行			开户行										
人民币（大写）				亿	千	百	十	万	千	百	十	元	角	分
票据种类														
票据张数														
单位主管： 会计： 复核： 记账：			收款人开户盖章											

附表 28－1

入库单

年 月 日 发票号码:NO

材料编号	材料名称及规格	计量单位	数量		价格		运杂费	合计
			应收	实收	单价	金额		
合 计								

第三联 记账联

仓库负责人： 材料会计： 收料人： 经办人： 制单：

附表 29－1

领料单

领用部门：

编号： 年 月 日

编号	类别	名 称	规 格	单 位	数量		金额	
					请 领	实 发	单 价	金 额
合 计								
用途								

发料人： 记账： 领料部门负责人： 领料人：

附表 30-1

增值税专用发票

发票联

开票日期：2013 年 12 月 8 日

购货单位	名称	瑞丰实业股份有限公司	纳税人登记号	643329857321675
	地址、电话	南汇市 6566666	开户银行及账号	工行爱民支行 3293290689225

商品或劳务名	计量单位	数量	单价	金额 十	万	千	百	十	元	角	分	税率%	税额 十	万	千	百	十	元	角	分
铜线	公斤	300	100		3	0	0	0	0	0	0	17			5	1	0	0	0	0
合计					3	0	0	0	0	0	0				5	1	0	0	0	0

价税合计（大写）	叁万伍仟壹佰元整		¥35 100.00
销货单位 名称	金石工厂	纳税人登记号	495876213987456
销货单位 地址、电话	0452—55894712	开户银行及账号	工行松柏支行 496789634125
备注			

第二联 发票联 购货方记账

销货单位（章）：（印）　　收款人：王朝阳　　复核：毛菲菲　　开票人：刘海燕

附表 30-2

入库单

年　月　日　　　　发票号码：NO

材料编号	材料名称及规格	计量单位	数量 应收	数量 实收	价格 单价	价格 金额	运杂费	合计
合计								

第三联 记账联

仓库负责人：　　材料会计：　　收料人：　　经办人：　　制单：

附表 31-1

工资分配表

年　月　日

部门	金额	计入科目	合计
合计			

主管：　　审核：　　制单：

附表 31－2

职工福利费计提表

年　月　日

部　门	职工工资	提取率	计提职工福利费
合　计			

主管：　　　　审核：　　　　制单：

附表 32－1

领料单

领用部门：

编号：　　　　年　月　日

编号	类别	名　称	规　格	单　位	数　量		金　额	
					请　领	实　发	单　价	金　额
合　计								
用途								

发料人：　　　记账：　　　领料部门负责人：　　　领料人：

附表 33－1

领料单

领用部门：

编号：　　　　年　月　日

编号	类别	名　称	规　格	单　位	数　量		金　额	
					请　领	实　发	单　价	金　额
合　计								
用途								

发料人：　　　记账：　　　领料部门负责人：　　　领料人：

附表 34－1

增值税专用发票

发票联

开票日期：2013 年 12 月 1 日

购货单位	名称	瑞丰实业股份有限公司	纳税人登记号	643329857321675
	地址、电话	南汇市 6566666	开户银行及账号	工行爱民支行 3293290689225

商品或劳务名	计量单位	数量	单价	金额								税率	税额							
				十	万	千	百	十	元	角	分	%	十	万	千	百	十	元	角	分
机油	桶	20	30				6	0	0	0	0	17				1	0	2	0	0
合计							6	0	0	0	0					1	0	2	0	0
价税合计(大写)	柒佰零贰元整							￥702.00												

销货单位	名称	昌盛实业股份公司	纳税人登记号	456985235741695
	地址、电话	0453－6522050	开户银行及账号	工行环北支行 496789634125
备注				

第二联 发票联 购货方记账

销货单位(章)：(印)　　收款人：郭珏　　复核：赵阳　　开票人：张琴

附表 34－2

中国工商银行转账支票存根

支票号码：

签发日期：

收款人：
金额：
用途：
备注：

单位主管：　　会计：

中国工商银行**转账支票**　　支票号码：

签发日期(大写)：　　年　月　日　　开户行名称：

收款人：　　签发人账号：

人民币(大写)	千	百	十	万	千	百	十	元	角	分

用途：

上列款项请从　　复核

我账户内支付　　记账

签发人盖章　　验印

附表 34－3

入库单

年　月　日　　发票号码：NO

材料编号	材料名称及规格	计量单位	数量		价格		运杂费	合计
			应收	实收	单价	金额		
合计								

第三联 记账联

仓库负责人：　　材料会计：　　收料人：　　经办人：　　制单：

附表 35－1

增值税专用发票

记账联

开票日期：

<table>
<tr><td rowspan="2">购货单位</td><td>名称</td><td colspan="3"></td><td colspan="8">纳税人登记号</td><td colspan="9"></td></tr>
<tr><td>地址、电话</td><td colspan="3"></td><td colspan="8">开户银行及账号</td><td colspan="9"></td></tr>
<tr><td colspan="2" rowspan="2">商品或劳务名</td><td rowspan="2">计量单位</td><td rowspan="2">数量</td><td rowspan="2">单价</td><td colspan="8">金　额</td><td>税率</td><td colspan="8">税　额</td></tr>
<tr><td>十</td><td>万</td><td>千</td><td>百</td><td>十</td><td>元</td><td>角</td><td>分</td><td>%</td><td>十</td><td>万</td><td>千</td><td>百</td><td>十</td><td>元</td><td>角</td><td>分</td></tr>
<tr><td colspan="2"></td><td></td><td></td><td></td><td></td><td></td><td></td><td></td><td></td><td></td><td></td><td></td><td></td><td></td><td></td><td></td><td></td><td></td><td></td><td></td><td></td></tr>
<tr><td colspan="2"></td><td></td><td></td><td></td><td></td><td></td><td></td><td></td><td></td><td></td><td></td><td></td><td></td><td></td><td></td><td></td><td></td><td></td><td></td><td></td><td></td></tr>
<tr><td colspan="2">合计</td><td></td><td></td><td></td><td></td><td></td><td></td><td></td><td></td><td></td><td></td><td></td><td></td><td></td><td></td><td></td><td></td><td></td><td></td><td></td><td></td></tr>
<tr><td colspan="2">价税合计(大写)</td><td colspan="20"></td></tr>
<tr><td rowspan="2">销货单位</td><td>名称</td><td colspan="4"></td><td colspan="7">纳税人登记号</td><td colspan="9"></td></tr>
<tr><td>地址、电话</td><td colspan="4"></td><td colspan="7">开户银行及账号</td><td colspan="9"></td></tr>
<tr><td>备注</td><td colspan="21"></td></tr>
</table>

第四联 记账联 销货方记账

销货单位(章)：(印)　　　　收款人：　　　　复核：　　　　开票人：

附表 35－2

产品出库单

用途：　　　　年　月　日　　　　编号：

产品名称	规格型号	计量单位	出库数量	单位成本	总成本	备注

财务：　　　　仓库主管：　　　　仓库经手人：

附表 35－3

收　据

年　月　日　　　　第　　号

<table>
<tr><td colspan="6">今收到</td></tr>
<tr><td colspan="6">人民币(大写)　　　　¥____</td></tr>
<tr><td colspan="4" rowspan="3">事　由</td><td colspan="2">现金</td></tr>
<tr><td colspan="2">支票第　　　号</td></tr>
<tr><td colspan="2"></td></tr>
<tr><td>收款单位</td><td></td><td>财务主管</td><td></td><td>收款人</td><td></td></tr>
</table>

附表 36-1

南汇市瑞丰实业股份有限公司

工程竣工验收单

项目名称				批准日期		
项目性质				完成日期		
合同金额				追加金额		
承包单位				承包方负责人		
预算价				决算价		
结构类型				建筑面积		
验收意见						
验收人员	使用部门	外请专家		单位负责人	财务部门	
备注：						
验收单位(盖章) 负责人：		施工单位(盖章) 负责人：			使用单位(盖章) 负责人：	

附表 37-1

中国工商银行(短期贷款)借款凭证(入账通知)

单位编号:3621　　日期:2013年12月9日　　银行编号:2688

收款单位	名　称	瑞丰实业股份有限公司	付款单位	名　称	中国工商银行南汇市爱民支行
	往来账号	3293290689225		往来银行	3296589742112
	开户银行	工行南汇市爱民支行		开户银行	工商银行南汇市爱民支行

借款金额	人民币(大写)捌万元整	百	十	万	千	百	十	元	角	分
			¥	8	0	0	0	0	0	0

借款原因及用途	流动资金借款		利　率	8%
借　款　期　限			你单位上列借款,已转入你单位结算户内,借款到期时由我行按期自你单位结算账户转还。 (银行盖章) 2013年12月9日	
期　限	计划还款日期	计划还款金额		
半年	2014年6月9日	80 000		

附表 38-1

盘点报告表

单位名称:原材料仓库　　2013年12月10日

编号	类别及名称	计量单位	单价	实存		账存		对比结果				备注
								盘盈		盘亏		
				数量	金额	数量	金额	数量	金额	数量	金额	
	帽 盖	个	2.5	7 920		3 674		7 674		246	615	
	合　计										615	

附表 39－1

增值税专用发票

发票联

开票日期：2013 年 12 月 10 日

购货单位	名称	瑞丰实业股份有限公司	纳税人登记号	643329857321675
	地址、电话	南汇市 6566666	开户银行及账号	工行爱民支行 3293290689225

商品或劳务名	计量单位	数量	单价	金额								税率%	税额							
				十	万	千	百	十	元	角	分		十	万	千	百	十	元	角	分
瓷件	个	1 000	5.20			5	2	0	0	0	0	17				8	8	4	0	0
帽盖	个	2 000	2.40			4	8	0	0	0	0	17				8	1	6		
合计					1	0	0	0	0	0	0				1	7	0	0	0	0

价税合计(大写)	壹万壹仟柒佰元整	￥11 700.00

销货单位	名称	华泰有限责任公司	纳税人登记号	159687459324791
	地址、电话	0431－88259963	开户银行及账号	农行东坡支行 496789634125
备注				

第二联发票联　购货方记账

销货单位(章)：(印)　　收款人：魏广东　　复核：关注翔　　开票人：常虹

附表 39－2

沈阳铁路局货物运单

货位：

运输号码：　　2013 年 12 月 7 日

发货人填写					铁路填写		
发站	长春	到站		南汇	车种车号	B3579	货车标重
到站所属省(市)		黑龙江			施封号码	铁路货车篷布号	
发货人	华泰有限责任公司				经由	集装箱号	
收货人	瑞丰实业股份有限公司					集装箱箱型	
货物名称	件数	发货人确定重量	铁路确定重量		计费重量	运费	
瓷件	20	400	400		400	装费	
帽盖	100	300	300		300		
						合计	350.00

附表 39－3

入库单

年　月　日　　发票号码：NO

材料编号	材料名称及规格	计量单位	数量		价格		运杂费	合计
			应收	实收	单价	金额		
合计								

第三联　记账联

仓库负责人：　　材料会计：　　收料人：　　经办人：　　制单：

附表 39－4

运杂费分配表

年 月 日

分配对象(材料)	分配标准(实际价款)	分配率(单位运杂费)	分配金额
合 计			

财务主管： 制表：

附表 40－1

领料单

领用部门：

编号： 年 月 日

编号	类别	名 称	规 格	单 位	数 量		金 额	
					请 领	实 发	单 价	金 额
合 计								
用途								

发料人： 记账： 领料部门负责人： 领料人：

附表 41－1

南汇市鸿运废品回收公司

收购单

2013 年 12 月 10 日 NO. 2583256

项目	单位	数量	单价	收 购 金 额										备注
				千	百	十	万	千	百	十	元	角	分	
钢铁	kg	50	10.00						5	0	0	0	0	
人民币金额合计(小写)								¥	5	0	0	0	0	
人民币金额合计(大写)		伍佰元整												

收款单位盖章： 开票：李长胜

附表 41－2

收 据

年 月 日 第 号

今收到			
人民币(大写) ¥____			
事 由			现金 支票第 号
收款单位		财务主管	收款人

附表 42-1

增值税专用发票

发票联

开票日期：2013 年 12 月 10 日

<table>
<tr><td rowspan="2">购货单位</td><td>名称</td><td colspan="3">瑞丰实业股份有限公司</td><td colspan="8">纳税人登记号</td><td colspan="9">643329857321675</td></tr>
<tr><td>地址、电话</td><td colspan="3">南汇市 6566666</td><td colspan="8">开户银行及账号</td><td colspan="9">工行爱民支行 3293290689225</td></tr>
<tr><td colspan="2" rowspan="2">商品或劳务名</td><td rowspan="2">计量单位</td><td rowspan="2">数量</td><td rowspan="2">单价</td><td colspan="8">金 额</td><td>税率</td><td colspan="8">税 额</td></tr>
<tr><td>十</td><td>万</td><td>千</td><td>百</td><td>十</td><td>元</td><td>角</td><td>分</td><td>%</td><td>十</td><td>万</td><td>千</td><td>百</td><td>十</td><td>元</td><td>角</td><td>分</td></tr>
<tr><td colspan="2">角铁</td><td>公斤</td><td>2 000</td><td>2.60</td><td></td><td></td><td>5</td><td>2</td><td>0</td><td>0</td><td>0</td><td>0</td><td>17</td><td></td><td></td><td></td><td>8</td><td>8</td><td>4</td><td>0</td><td>0</td></tr>
<tr><td colspan="2"></td><td></td><td></td><td></td><td></td><td></td><td></td><td></td><td></td><td></td><td></td><td></td><td></td><td></td><td></td><td></td><td></td><td></td><td></td><td></td><td></td></tr>
<tr><td colspan="2">合计</td><td></td><td></td><td></td><td></td><td></td><td>5</td><td>2</td><td>0</td><td>0</td><td>0</td><td>0</td><td></td><td></td><td></td><td></td><td>8</td><td>8</td><td>4</td><td>0</td><td>0</td></tr>
<tr><td colspan="2">价税合计(大写)</td><td colspan="11">陆仟零捌拾肆元整</td><td colspan="9">￥6 084.00</td></tr>
<tr><td rowspan="2">销货单位</td><td>名称</td><td colspan="3">正阳钢铁厂</td><td colspan="8">纳税人登记号</td><td colspan="9">258974563211590</td></tr>
<tr><td>地址、电话</td><td colspan="3">0452—2786302</td><td colspan="8">开户银行及账号</td><td colspan="9">工行环北支行 56871596302401</td></tr>
<tr><td>备注</td><td colspan="21"></td></tr>
</table>

第二联 发票联 购货方记账

销货单位(章)：(印)　　收款人：郭若贤　　复核：刘飞　　开票人：华姗

附表 42-2

哈尔滨铁路局货物运单

货位：

运输号码：　　2013 年 12 月 8 日

<table>
<tr><td colspan="5">发 货 人 填 写</td><td colspan="3">铁 路 填 写</td></tr>
<tr><td>发 站</td><td colspan="2">齐齐哈尔</td><td>到 站</td><td>南 汇</td><td>车种车号</td><td>B3579</td><td>货车标重</td></tr>
<tr><td colspan="2">到站所属省(市)</td><td colspan="3">黑 龙 江</td><td>施封号码</td><td>铁路货车篷布号</td><td></td></tr>
<tr><td>发 货 人</td><td colspan="4">正阳钢铁厂</td><td>经 由</td><td>集 装 箱 号</td><td></td></tr>
<tr><td>收 货 人</td><td colspan="4">瑞丰实业股份有限公司</td><td></td><td>集 装 箱 箱 型</td><td></td></tr>
<tr><td>货物名称</td><td>件数</td><td colspan="2">发货人确定重量</td><td>铁路确定重量</td><td>计费重量</td><td>运 费</td><td>80.00</td></tr>
<tr><td>角 铁</td><td>40</td><td colspan="2">2 000</td><td>2 000</td><td>2 000</td><td>装 费</td><td>20.00</td></tr>
<tr><td></td><td></td><td colspan="2"></td><td></td><td></td><td></td><td></td></tr>
<tr><td></td><td></td><td colspan="2"></td><td></td><td></td><td>合计</td><td>100.00</td></tr>
</table>

附表 42-3

入库单

年　月　日　　发票号码：NO

<table>
<tr><td rowspan="2">材 料
编 号</td><td rowspan="2">材料名称
及规格</td><td rowspan="2">计 量
单 位</td><td colspan="2">数 量</td><td colspan="2">价 格</td><td rowspan="2">运杂
费</td><td rowspan="2">合
计</td></tr>
<tr><td>应收</td><td>实收</td><td>单价</td><td>金额</td></tr>
<tr><td></td><td></td><td></td><td></td><td></td><td></td><td></td><td></td><td></td></tr>
<tr><td></td><td></td><td></td><td></td><td></td><td></td><td></td><td></td><td></td></tr>
<tr><td></td><td></td><td></td><td></td><td></td><td></td><td></td><td></td><td></td></tr>
<tr><td>合 计</td><td></td><td></td><td></td><td></td><td></td><td></td><td></td><td></td></tr>
</table>

第三联 记账联

仓库负责人：　　材料会计：　　收料人：　　经办人：　　制单：

附表 43－1

服务业专用发票

客户名称：瑞丰实业股份有限公司　　2013 年 12 月 10 日

项目	单位	数量	单价	金额
展览费				540.00
合计：金额(大写)伍佰肆拾元整				

单位(盖章)　　开票人：张东

附表 43－2

中国工商银行转账支票存根

支票号码：

签发日期：

收款人：
金额：
用途：
备注：

单位主管：　　会计：

中国工商银行**转账支票**　　支票号码：

签发日期(大写)：　年　月　日　　开户行名称：

收款人：　　签发人账号：

人民币(大写)	千	百	十	万	千	百	十	元	角	分

用途：

上列款项请从　　复核

我账户内支付　　记账

签发人盖章　　验印

附表 44－1

工商业统一发票

发票联　　××税务局监制

开票日期：2013 年 12 月 10 日　　NO：269798741236

购货单位	名称	瑞丰实业股份有限公司	销货单位	名称	宝典铁厂
	税务登记号	643329857321675		税务登记号	569874269321456

编号	货物或应税劳务名称	计量单位	数量	单价	金额 十	万	千	百	十	元	角	分
	铁钉	公斤	2 000	2			4	0	0	0	0	0
合计(大写)肆仟元整					￥4 000.00							

收款人：李煜　　经办人：赵光　　收款单位：(盖章)

附表 44－2

中国工商银行转账支票存根

支票号码：

签发日期：

收款人：
金额：
用途：
备注：

单位主管： 会计：

中国工商银行**转账支票**　　支票号码：

签发日期(大写)：　年　月　日　　开户行名称：

收款人：　　签发人账号：

人民币 (大写)	千	百	十	万	千	百	十	元	角	分

用途：

上列款项请从　　复核

我账户内支付　　记账

签发人盖章　　验印

附表 44－3

入库单

年　月　日　　发票号码：NO

材料编号	材料名称及规格	计量单位	数量		价格		运杂费	合计
			应收	实收	单价	金额		
合　计								

第三联　记账联

仓库负责人：　材料会计：　收料人：　经办人：　制单：

附表 45－1

领料单

领用部门：

编号：　　年　月　日

编号	类别	名　称	规　格	单　位	数量		金额	
					请　领	实　发	单　价	金　额
合　计								
用途								

发料人：　记账：　领料部门负责人：　领料人：

附表 46－1

中国工商银行转账支票存根
支票号码：
签发日期：

收款人：
金额：
用途：
备注：

单位主管：　　会计：

中国工商银行**转账支票**　　支票号码：
签发日期(大写)：　年　月　日　　开户行名称：
收款人：　　签发人账号：

人民币 (大写)	千	百	十	万	千	百	十	元	角	分

用途：
上列款项请从　　复核
我账户内支付　　记账
签发人盖章　　验印

附表 46－2

费用报销单

年　月　日

单位：			金额									备注
			百	十	万	千	百	十	元	角	分	
用途：												
人民币(大写)												
单位领导	财务负责人	部门负责人	报销人									

附表 47－1

借款利息计算表

年　月　日

借款种类	借款额	月利率	本月利息	备注
合　计				

主管：　　会计：　　记账：　　制单：

附表 48－1

中国工商银行转账支票存根
支票号码：
签发日期：

收款人：
金额：
用途：
备注：

单位主管：　　会计：

中国工商银行**转账支票**　　支票号码：
签发日期(大写)：　年　月　日　　开户行名称：
收款人：　　签发人账号：

人民币 (大写)	千	百	十	万	千	百	十	元	角	分

用途：
上列款项请从　　复核
我账户内支付　　记账
签发人盖章　　验印

附表 48－2

增值税专用发票

记账联

开票日期：

<table>
<tr><td rowspan="2">购货单位</td><td>名称</td><td colspan="3"></td><td colspan="8">纳税人登记号</td><td colspan="9"></td></tr>
<tr><td>地址、电话</td><td colspan="3"></td><td colspan="8">开户银行及账号</td><td colspan="9"></td></tr>
<tr><td colspan="2" rowspan="2">商品或劳务名</td><td rowspan="2">计量单位</td><td rowspan="2">数量</td><td rowspan="2">单价</td><td colspan="8">金　额</td><td rowspan="2">税率%</td><td colspan="8">税　额</td></tr>
<tr><td>十</td><td>万</td><td>千</td><td>百</td><td>十</td><td>元</td><td>角</td><td>分</td><td>十</td><td>万</td><td>千</td><td>百</td><td>十</td><td>元</td><td>角</td><td>分</td></tr>
<tr><td colspan="2"></td><td></td><td></td><td></td><td></td><td></td><td></td><td></td><td></td><td></td><td></td><td></td><td></td><td></td><td></td><td></td><td></td><td></td><td></td><td></td></tr>
<tr><td colspan="2"></td><td></td><td></td><td></td><td></td><td></td><td></td><td></td><td></td><td></td><td></td><td></td><td></td><td></td><td></td><td></td><td></td><td></td><td></td><td></td></tr>
<tr><td colspan="2">合计</td><td></td><td></td><td></td><td></td><td></td><td></td><td></td><td></td><td></td><td></td><td></td><td></td><td></td><td></td><td></td><td></td><td></td><td></td><td></td></tr>
<tr><td colspan="2">价税合计(大写)</td><td colspan="20"></td></tr>
<tr><td rowspan="2">销货单位</td><td>名称</td><td colspan="4"></td><td colspan="7">纳税人登记号</td><td colspan="9"></td></tr>
<tr><td>地址、电话</td><td colspan="4"></td><td colspan="7">开户银行及账号</td><td colspan="9"></td></tr>
<tr><td>备注</td><td colspan="21"></td></tr>
</table>

第四联记账联　销货方记账

销货单位(章)：(印)　　收款人：　　复核：　　开票人：

附表 48－3

产品出库单

用途：　　　　年　　月　　日　　　　编号：

产品名称	规格型号	计量单位	出库数量	单位成本	总成本	备注

财务：　　仓库主管：　　仓库经手人：

附表 48－4

中国工商银行进账单(收款通知)

年　　月　　日　　　　第　　号

<table>
<tr><td rowspan="3">付款人</td><td>全　称</td><td colspan="2"></td><td rowspan="3">收款人</td><td colspan="3">全　称</td><td colspan="8"></td></tr>
<tr><td>账　号</td><td colspan="2"></td><td colspan="3">账　号</td><td colspan="8"></td></tr>
<tr><td>开户行</td><td colspan="2"></td><td colspan="3">开户行</td><td colspan="8"></td></tr>
<tr><td rowspan="2">人民币
(大写)</td><td colspan="4" rowspan="2"></td><td>亿</td><td>千</td><td>百</td><td>十</td><td>万</td><td>千</td><td>百</td><td>十</td><td>元</td><td>角</td><td>分</td></tr>
<tr><td></td><td></td><td></td><td></td><td></td><td></td><td></td><td></td><td></td><td></td><td></td></tr>
<tr><td colspan="2">票据种类</td><td colspan="2"></td><td colspan="12" rowspan="3">收款人开户盖章</td></tr>
<tr><td colspan="2">票据张数</td><td colspan="2"></td></tr>
<tr><td colspan="4">单位主管：　会计：　复核：　记账：</td></tr>
</table>

附表 49－1

领料单

领用部门：

编号：　　　　　　　　　　　　年　月　日

编号	类别	名　称	规　格	单　位	数　量		金　额	
					请　领	实　发	单　价	金　额
合　计								
用途								

发料人：　　　　记账：　　　　领料部门负责人：　　　　领料人：

附表 50－1

中国工商银行转账支票存根

支票号码：

签发日期：

收款人：
金额：
用途：
备注：

单位主管：　　会计：

中国工商银行**转账支票**　　　　支票号码：

签发日期(大写)：　　年　月　日　　　　开户行名称：

收款人：　　　　签发人账号：

人民币 (大写)	千	百	十	万	千	百	十	元	角	分

用途：

上列款项请从　　　　复核

我账户内支付　　　　记账

签发人盖章　　　　验印

附表 51－1

增值税专用发票

记账联

开票日期：

购货单位	名称		纳税人登记号	
	地址、电话		开户银行及账号	

商品或劳务名	计量单位	数量	单价	金额 十	万	千	百	十	元	角	分	税率 %	税额 十	万	千	百	十	元	角	分
合计																				
价税合计(大写)																				

销货单位	名称		纳税人登记号	
	地址、电话		开户银行及账号	
备注				

第四联记账联　销货方记账

销货单位(章)：(印)　　　　收款人：　　　　复核：　　　　开票人：

附表 51－2

产品出库单

用途： 年 月 日 编号：

编号	产品名称	规格型号	计量单位	出库数量	单位成本	总成本	备注

财务： 仓库主管： 仓库经手人：

附表 52－1

中国工商银行转账支票存根

支票号码：

签发日期：

收款人：
金额：
用途：
备注：

单位主管： 会计：

中国工商银行**转账支票** 支票号码：

签发日期(大写)： 年 月 日 开户行名称：

收款人： 签发人账号：

人民币 (大写)	千	百	十	万	千	百	十	元	角	分

用途：

上列款项请从 复核

我账户内支付 记账

签发人盖章 验印

附表 52－2

固定资产清理计算表

年 月 日

清理项目		清理原因	
固定资产清理借方发生额		固定资产清理贷方发生额	
清理支出内容	金 额	清理收入内容	金 额
固定资产净值		出售收入	
营业税		固定资产报废残值	
借方合计		贷方合计	
固定资产清理 净收益/净损失	金额(人民币)		

主管： 复核： 制表：

附表 52－3

固定资产注销单

年　月　日　　　　　　　　　　编号：

类别	资产编号	固定资产名称	规格型号	建造单位			数量	原值	折旧额		使用年限	收回残值	累计已提折旧	净值	所在地	注销原因
				名称	日期	编号			应计折旧总额	月折旧额						

主管：　　复核：　　制表：

附表 53－1

收　据

年　月　日　　　　　　　　　　第　　号

今收到					
人民币（大写）				￥	
事　由				现金	
				支票第　　号	
收款单位		财务主管		收款人	

附表 53－2

中国工商银行进账单（收款通知）

年　月　日　　　　　　　　　　第　　号

付款人	全　称		收款人	全　称											
	账　号			账　号											
	开户行			开户行											
人民币（大写）					亿	千	百	十	万	千	百	十	元	角	分
票据种类															
票据张数															
单位主管：　会计：　复核：　记账：			收款人开户盖章												

附表 54-1

中国工商银行信汇凭证(回单)

委托日期　　年　月　日　　第　号

汇款人	全称				收款人	全称			
	账号或住址					账号或地址			
	汇出地点		汇出行名称			汇入地点		汇入行名称	

金额	人民币(大写)	百	十	万	千	百	十	元	角	分

汇款用途:	汇出行盖章 年　月　日
上列款项已根据委托办理,如需查询,请持此回单来行面洽。	
单位主管: 会计: 复核: 记账:	

附表 55-1

中国工商银行转账支票存根

支票号码:

签发日期:

收款人:
金额:
用途:
备注:

单位主管:　会计:

中国工商银行**转账支票**　　支票号码:

签发日期(大写):　年　月　日　　开户行名称:

收款人:　　签发人账号:

人民币(大写)	千	百	十	万	千	百	十	元	角	分

用途:____________

上列款项请从　　复核

我账户内支付　　记账

签发人盖章　　验印

附表 55-2

增值税专用发票

开票日期:　　记账联

购货单位	名称		纳税人登记号																			
	地址、电话		开户银行及账号																			
商品或劳务名		计量单位	数量	单价	金额								税率	税额								
					十	万	千	百	十	元	角	分	%	十	万	千	百	十	元	角	分	
合计																						
价税合计(大写)																						
销货单位	名称		纳税人登记号																			
	地址、电话		开户银行及账号																			
备注																						

第四联 记账联 销货方记账

销货单位(章):(印)　　收款人:　　复核:　　开票人:

附表 55－3

产品出库单

用途： 年 月 日 编号：

产品名称	规格型号	计量单位	出库数量	单位成本	总成本	备注

财务： 仓库主管： 仓库经手人：

附表 56－1

中国工商银行(长期贷款)借款凭证(入账通知)

单位编号:3621 日期:2013 年 12 月 12 日 银行编号:2688

收款单位	名称	瑞丰实业股份有限公司	付款单位	名称	中国工商银行南汇市爱民支行
	往来账号	3293290689225		往来银行	658974231
	开户银行	工行南汇市爱民支行		开户银行	工商银行南汇市爱民支行

借款金额	人民币(大写)壹拾陆万元整	百	十	万	千	百	十	元	角	分
		¥	1	6	0	0	0	0	0	0
借款原因及用途	购建固定资产借款	利率					4%			

借款期限			你单位上列借款,已转入你单位结算户内,借款到期时由我行按期自你单位结算账户转还。 (银行盖章) 2013 年 12 月 12 日
期限	计划还款日期	计划还款金额	
三年	2016 年 12 月 12 日	160 000	

附表 57－1

固定资产验收单

年 月 日

固定资产编号	名称	规格	型号	计量单位	数量	建造单位	建造编号	资金来源	附属技术资料
总价(净值)	土建工程费	设备费	安装费	运杂费	包装费	其他	合计	预计年限	净残值率
附属设备或建筑						原值		已提折旧	
验收意见			验收人签章			保管使用人签章			

附表 58-1

银行承兑汇票

汇票号码 AG067891

签发日期：2013 年 12 月 13 日

第 010 号

<table>
<tr><td rowspan="3">收款单位</td><td>全　　称</td><td colspan="3">华泰有限责任公司</td><td rowspan="3">付款单位</td><td colspan="2">全　　称</td><td colspan="7">瑞丰实业股份有限公司</td></tr>
<tr><td>账号或地址</td><td colspan="3">1234569877456</td><td colspan="2">账号或地址</td><td colspan="7">3293290689225</td></tr>
<tr><td>开户银行</td><td>中行</td><td>行号</td><td></td><td colspan="2">开户银行</td><td colspan="3">工行爱民支行</td><td>账号</td><td colspan="3"></td></tr>
<tr><td rowspan="2">金额</td><td colspan="5" rowspan="2">人民币(大写)壹万贰仟零伍拾元整</td><td>百</td><td>十</td><td>万</td><td>仟</td><td>百</td><td>十</td><td>元</td><td>角</td><td>分</td></tr>
<tr><td></td><td>¥</td><td>1</td><td>2</td><td>0</td><td>5</td><td>0</td><td>0</td><td>0</td></tr>
<tr><td colspan="2">汇票到期日</td><td colspan="4">2014 年 3 月 13 日</td><td colspan="9">交易合同号码 2589</td></tr>
<tr><td colspan="6">本汇票已经本单位承兑，到期日无条件支付票款。

付款人盖章

负责：黄珊　经办：童辉 2013 年 12 月 13 日</td><td colspan="9">货款</td></tr>
</table>

附表 59-1

南汇市客运出租车
定额统一发票
人民币(大写)壹拾伍元整　　¥15.00
市地税　　NO.5569317

附表 59-2

南汇市客运出租车
定额统一发票
人民币(大写)壹拾伍元整　　¥15.00
市地税　　NO.5565547

附表 59-3

南汇市客运出租车
定额统一发票
人民币(大写)壹拾伍元整　　¥15.00
市地税　　NO.5569879

附表 59-4

南汇市客运出租车
定额统一发票
人民币(大写)壹拾伍元整　　¥15.00
市地税　　NO.5239847

附表 59-5

南汇市客运出租车
定额统一发票
人民币(大写)伍元整　　¥5.00
市地税　　NO.5569847

附表 59－6

费用报销单

年 月 日

单位：			金额									备注
			百	十	万	千	百	十	元	角	分	
用途：												
人民币(大写)												
单位领导	财务负责人	部门负责人	报销人									

附表 60－1

费用报销单

年 月 日

单位：			金额									备注
			百	十	万	千	百	十	元	角	分	
用途：												
人民币(大写)												
单位领导	财务负责人	部门负责人	报销人									

附表 60－2

差旅费报销单

单位： 年 月 日

出发地			到达地			公出补助			车船飞机费	卧铺	住宿费	市内车费	邮电费	其他	合计
月	日	地点	月	日	地点	天数	标准	金额							
小计															
合计：人民币(大写)															
备注：预支 核销 退补															

主管： 部门： 公出人姓名： 审核人：

附表 61－1

中国工商银行进账单(收款通知)

年 月 日 第 号

<table>
<tr><td rowspan="3">付款人</td><td>全 称</td><td colspan="2"></td><td rowspan="3">收款人</td><td colspan="2">全 称</td><td colspan="9"></td></tr>
<tr><td>账 号</td><td colspan="2"></td><td colspan="2">账 号</td><td colspan="9"></td></tr>
<tr><td>开户行</td><td colspan="2"></td><td colspan="2">开户行</td><td colspan="9"></td></tr>
<tr><td rowspan="2">人民币
(大写)</td><td colspan="4" rowspan="2"></td><td>亿</td><td>千</td><td>百</td><td>十</td><td>万</td><td>千</td><td>百</td><td>十</td><td>元</td><td>角</td><td>分</td></tr>
<tr><td></td><td></td><td></td><td></td><td></td><td></td><td></td><td></td><td></td><td></td><td></td></tr>
<tr><td colspan="2">票据种类</td><td></td><td colspan="13" rowspan="3">收款人开户盖章</td></tr>
<tr><td colspan="2">票据张数</td><td></td></tr>
<tr><td colspan="3">单位主管： 会计： 复核： 记账：</td></tr>
</table>

附表 61－2

领料单

领用部门：

编号： 年 月 日

<table>
<tr><td rowspan="2">编号</td><td rowspan="2">类别</td><td rowspan="2">名 称</td><td rowspan="2">规 格</td><td rowspan="2">单 位</td><td colspan="2">数 量</td><td colspan="2">金 额</td></tr>
<tr><td>请 领</td><td>实 发</td><td>单 价</td><td>金 额</td></tr>
<tr><td></td><td></td><td></td><td></td><td></td><td></td><td></td><td></td><td></td></tr>
<tr><td></td><td></td><td></td><td></td><td></td><td></td><td></td><td></td><td></td></tr>
<tr><td></td><td></td><td></td><td></td><td></td><td></td><td></td><td></td><td></td></tr>
<tr><td></td><td></td><td></td><td></td><td></td><td></td><td></td><td></td><td></td></tr>
<tr><td></td><td></td><td></td><td></td><td></td><td></td><td></td><td></td><td></td></tr>
<tr><td></td><td></td><td></td><td></td><td></td><td></td><td></td><td></td><td></td></tr>
<tr><td></td><td></td><td></td><td></td><td></td><td></td><td></td><td></td><td></td></tr>
<tr><td></td><td></td><td></td><td></td><td></td><td></td><td></td><td></td><td></td></tr>
<tr><td colspan="3">合 计</td><td></td><td></td><td></td><td></td><td></td><td></td></tr>
<tr><td>用途</td><td colspan="8"></td></tr>
</table>

发料人： 记账： 领料部门负责人： 领料人：

附表 61－3

包装物摊销计算表

年 月 日

<table>
<tr><td rowspan="2">项 目</td><td rowspan="2">原 值</td><td rowspan="2">摊余价值</td><td colspan="2">本月摊销</td><td colspan="2">部 门</td></tr>
<tr><td>比 例</td><td>金 额</td><td>车 间</td><td>公 司</td></tr>
<tr><td></td><td></td><td></td><td></td><td></td><td></td><td></td></tr>
<tr><td></td><td></td><td></td><td></td><td></td><td></td><td></td></tr>
<tr><td></td><td></td><td></td><td></td><td></td><td></td><td></td></tr>
<tr><td></td><td></td><td></td><td></td><td></td><td></td><td></td></tr>
<tr><td></td><td></td><td></td><td></td><td></td><td></td><td></td></tr>
<tr><td></td><td></td><td></td><td></td><td></td><td></td><td></td></tr>
<tr><td>合 计</td><td></td><td></td><td></td><td></td><td></td><td></td></tr>
</table>

主管： 制表：

附表 62－1

增值税专用发票

记账联

开票日期：

购货单位	名称		纳税人登记号																		
	地址、电话		开户银行及账号																		
商品或劳务名		计量单位	数量	单价	金额								税率	税额							
					十	万	千	百	十	元	角	分	%	十	万	千	百	十	元	角	分
合计																					
价税合计(大写)																					
销货单位	名称		纳税人登记号																		
	地址、电话		开户银行及账号																		
备注																					

第四联记账联 销货方记账

销货单位(章)：(印)　　收款人：　　复核：　　开票人：

附表 62－2

产品出库单

用途：　　年　月　日　　编号：

产品名称	规格型号	计量单位	出库数量	单位成本	总成本	备注

财务：　　仓库主管：　　仓库经手人：

附表 63－1

中国工商银行进账单(收款通知)

年　月　日　　第　号

付款人	全　称		收款人	全　称										
	账　号			账　号										
	开户行			开户行										
人民币(大写)				亿	千	百	十	万	千	百	十	元	角	分
票据种类														
票据张数														
单位主管：　会计：　复核：　记账：				收款人开户盖章										

附表 64 - 1

中国工商银行进账单(收款通知)

年 月 日 第 号

<table>
<tr><td rowspan="3">付
款
人</td><td>全 称</td><td></td><td rowspan="3">收
款
人</td><td colspan="4">全 称</td><td colspan="7"></td></tr>
<tr><td>账 号</td><td></td><td colspan="4">账 号</td><td colspan="7"></td></tr>
<tr><td>开户行</td><td></td><td colspan="4">开户行</td><td colspan="7"></td></tr>
<tr><td colspan="3" rowspan="2">人民币
(大写)</td><td>亿</td><td>千</td><td>百</td><td>十</td><td>万</td><td>千</td><td>百</td><td>十</td><td>元</td><td>角</td><td>分</td></tr>
<tr><td></td><td></td><td></td><td></td><td></td><td></td><td></td><td></td><td></td><td></td><td></td></tr>
<tr><td colspan="2">票据种类</td><td></td><td colspan="12" rowspan="2"></td></tr>
<tr><td colspan="2">票据张数</td><td></td></tr>
<tr><td colspan="3">单位主管： 会计： 复核： 记账：</td><td colspan="12">收款人开户盖章</td></tr>
</table>

附表 65 - 1

固定资产清理计算表

年 月 日

<table>
<tr><td>清理项目</td><td></td><td>清理原因</td><td></td></tr>
<tr><td colspan="2">固定资产清理借方发生额</td><td colspan="2">固定资产清理贷方发生额</td></tr>
<tr><td>清理支出内容</td><td>金 额</td><td>清理收入内容</td><td>金 额</td></tr>
<tr><td>固定资产净值</td><td></td><td>出售收入</td><td></td></tr>
<tr><td>营业税</td><td></td><td>固定资产报废残值</td><td></td></tr>
<tr><td></td><td></td><td></td><td></td></tr>
<tr><td>借方合计</td><td></td><td>贷方合计</td><td></td></tr>
<tr><td colspan="4">固定资产清理 净收益 / 净损失 金额(人民币)</td></tr>
</table>

主管： 复核： 制表：

附表 65 - 2

固定资产注销单

年 月 日 编号：

<table>
<tr><td rowspan="2">类别</td><td rowspan="2">资产编号</td><td rowspan="2">固定资产名称</td><td rowspan="2">规格型号</td><td colspan="3">建造单位</td><td rowspan="2">数量</td><td rowspan="2">原值</td><td colspan="2">折旧额</td><td rowspan="2">使用年限</td><td rowspan="2">收回残值</td><td rowspan="2">累计已提折旧</td><td rowspan="2">净值</td><td rowspan="2">所在地</td><td rowspan="2">注销原因</td></tr>
<tr><td>名称</td><td>日期</td><td>编号</td><td>应计折旧总额</td><td>月折旧额</td></tr>
<tr><td></td><td></td><td></td><td></td><td></td><td></td><td></td><td></td><td></td><td></td><td></td><td></td><td></td><td></td><td></td><td></td><td></td></tr>
<tr><td></td><td></td><td></td><td></td><td></td><td></td><td></td><td></td><td></td><td></td><td></td><td></td><td></td><td></td><td></td><td></td><td></td></tr>
<tr><td></td><td></td><td></td><td></td><td></td><td></td><td></td><td></td><td></td><td></td><td></td><td></td><td></td><td></td><td></td><td></td><td></td></tr>
<tr><td></td><td></td><td></td><td></td><td></td><td></td><td></td><td></td><td></td><td></td><td></td><td></td><td></td><td></td><td></td><td></td><td></td></tr>
<tr><td></td><td></td><td></td><td></td><td></td><td></td><td></td><td></td><td></td><td></td><td></td><td></td><td></td><td></td><td></td><td></td><td></td></tr>
<tr><td></td><td></td><td></td><td></td><td></td><td></td><td></td><td></td><td></td><td></td><td></td><td></td><td></td><td></td><td></td><td></td><td></td></tr>
<tr><td></td><td></td><td></td><td></td><td></td><td></td><td></td><td></td><td></td><td></td><td></td><td></td><td></td><td></td><td></td><td></td><td></td></tr>
<tr><td></td><td></td><td></td><td></td><td></td><td></td><td></td><td></td><td></td><td></td><td></td><td></td><td></td><td></td><td></td><td></td><td></td></tr>
</table>

主管： 复核： 制表：

附表 65－3

中国工商银行进账单(收款通知)

年　月　日　　　　　　　　　　　　第　　号

付款人	全　称		收款人	全　称											
	账　号			账　号											
	开户行			开户行											
人民币(大写)				亿	千	百	十	万	千	百	十	元	角	分	
票据种类															
票据张数															
单位主管：　会计：　复核：　记账：				收款人开户盖章											

附表 66－1

领料单

领用部门：

编号：　　　　　　　　　　年　月　日

编号	类别	名　称	规　格	单　位	数量		金额	
					请　领	实　发	单　价	金　额
合　计								
用途								

发料人：　　　　记账：　　　　领料部门负责人：　　　　领料人：

附表 67－1

增值税专用发票

发票联

开票日期：2013 年 12 月 14 日

购货单位	名称	瑞丰实业股份有限公司	纳税人登记号								643329857321675								
	地址、电话	南汇市 6566666	开户银行及账号								工行爱民支行 3293290689225								
商品或劳务名	计量单位	数量	单价	金额							税率	税额							
				十	万	千	百	十	元	角	分	%	十	万	千	百	十	元	角	分
松木	立方米	10	400			4	0	0	0	0	0	17				6	8	0	0	0
胶合板	张	15	35				5	2	5	0	0						8	9	2	5
合计						4	5	2	5	0	0					7	6	9	2	5
价税合计(大写)	伍仟贰佰玖拾元贰角伍分										￥5 294.25								
销货单位	名称	昌盛实业股份有限公司	纳税人登记号								456985235741695								
	地址、电话	0453－6522050	开户银行及账号								工行环北支行 496789634125								
备注																			

第二联发票联　销货方记账

销货单位(章)：(印)　　收款人：郭钰　　复核：赵阳　　开票人：张琴

附表 67－2

商业承兑汇票

汇票号码 AG067892

签发日期：2013 年 12 月 14 日　　　　第 011 号

收款单位	全称	昌盛实业股份有限公司			付款单位	全称	瑞丰实业股份有限公司						
	账号或地址	496789634125				账号或地址	3293290689225						
	开户银行	工行	行号			开户银行	工商爱民支行	行号					
金额	人民币(大写)伍仟贰佰玖拾肆元贰角伍分					十	万	千	百	十	元	角	分
							￥	5	2	9	4	2	5
汇票到期日	2014 年 6 月 14 日					交易合同号码 2589							
本汇票已经本单位承兑，到期日无条件支付票款。 付款人盖章 负责：黄珊　经办：童辉　2013 年 12 月 14 日						货款							

附表 67－3

入库单

年　月　日　　　　发票号码：NO

材料编号	材料名称及规格	计量单位	数量		价格		运杂费	合计
			应收	实收	单价	金额		
合计								

第三联 记账联

仓库负责人：　材料会计：　收料人：　经办人：　制单：

附表 68－1

增值税专用发票

发票联

开票日期：2013 年 12 月 14 日

购货单位	名称	瑞丰实业股份有限公司			纳税人登记号								643329857321675							
	地址、电话	南汇市 6566666			开户银行及账号								工行爱民支行 3293290689225							
商品或劳务名		计量单位	数量	单价	金额								税率%	税额						
					十	万	千	百	十	元	角	分		十	万	千	百	十	元	角	分
纸板		张	400	12			4	8	0	0	0	0	17				8	1	6	0	0
合计							4	8	0	0	0	0					8	1	6	0	0
价税合计(大写)		伍仟陆佰壹拾陆元整											￥5 616.00							
销货单位	名称	万利造纸厂			纳税人登记号								231852368957453							
	地址、电话	0467－2289712			开户银行及账号								建行龙井支行 157349875621							
备注																				

第二联 发票联 销货方记账

销货单位(章)：(印)　收款人：匡正　复核：江伟　开票人：刘禹

附表 68－2

中国工商银行转账支票存根
支票号码：
签发日期：

收款人：
金额：
用途：
备注：

单位主管：　　会计：

<table>
<tr><td colspan="11">中国工商银行转账支票　　支票号码：
签发日期(大写)：　年　月　日　　开户行名称：
收款人：　　签发人账号：</td></tr>
<tr><td rowspan="2">人民币
（大写）</td><td>千</td><td>百</td><td>十</td><td>万</td><td>千</td><td>百</td><td>十</td><td>元</td><td>角</td><td>分</td></tr>
<tr><td></td><td></td><td></td><td></td><td></td><td></td><td></td><td></td><td></td><td></td></tr>
<tr><td colspan="11">用途：
上列款项请从　　复核
我账户内支付　　记账
签发人盖章　　验印</td></tr>
</table>

附表 68－3

入库单

年　月　日　　发票号码：NO

材料编号	材料名称及规格	计量单位	数量		价格		运杂费	合计
			应收	实收	单价	金额		
合计								

第三联 记账联

仓库负责人：　　材料会计：　　收料人：　　经办人：　　制单：

附表 69－1

低值易耗品领用单

领用部门：
编号：　　年　月　日

编号	类别	名称	规格	单位	数量		金额	
					请领	实发	单价	金额
合计								
用途								

主管：　　制表：

附表 70－1

领料单

领用部门：
编号：　　年　月　日

编号	类别	名称	规格	单位	数量		金额	
					请领	实发	单价	金额
合计								
用途								

发料人：　　记账：　　领料部门负责人：　　领料人：

附表 71－1

工资结算汇总表

年　月　日

部门	计时工资	计件工资	奖金	津贴补贴	加班点工资	缺勤应扣工资	应付工资	代扣款项				实发工资
								水电费	医疗保险	个税	合计	
合计												

复核：　　　制表：

附表 71－2

费用报销单

年　月　日

	金额									备注
单位：	百	十	万	千	百	十	元	角	分	
用途：										
人民币(大写)										

单位领导	财务负责人	部门负责人	报销人

附表 72－1

增值税专用发票

记账联

开票日期:2013 年 12 月 15 日

购货单位			
名称	瑞丰实业股份有限公司	纳税人登记号	643329857321675
地址、电话	南汇市 6566666	开户银行及账号	工行爱民支行 3293290689225

商品或劳务名	计量单位	数量	单价	金额								税率	税额							
				十	万	千	百	十	元	角	分	%	十	万	千	百	十	元	角	分
靶材	块	2 200	35		7	7	0	0	0	0	0	17		1	3	0	9	0	0	0
					7	7	0	0	0	0	0			1	3	0	9	0	0	0
价税合计(大写)	玖万零玖拾元整												￥90 090.00							

销货单位			
名称	奇特实业股份公司	纳税人登记号	785146523782030
地址、电话	010－65193333	开户银行及账号	工行环北支行 3245591375610
备注			

第二联记账联　销货方记账

销货单位(章)：(印)　　收款人:游婷　　复核:万雨如　　开票人:惠民

附表 72－2

北京铁路局货物运单

货位：

运输号码：　　　　2013 年 12 月 15 日

发货人填写					铁路填写		
发站	北京	到站	南汇	车种车号	J3579	货车标重	
到站所属省(市)		黑龙江		施封号码	铁路货车篷布号		
发货人	北京奇特实业股份有限公司			经由	集装箱号		
收货人	瑞丰实业股份有限公司				集装箱箱型		
货物名称	件数	发货人确定重量	铁路确定重量	计费重量	运费		500.00
靶材	44	5 000	5 000	5 000	装费		200.00
					合计		700.00

附表 73－1

中国工商银行进账单(收款通知)

年　月　日　　　　　　第　　号

付款人	全称		收款人	全称										
	账号			账号										
	开户行			开户行										
人民币(大写)				亿	千	百	十	万	千	百	十	元	角	分
票据种类														
票据张数														
单位主管：　会计：　复核：　记账：				收款人开户盖章										

附表 74－1

固定资产验收单

年　月　日

固定资产编号	名称	规格	型号	计量单位	数量	建造单位	建造编号	资金来源	附属技术资料
总价(净值)	土建工程费	设备费	安装费	运杂费	包装费	其他	合计	预计年限	净残值率
附属设备或建筑						原值		已提折旧	
验收意见			验收人签章			保管使用人签章			

附表 75－1

借款单

年　月　日

借款单位				金额									备注
				百	十	万	千	百	十	元	角	分	
人民币（大写）													
借款事由：													
单位领导	财务负责人	部门负责人	借款人										

附表 75－2

中国工商银行电汇凭证（回单）

委托日期　　年　月　日　　　　第　号

汇款人	全称				收款人	全称			
	账号或住址					账号或住址			
	汇出地点		汇出行名称			汇入地点		汇入行名称	

金额	人民币（大写）	百	十	万	千	百	十	元	角	分

汇款用途：

上列款项已根据委托办理。如需查询，请持此回单面洽。

单位主管：　会计：　出纳：　记账：

汇出行盖章

年　月　日

附表 76－1

中国工商银行转账支票存根

支票号码：

签发日期：

收款人：
金额：
用途：
备注：

单位主管：　会计：

中国工商银行转账支票　　支票号码：

签发日期（大写）：　年　月　日　　开户行名称：

收款人：　　签发人账号：

人民币（大写）	千	百	十	万	千	百	十	元	角	分

用途：＿＿＿＿＿＿＿＿

上列款项请从　　复核

我账户内支付　　记账

签发人盖章　　验印

附表 77－1

南汇铁路局货物运单

货位：

运输号码：　　　　2013 年 12 月 15 日

发货人填写					铁路填写			
发站	南汇		到站	龙江	车种车号	J3579	货车标重	
到站所属省(市)		黑龙江			施封号码	铁路货车篷布号		
发货人	瑞丰实业股份有限公司				经由	集装箱号		
收货人	同乐工厂					集装箱箱型		
货物名称	件数	发货人确定重量		铁路确定重量	计费重量	装费		
金属膜电阻器	300	1 200		1 200	1 200	运杂费		120.00
						合计		120.00

附表 77－2

中国工商银行转账支票存根

支票号码：

签发日期：

收款人：
金额：
用途：
备注：

单位主管：　　会计：

中国工商银行**转账支票**　　　　支票号码：

签发日期(大写)：　　年　月　日　　　　开户行名称：

收款人：　　　　签发人账号：

人民币 (大写)	千	百	十	万	千	百	十	元	角	分

用途：

上列款项请从　　　　复核

我账户内支付　　　　记账

签发人盖章　　　　验印

附表 77－3

增值税专用发票

记账联

开票日期：

购货单位	名称				纳税人登记号																
	地址、电话				开户银行及账号																
商品或劳务名		计量单位	数量	单价	金额								税率%	税额							
					十	万	千	百	十	元	角	分		十	万	千	百	十	元	角	分
合计																					
价税合计(大写)																					
销货单位	名称				纳税人登记号																
	地址、电话				开户银行及账号																
备注																					

第四联记账联　销货方记账

销货单位(章)：(印)　　收款人：　　复核：　　开票人：

附表 77－4

产品出库单

用途：　　　　　　　　　　年　　月　　日　　　　　　　　编号：

产品名称	规格型号	计量单位	出库数量	单位成本	总成本	备注

财务：　　　　　　　　　　仓库主管：　　　　　　　　　　仓库经手人：

附表 78－1

商品零售发票

购货单位:瑞丰实业股份有限公司　　　　2013 年 12 月 4 日

货号	品名规格	单位	数量	单价	金额 百	十	万	千	百	十	元	角	分	备注
	涂料	桶	2	85					1	7	0	0	0	
合　计:人民币(大写)壹佰柒拾元整								¥	1	7	0	0	0	

复核：　　　　　　　　　　收款:王明　　　　　　　　　　开票:刘东

附表 79－1

中国工商银行贷款还款凭证

收款日期 2013 年 12 月 15 日　　　　　　号码:00000134

借款单位名称	瑞丰实业股份有限公司	贷款账号	3293290689225	结算账号	3293290689225

还款金额(大写)	千	百	十	万	千	百	十	元	角	分
壹拾万元整		¥	1	0	0	0	0	0	0	0

贷款种类	借出日期	原约定还款日期
流动资金借款	年　月　日	2013 年　12　月　15　日

上述借款请从本单位 3293290689225 存款账户中支付。 借款单位盖章	会计分录： 收： 付： 复核员　　　　记账员

附表 80－1

中国工商银行计收利息清单(支款通知)

<table>
<tr><td colspan="2">户名</td><td colspan="11">瑞丰实业股份有限公司</td><td>账号</td><td>3293290689225</td></tr>
<tr><td colspan="2">计息起止时间</td><td colspan="11">2013 年 11 月 15 日—2013 年 12 月 15 日</td><td colspan="2" rowspan="6">左列贷款利息业已从你单位账户扣付，逾期罚息 30%</td></tr>
<tr><td rowspan="5">贷款种类</td><td>贷款账号</td><td>计算日贷款余额</td><td>计息积数</td><td>利　率</td><td colspan="8">利息金额</td></tr>
<tr><td></td><td></td><td></td><td></td><td colspan="8">5 000.00</td></tr>
<tr><td></td><td></td><td></td><td></td><td colspan="8"></td></tr>
<tr><td></td><td></td><td></td><td></td><td colspan="8"></td></tr>
<tr><td></td><td></td><td></td><td></td><td colspan="8"></td></tr>
<tr><td colspan="5" rowspan="2">利息金额
人民币　　伍仟元整
(大写)</td><td>十</td><td>万</td><td>仟</td><td>十</td><td>佰</td><td>元</td><td>角</td><td>分</td><td colspan="2" rowspan="2">转账日期：
2013 年 12 月 15 日</td></tr>
<tr><td></td><td>¥</td><td>5</td><td>0</td><td>0</td><td>0</td><td>0</td><td>0</td></tr>
</table>

2013 年 12 月 15 日

附表 81－1

中国工商银行现金支票存根

支票号码：

签发日期：

收款人：
金额：
用途：
备注：

单位主管：　　会计：

中国工商银行**现金支票**　　　　支票号码：

签发日期(大写)：　　年　　月　　日　　　　开户行名称：

收款人：　　　　签发人账号：

<table>
<tr><td rowspan="2">人民币
(大写)</td><td>千</td><td>百</td><td>十</td><td>万</td><td>千</td><td>百</td><td>十</td><td>元</td><td>角</td><td>分</td></tr>
<tr><td></td><td></td><td></td><td></td><td></td><td></td><td></td><td></td><td></td><td></td></tr>
</table>

用途：____________

上列款项请从　　　　复核

我账户内支付　　　　记账

签发人盖章　　　　验印

附表 82－1

工资结算汇总表

年　　月　　日

<table>
<tr><td rowspan="2">部　门</td><td rowspan="2">计时工资</td><td rowspan="2">计件工资</td><td rowspan="2">奖金</td><td rowspan="2">津贴补贴</td><td rowspan="2">加班点工资</td><td rowspan="2">缺勤应扣工资</td><td rowspan="2">应付工资</td><td colspan="4">代扣款项</td><td rowspan="2">实发工资</td></tr>
<tr><td>水电费</td><td>医疗保险</td><td>个税</td><td>合计</td></tr>
<tr><td></td><td></td><td></td><td></td><td></td><td></td><td></td><td></td><td></td><td></td><td></td><td></td><td></td></tr>
<tr><td></td><td></td><td></td><td></td><td></td><td></td><td></td><td></td><td></td><td></td><td></td><td></td><td></td></tr>
<tr><td>合　计</td><td></td><td></td><td></td><td></td><td></td><td></td><td></td><td></td><td></td><td></td><td></td><td></td></tr>
</table>

复核：　　　　制表：

附表 83－1

工商银行收费(转账)凭证

2013 年 12 月 16 日

<table>
<tr><td colspan="3">交费单位：瑞丰实业股份有限公司</td><td colspan="7">账号：3293290689225</td></tr>
<tr><td rowspan="2">种类</td><td rowspan="2">份数</td><td rowspan="2">单价</td><td colspan="6">金额</td><td rowspan="6">备注</td></tr>
<tr><td>千</td><td>百</td><td>十</td><td>元</td><td>角</td><td>分</td></tr>
<tr><td>手续费</td><td>1</td><td>100.00</td><td></td><td>1</td><td>0</td><td>0</td><td>0</td><td>0</td></tr>
<tr><td></td><td></td><td></td><td></td><td></td><td></td><td></td><td></td><td></td></tr>
<tr><td></td><td></td><td></td><td></td><td></td><td></td><td></td><td></td><td></td></tr>
<tr><td>人民币(大写)</td><td colspan="2">壹佰元整</td><td>¥</td><td>1</td><td>0</td><td>0</td><td>0</td><td>0</td></tr>
</table>

附表 84－1

索取折让申请书

瑞丰实业股份有限公司

本公司于 2013 年 12 月 12 日从贵公司购进氧化膜电阻器 600 台，发现质量与全同表述不符，请给予 3%的折让。

万顺股份有限公司

2013 年 12 月 16 日

附表 84－2

增值税专用发票

记账联

开票日期：

<table>
<tr><td rowspan="2">购货单位</td><td>名称</td><td colspan="11"></td><td colspan="4">纳税人登记号</td><td colspan="6"></td></tr>
<tr><td>地址、电话</td><td colspan="11"></td><td colspan="4">开户银行及账号</td><td colspan="6"></td></tr>
<tr><td colspan="2" rowspan="2">商品或劳务名</td><td rowspan="2">计量单位</td><td rowspan="2">数量</td><td rowspan="2">单价</td><td colspan="8">金　额</td><td rowspan="2">税率 %</td><td colspan="8">税　额</td></tr>
<tr><td>十</td><td>万</td><td>千</td><td>百</td><td>十</td><td>元</td><td>角</td><td>分</td><td>十</td><td>万</td><td>千</td><td>百</td><td>十</td><td>元</td><td>角</td><td>分</td></tr>
<tr><td colspan="2"></td><td></td><td></td><td></td><td></td><td></td><td></td><td></td><td></td><td></td><td></td><td></td><td></td><td></td><td></td><td></td><td></td><td></td><td></td><td></td><td></td></tr>
<tr><td colspan="2">合计</td><td></td><td></td><td></td><td></td><td></td><td></td><td></td><td></td><td></td><td></td><td></td><td></td><td></td><td></td><td></td><td></td><td></td><td></td><td></td><td></td></tr>
<tr><td colspan="2">价税合计（大写）</td><td colspan="20"></td></tr>
<tr><td rowspan="2">销货单位</td><td>名称</td><td colspan="11"></td><td colspan="4">纳税人登记号</td><td colspan="6"></td></tr>
<tr><td>地址、电话</td><td colspan="11"></td><td colspan="4">开户银行及账号</td><td colspan="6"></td></tr>
<tr><td>备注</td><td colspan="21"></td></tr>
</table>

第四联记账联　销货方记账

销货单位(章)：(印)　　收款人：　　复核：　　开票人：

附表 85－1

领料单

领用部门：

编号：　　　　年　月　日

<table>
<tr><td rowspan="2">编号</td><td rowspan="2">类别</td><td rowspan="2">名　称</td><td rowspan="2">规　格</td><td rowspan="2">单　位</td><td colspan="2">数　量</td><td colspan="2">金　额</td></tr>
<tr><td>请　领</td><td>实　发</td><td>单　价</td><td>金　额</td></tr>
<tr><td></td><td></td><td></td><td></td><td></td><td></td><td></td><td></td><td></td></tr>
<tr><td colspan="3">合　计</td><td></td><td></td><td></td><td></td><td></td><td></td></tr>
<tr><td>用途</td><td colspan="8"></td></tr>
</table>

发料人：　　记账：　　领料部门负责人：　　领料人：

附表 86－1

南汇市医疗门诊费票据

医院：南汇市第一人民医院　　NO6632905

科别：头颈　　人员类别：在职

姓名：黄莺　　社会保障号：

费　用　项　目	金　额
西药	598.45
手术费	3 875.03
常规检查	150.23
CT	350.00
B 超	140.00
治疗费	1 172.01
合计(大写)陆仟贰佰捌拾伍元柒角贰分　(小写)6 285.72	
个人账户支付：0.00　统筹支付：4 085.72	
个人现金支付：2 200.00　个人账户余额：1.05	

收款人：王娟　　日期：2013－12－13

附表 86－2

费用报销单

年 月 日

单位：	金额									备注
	百	十	万	千	百	十	元	角	分	
用途：										
人民币（大写）										

单位领导	财务负责人	部门负责人	报销人

附表 87－1

低值易耗品领用单

领用部门：

编号： 年 月 日

编号	类别	名称	规格	单位	数量		金额	
					请领	实发	单价	金额
合计								
用途								

主管： 制表：

附表 88－1

商品零售发票

购货单位：瑞丰实业股份有限公司 2013 年 12 月 16 日

货号	品名规格	单位	数量	单价	金额									备注
					百	十	万	千	百	十	元	角	分	
	复印纸	箱	5	72					3	6	0	0	0	
合计人民币（大写）叁佰陆拾元整								¥	3	6	0	0	0	

复核： 收款：李丽 开票：刘东明

附表 88－2

费用报销单

年 月 日

<table>
<tr><td colspan="3" rowspan="2">单位：</td><td colspan="9">金 额</td><td rowspan="2">备注</td></tr>
<tr><td>百</td><td>十</td><td>万</td><td>千</td><td>百</td><td>十</td><td>元</td><td>角</td><td>分</td></tr>
<tr><td colspan="3">用途：</td><td></td><td></td><td></td><td></td><td></td><td></td><td></td><td></td><td></td><td></td></tr>
<tr><td colspan="3">人民币(大写)</td><td></td><td></td><td></td><td></td><td></td><td></td><td></td><td></td><td></td><td></td></tr>
<tr><td>单位领导</td><td>财务负责人</td><td>部门负责人</td><td colspan="9">报销人</td><td></td></tr>
<tr><td></td><td></td><td></td><td colspan="9"></td><td></td></tr>
</table>

附表 89－1

领料单

领用部门：

编号： 年 月 日

<table>
<tr><td rowspan="2">编号</td><td rowspan="2">类别</td><td rowspan="2">名 称</td><td rowspan="2">规 格</td><td rowspan="2">单 位</td><td colspan="2">数 量</td><td colspan="2">金 额</td></tr>
<tr><td>请 领</td><td>实 发</td><td>单 价</td><td>金 额</td></tr>
<tr><td></td><td></td><td></td><td></td><td></td><td></td><td></td><td></td><td></td></tr>
<tr><td></td><td></td><td></td><td></td><td></td><td></td><td></td><td></td><td></td></tr>
<tr><td colspan="3">合 计</td><td></td><td></td><td></td><td></td><td></td><td></td></tr>
<tr><td>用途</td><td colspan="8"></td></tr>
</table>

发料人： 记账： 领料部门负责人： 领料人：

附表 90－1

中国工商银行银行汇票

NO 00001006

第 号

<table>
<tr><td colspan="10">出票日期：贰零壹叁年壹拾贰月贰拾柒日
(大写) 代理付款银行：南汇工行爱民支行 行号：</td></tr>
<tr><td colspan="10">收款人：上海电子元件厂</td></tr>
<tr><td colspan="10">出票金额人民币(大写)壹拾万元整 (压数机压印出票金额)</td></tr>
<tr><td rowspan="2">实际结算金额人民币
(大写)</td><td>百</td><td>十</td><td>万</td><td>千</td><td>百</td><td>十</td><td>元</td><td>角</td><td>分</td></tr>
<tr><td>¥</td><td>1</td><td>0</td><td>0</td><td>0</td><td>0</td><td>0</td><td>0</td><td>0</td></tr>
</table>

申请人：瑞丰实业股份有限公司 账号或住址：3293290689225

<table>
<tr><td colspan="8"></td><td>科目(借)</td></tr>
<tr><td colspan="8">多 余 金 额</td><td>对方科目(贷)</td></tr>
<tr><td>十</td><td>万</td><td>千</td><td>百</td><td>十</td><td>元</td><td>角</td><td>分</td><td>兑付日期 年 月 日</td></tr>
<tr><td></td><td></td><td></td><td></td><td></td><td></td><td></td><td></td><td>复核 记账</td></tr>
</table>

出票行：南汇工行 行号：

备注： 购货款

凭票付款：

出票行签章：

附表 91－1

低值易耗品领用单

领用部门：

编号： 年 月 日

编号	类别	名称	规格	单位	数量		金额	
					请领	实发	单价	金额
合计								
用途								

主管： 制表：

附表 92－1

领料单

领用部门：

编号： 年 月 日

编号	类别	名称	规格	单位	数量		金额	
					请领	实发	单价	金额
合计								
用途								

发料人： 记账： 领料部门负责人： 领料人：

附表 93－1

公路运输货车统一发票

NO 0456150

托运单位：瑞丰实业股份有限公司 运输日期：2013 年 12 月 17 日

货物名称	起讫地址		公里	重量	计量单位	单价	运输金额
	起点	终点					
纸板	南汇	南汇	10	50 公斤	2		20.00
运费合计（大写）贰拾元整							

车号： 收款单位：（盖章有效） 收款人：王信阳

附表 93－2

领料单

领用部门：

编号： 年 月 日

编号	类别	名称	规格	单位	数量		金额	
					请领	实发	单价	金额
合计								
用途								

发料人： 记账： 领料部门负责人： 领料人：

附表 93－3

费用报销单

年 月 日

<table>
<tr><td colspan="3" rowspan="2">单位：</td><td colspan="9">金 额</td><td rowspan="2">备注</td></tr>
<tr><td>百</td><td>十</td><td>万</td><td>千</td><td>百</td><td>十</td><td>元</td><td>角</td><td>分</td></tr>
<tr><td colspan="3">用途：</td><td></td><td></td><td></td><td></td><td></td><td></td><td></td><td></td><td></td><td></td></tr>
<tr><td colspan="3">人民币（大写）</td><td></td><td></td><td></td><td></td><td></td><td></td><td></td><td></td><td></td><td></td></tr>
<tr><td>单位领导</td><td>财务负责人</td><td>部门负责人</td><td colspan="9">报销人</td><td></td></tr>
<tr><td></td><td></td><td></td><td colspan="9"></td><td></td></tr>
</table>

附表 94－1

中国工商银行转账支票存根

支票号码：

签发日期：

收款人：
金额：
用途：
备注：

单位主管： 会计：

<table>
<tr><td colspan="11">中国工商银行**转账支票** 支票号码：
签发日期（大写）： 年 月 日 开户行名称：
收款人： 签发人账号：</td></tr>
<tr><td rowspan="2">人民币
（大写）</td><td>千</td><td>百</td><td>十</td><td>万</td><td>千</td><td>百</td><td>十</td><td>元</td><td>角</td><td>分</td></tr>
<tr><td></td><td></td><td></td><td></td><td></td><td></td><td></td><td></td><td></td><td></td></tr>
<tr><td colspan="11">用途：____________
上列款项请从 复核
我账户内支付 记账
签发人盖章 验印</td></tr>
</table>

附表 95－1

工资分配表

年 月 日

部 门	金 额	计入科目	合 计
合 计			

主管： 审核： 制单：

附表 96－1

职工福利费计提表

年　月　日

部　门	职工工资	提取率	计提职工福利费
合　计			

主管：　　审核：　　制单：

附表 97－1

委托收款凭证

委托日期 2013 年 12 月 18 日

<table>
<tr><td rowspan="3">收款人</td><td>全　称</td><td>南汇市自来水公司</td><td rowspan="3">付款人</td><td>全　称</td><td colspan="9">瑞丰实业股份有限公司</td></tr>
<tr><td>账　号</td><td>496789634125</td><td>账　号</td><td colspan="9">3293290689225</td></tr>
<tr><td>开户行</td><td>工行爱民支行</td><td>开户行</td><td colspan="9">工行马基支行</td></tr>
<tr><td rowspan="2">托收金额</td><td rowspan="2">人民币（大写）</td><td rowspan="2" colspan="3">叁仟元整</td><td>百</td><td>十</td><td>万</td><td>千</td><td>百</td><td>十</td><td>元</td><td>角</td><td>分</td></tr>
<tr><td></td><td></td><td>¥</td><td>3</td><td>0</td><td>0</td><td>0</td><td>0</td><td>0</td></tr>
<tr><td>款项内容</td><td>货款</td><td colspan="3">委托收款票据名称</td><td colspan="9">水费结算单</td></tr>
<tr><td colspan="3">备　注：</td><td colspan="11"></td></tr>
</table>

单位主管：占森　　审计：刘理仁　　复核：张慧敏　　记账：尹建军

附表 97－2

自来水公司水费收据

托收号：25789　　2013 年 12 月 18 日

注　册　号			
税　　号	643329857321675	电话	6566666
户　　名	瑞丰实业股份有限公司		
地　　址	南汇市江都区桂花路 28 号		
指　　数		水　量	5 000 吨
水　　费	3 000.00	附加费	
合计（大写）	叁仟元整		

附表 97－3

水费分配表

年　月　日

分配对象	分配标准（实际工时）	分配率（单位成本）	分配金额
合　计			

财务主管：　　制表：

附表 97－4

费用报销单

年 月 日

单位：	金额									备注
	百	十	万	千	百	十	元	角	分	
用途：										
人民币(大写)										

单位领导	财务负责人	部门负责人	报销人

附表 98－1

领料单

领用部门：

编号： 年 月 日

编号	类别	名称	规格	单位	数量		金额	
					请领	实发	单价	金额
合计								
用途								

发料人： 记账： 领料部门负责人： 领料人：

附表 99－1

利息计算单(2013 年 12 月)

借款本金:元

年利率:%

月利率:%

当月应计提利息:4 600 元

附表 100－1

利息计算单(2013 年 12 月)

借款本金:元

年利率:%

月利率:%

当月应计提利息:4 000 元

附表 101－1

中保财产保险公司保险费用收据

2013 年 12 月 2 日

户名	保险类别	保险金额	保险期	保险费									备注
				百	十	万	千	百	十	元	角	分	
瑞丰实业股份有限公司	交强险						1	4	6	0	0	0	
合　计:人民币(大写)壹仟肆佰陆拾元整						¥	1	4	6	0	0	0	

复核:　　　　收款:杨少年　　　　开票:梅丽萍

附表 101－2

中国工商银行转账支票存根

支票号码:

签发日期:

收款人:
金额:
用途:
备注:

单位主管:　　会计:

中国工商银行**转账支票**　　　　支票号码:

签发日期(大写):　　年　月　日　　　　开户行名称:

收款人:　　　　签发人账号:

人民币(大写)	千	百	十	万	千	百	十	元	角	分

用途:____________

上列款项请从　　　　复核

我账户内支付　　　　记账

签发人盖章　　　　验印

附表 102－1

商品零售发票

购货单位:瑞丰实业股份有限公司　　　　2013 年 12 月 18 日

货号	品名规格	单位	数量	单价	金额									备注
					百	十	万	千	百	十	元	角	分	
	文件夹	个	10	8						8	0	0	0	
	笔记本	本	8	5						4	0	0	0	
合　计:人民币(大写)壹佰贰拾元整								¥	1	2	0	0	0	

复核:　　　　收款:童巧英　　　　开票:刘美

附表 102－2

费用报销单

年　月　日

单位：				金　额									备注
				百	十	万	千	百	十	元	角	分	
用途：													
人民币(大写)													
单位领导	财务负责人	部门负责人	报销人										

附表 103－1

职工福利费计提表

年　月　日

部　门	职工工资	提取率	计提职工福利费
合　计			

主管：　　　　审核：　　　　制单：

附表 103－2

工会经费计提表

年　月　日

部　门	职工工资	提取率	计提工会经费
合　计			

主管：　　　　审核：　　　　制单：

附表 104－1

领料单

领用部门：

编号：　　　　年　月　日

编号	类别	名　称	规　格	单　位	数　量		金　额	
					请　领	实　发	单　价	金　额
合　计								
用途								

发料人：　　　　记账：　　　　领料部门负责人：　　　　领料人：

附表 105－1

领料单

领用部门：

编号： 年 月 日

编号	类别	名称	规格	单位	数量		金额	
					请领	实发	单价	金额
合计								
用途								

发料人： 记账： 领料部门负责人： 领料人：

附表 106－1

领料单

领用部门：

编号： 年 月 日

编号	类别	名称	规格	单位	数量		金额	
					请领	实发	单价	金额
合计								
用途								

发料人： 记账： 领料部门负责人： 领料人：

附表 106－2

低值易耗品领用单

领用部门：

编号： 年 月 日

编号	类别	名称	规格	单位	数量		金额	
					请领	实发	单价	金额
合计								

主管： 制表：

附表 106－3

低值易耗品领用单

领用部门：

编号： 年 月 日

编号	类别	名称	规格	单位	数量		金额	
					请领	实发	单价	金额
合计								

主管： 制表：

附表 107－1

中国工商银行现金支票存根

支票号码：

签发日期：

收款人：
金额：
用途：
备注：

单位主管：　　会计：

中国工商银行**现金支票**　　　　支票号码：

签发日期(大写)：　　年　月　日　　　　开户行名称：

收款人：　　　　签发人账号：

人民币(大写)	千	百	十	万	千	百	十	元	角	分

用途：

上列款项请从我账户内支付　　　　复核

签发人盖章　　　　记账

验印

附表 108－1

中国工商银行进账单(收款通知)

年　月　日　　　　第　号

付款人	全　称		收款人	全　称	
	账　号			账　号	
	开户行			开户行	

人民币(大写)	亿	千	百	十	万	千	百	十	元	角	分

票据种类		
票据张数		
单位主管：　会计：　复核：　记账：		收款人开户盖章

附表 109－1

建筑业统一发货票

单位:瑞丰实业股份有限公司　　　　2013 年 12 月 19 日

项　目	单　位	数　量	单　价	金　额
仓库大修劳务费				3 200.00
合计(大写)	叁仟贰佰元整			￥3 200.00

收款人:李习武　　　　经办人：水平馨　　　　收款单位:(盖章)

附表 110－1

领料单

领用部门：

编号：　　　　年　月　日

编号	类别	名　称	规　格	单　位	数量 请　领	数量 实　发	金额 单　价	金额 金　额
合　计								
用途								

发料人：　　　记账：　　　领料部门负责人：　　　领料人：

附表 111－1

入库单

年　月　日　　　　　　　　发票号码：NO

材料编号	材料名称及规格	计量单位	数量		价格		运杂费	合计
			应收	实收	单价	金额		
合计								

第三联　记账联

仓库负责人：　　材料会计：　　收料人：　　经办人：　　制单：

附表 112－1

中国工商银行进账单(收款通知)

年　月　日　　　　　　　　第　号

付款人	全　称		收款人	全　称	
	账　号			账　号	
	开户行			开户行	
人民币(大写)			亿 千 百 十 万 千 百 十 元 角 分		
票据种类					
票据张数					
单位主管：　会计：　复核：　记账：			收款人开户盖章		

附表 113－1

商业承兑汇票

汇票号码　AG067911

签发日期：2013 年 12 月 20 日　　　　第 022 号

收款单位	全　称	瑞丰实业股份有限公司		付款单位	全　称	华文工厂	
	账号或地址	3293290689225			账号或地址	687789634347	
	开户银行	工行	行号		开户银行	工行爱民支行	行号
金额	人民币(大写)壹拾壹万柒仟玖佰叁拾陆元整			百 十 万 千 百 十 元 角 分	¥ 1 1 7 9 3 6 0 0		
汇票到期日	2014 年 3 月 20 日			交易合同号码 6583			
本汇票已经本单位承兑，到期日无条件支付票款。 付款人盖章 负责：新丽　经办：李洋洋　2013 年 12 月 20 日				货款			

附表 113－2

增值税专用发票

记账联

开票日期：

购货单位	名称				纳税人登记号														
	地址、电话				开户银行及账号														
商品或劳务名		计量单位	数量	单价	金额								税率	税额					
					十	万	千	百	十	元	角	分	%	十	万	千	百	十	元	角	分
合计																					
价税合计(大写)																					
销货单位	名称		纳税人登记号																		
	地址、电话		开户银行及账号																		
备注																					

第四联 记账联 销货方记账

销货单位(章)：(印)　　收款人：　　复核：　　开票人：

附表 113－3

产品出库单

用途：　　　　年　　月　　日　　　　编号：

产品名称	规格型号	计量单位	出库数量	单位成本	总成本	备注

财务：　　　　仓库主管：　　　　仓库经手人：

附表 114－1

增值税专用发票

记账联

开票日期：

购货单位	名称				纳税人登记号														
	地址、电话				开户银行及账号														
商品或劳务名		计量单位	数量	单价	金额								税率	税额					
					十	万	千	百	十	元	角	分	%	十	万	千	百	十	元	角	分
合计																					
价税合计(大写)																					
销货单位	名称		纳税人登记号																		
	地址、电话		开户银行及账号																		
备注																					

第四联 记账联 销货方记账

销货单位(章)：(印)　　收款人：　　复核：　　开票人：

附表 114－2

产品出库单

用途： 年 月 日 编号：

产品名称	规格型号	计量单位	出库数量	单位成本	总成本	备注

财务： 仓库主管： 仓库经手人：

附表 114－3

中国工商银行进账单(收款通知)

年 月 日 第 号

<table>
<tr><td rowspan="3">付款人</td><td>全　称</td><td colspan="2"></td><td rowspan="3">收款人</td><td>全　称</td><td colspan="11"></td></tr>
<tr><td>账　号</td><td colspan="2"></td><td>账　号</td><td colspan="11"></td></tr>
<tr><td>开户行</td><td colspan="2"></td><td>开户行</td><td colspan="11"></td></tr>
<tr><td rowspan="2">人民币
(大写)</td><td colspan="4" rowspan="2"></td><td>亿</td><td>千</td><td>百</td><td>十</td><td>万</td><td>千</td><td>百</td><td>十</td><td>元</td><td>角</td><td>分</td></tr>
<tr><td></td><td></td><td></td><td></td><td></td><td></td><td></td><td></td><td></td><td></td><td></td></tr>
<tr><td colspan="2">票据种类</td><td colspan="2"></td><td colspan="13" rowspan="2"></td></tr>
<tr><td colspan="2">票据张数</td><td colspan="2"></td></tr>
<tr><td colspan="4">单位主管：　会计：　复核：　记账：</td><td colspan="13">收款人开户盖章</td></tr>
</table>

附表 115－1

饮食业专用发票

发票联

2013 年 12 月 20 日

项目：餐费

金额：1250．00

人民币(大写)壹仟贰佰伍拾元整

2013 年地税 0000684

单位(盖章)： 收款：王立志

附表 115 - 2

费用报销单

年 月 日

单位：	金额									备注
	百	十	万	千	百	十	元	角	分	
用途：										
人民币(大写)										

单位领导	财务负责人	部门负责人	报销人

附表 116 - 1

中国农业银行电汇凭证(收账通知)

委托日期 2013 年 12 月 20 日 第 51 号

汇款人	全称	万顺股份有限公司			收款人	全称	瑞丰实业股份有限公司		
	账号或住址	396456951357				账号或住址	3293290689225		
	汇出地点	长春	汇出行名称	农行北行支行		汇入地点	南汇市江都区桂花路24号	汇入行名称	工行爱民之行

金额	人民币(大写)壹拾叁万陆仟叁佰壹拾捌元整	百	十	万	千	百	十	元	角	分
		¥	1	3	6	3	1	8	0	0

汇款用途：前欠货款

上列款项已根据委托办理。如需查询，请持此回单面洽。

单位主管：张中 会计：陈叶 出纳： 记账：

汇出行盖章

2013 年 12 月 19 日

附表 117 - 1

中国工商银行利息计算凭证(收款通知)

2013 年 12 月 20 日

户 名：瑞丰实业股份有限公司									账号：3293290689225
计息时间：2013 年 11 月 20 日—2013 年 12 月 20 日									左列利息：你单位上述存款利息已收入你单位账户
计息积数共计：¥850.00									
存款利率： 月 共计 ‰	十	万	千	百	十	元	角	分	
				8	5	0	0	0	
加收：									
合 计			¥	8	5	0	0	0	(银行盖章)

附表 118 - 1

无形资产摊销计算表

年 月 日

项 目	原 值	摊余价值	本月摊销		部 门	
			比 例	金 额	车 间	公 司
合 计						

主管： 制表：

附表 119 - 1

固定资产折旧计算表

年 月 日 单位：

使用单位和固定资产类别	上月计提折旧额	上月增加的固定资产应计提的折旧额	上月减少的固定资产应计提的折旧额	本月应计提折旧额
合 计				

主管： 制表：

附表 120 - 1

中国工商银行进账单(收款通知)

年 月 日 第 号

<table>
<tr><td rowspan="3">付款人</td><td>全 称</td><td colspan="2"></td><td rowspan="3">收款人</td><td colspan="3">全 称</td><td colspan="8"></td></tr>
<tr><td>账 号</td><td colspan="2"></td><td colspan="3">账 号</td><td colspan="8"></td></tr>
<tr><td>开户行</td><td colspan="2"></td><td colspan="3">开户行</td><td colspan="8"></td></tr>
<tr><td rowspan="2">人民币
(大写)</td><td colspan="4" rowspan="2"></td><td>亿</td><td>千</td><td>百</td><td>十</td><td>万</td><td>千</td><td>百</td><td>十</td><td>元</td><td>角</td><td>分</td></tr>
<tr><td></td><td></td><td></td><td></td><td></td><td></td><td></td><td></td><td></td><td></td><td></td></tr>
<tr><td colspan="2">票据种类</td><td colspan="2"></td><td colspan="12" rowspan="3">收款人开户盖章</td></tr>
<tr><td colspan="2">票据张数</td><td colspan="2"></td></tr>
<tr><td colspan="4">单位主管： 会计： 复核： 记账：</td></tr>
</table>

附表 122－1

中国工商银行转账支票存根

支票号码：

签发日期：

收款人：
金额：
用途：
备注：

单位主管：　　会计：

中国工商银行**转账支票**											支票号码：
签发日期(大写)：　年　月　日											开户行名称：
收款人：											签发人账号：
人民币	千	百	十	万	千	百	十	元	角	分	
(大写)											
用途：											
上列款项请从											复核
我账户内支付											记账
签发人盖章											验印

附表 123－1

收　据

年　月　日　　　　第　号

今收到					
人民币(大写)				¥	
事　由				现金	
				支票第　　号	
收款单位		财务主管		收款人	

附表 124－1

南汇市电业局电费专业票据

2013 年 12 月 21 日

注　册　号			
税　　号	643329857321675	电　话	6566666
户　　名	瑞丰实业股份有限公司		
地　　址	南汇市江都区桂花路 28 号		
用　电　量	35 000 度		
电　　费	28 000.00		
附　加　费			
合　　计	(大写)贰万捌仟元整　　¥28 000.00		

附表 124－2

委托收款凭证

委托日期 2013 年 12 月 21 日

收款人	全　称	南汇市电业局	付款人	全　称	瑞丰实业股份有限公司								
	账　号	496654892357412		账　号	3293290689225								
	开户行	工行爱民支行		开户行	工行爱民支行								
托收金额	人民币(大写)	贰万捌仟元整		百	十	万	千	百	十	元	角	分	
					¥	2	8	0	0	0	0	0	
款项内容	电费	委托收款票据名称		电费结算单									
备　注：													

单位主管：申林　　审计：李志　　复核：黄清　　记账：姬珊珊

附表 124－3

电费分配表

年 月 日

分配对象	分配标准(实际工时)	分配率(单位成本)	分配金额
合 计			

财务主管： 制表：

附表 124－4

费用报销单

年 月 日

单位：				金额									备注
				百	十	万	千	百	十	元	角	分	
用途：													
人民币(大写)													
单位领导	财务负责人	部门负责人	报销人										

附表 125－1

工业商业修理修配发票

发票联

NO 0002456

委托单位：瑞丰实业股份有限公司 地址：南汇市江都区桂花路 28 号 2013 年 12 月 21 日

项 目	说 明	单 位	数 量	单 价	金额									备注
					百	十	万	千	百	十	元	角	分	
焊接水管		批	1	120					1	2	0	0	0	
合 计：人民币(大写)壹佰贰拾元整								¥	1	2	0	0	0	

复核：徐媛 收款：赵建功 开票：郑重山

附表 125－2

费用报销单

年 月 日

单位：				金额									备注
				百	十	万	千	百	十	元	角	分	
用途：													
人民币(大写)													
单位领导	财务负责人	部门负责人	报销人										

附表 126－1

领料单

领用部门：

编号：　　　　　　　　　　　　年　　月　　日

编号	类别	名　　称	规　格	单　位	数　量		金　额	
					请　领	实　发	单　价	金　额
合　计								
用途								

发料人：　　　　记账：　　　　领料部门负责人：　　　　领料人：

附表 127－1

中国工商银行现金支票存根

支票号码：

签发日期：

收款人：
金额：
用途：
备注：

单位主管：　　会计：

中国工商银行**现金支票**　　　　支票号码：

签发日期(大写)：　　年　月　日　　　　开户行名称：

收款人：　　　　签发人账号：

人民币（大写）	千	百	十	万	千	百	十	元	角	分

用途：

上列款项请从　　　　复核

我账户内支付　　　　记账

签发人盖章　　　　验印

附表 128－1

借款单

年　月　日

借款单位			金　　额									备注
			百	十	万	千	百	十	元	角	分	
人民币(大写)												
借款事由：												
单位领导	财务负责人	部门负责人	借款人									

附表 129－1

领料单

领用部门：

编号：　　　　　　　　　　　　年　　月　　日

编号	类别	名　　称	规　格	单　位	数　量		金　额	
					请　领	实　发	单　价	金　额
合　计								
用途								

发料人：　　　　记账：　　　　领料部门负责人：　　　　领料人：

附表 130－1

中国工商银行利息计算凭证(收款通知)

2013 年 12 月 22 日

户　名:瑞丰实业股份有限公司									账号:3293290689225
计息时间:2012 年 12 月 22 日—2013 年 12 月 22 日									左列利息:你单位上述存款利息已收入你单位账户 (银行盖章)
计息积数共计:¥6 000.00									
存款利率:　月　　共计　‰	十	万	千	百	十	元	角	分	
			6	0	0	0	0	9	
加收:									
合　　计		¥	6	0	0	0	0		

附表 131－1

商品零售发票

购货单位:瑞丰实业股份有限公司　　　　2013 年 12 月 22 日

货号	品名规格	单位	数量	单价	金额									备注
					百	十	万	千	百	十	元	角	分	
	计算器	台	1	56.45						5	6	4	5	
合　计人民币(大写)伍拾陆元肆角伍份									¥	5	6	4	5	

复核:　　　　　　　　　　收款:童巧英　　　　　　　　　　开票:刘美

附表 131－2

费用报销单

年　月　日

单位:				金额									备注
				百	十	万	千	百	十	元	角	分	
用途:													
人民币(大写)													
单位领导	财务负责人	部门负责人	报销人										

附表 132 - 1

中国工商银行现金存款单(回单)

年 月 日

交款单位	全称					款项来源	
	账号		开户银行			交款单位	
人民币(大写)							万 千 百 拾 元 角 分
辅币	券别	五角	贰角	壹角	五分	贰分	壹分
	张数						
							收款员 收讫 复核员
主币	券别	壹百元	五拾元	拾元	五元	贰元	壹元
	张数						

第一联 银行盖章退回

附表 133 - 1

广告业专用发票

客户名称:瑞丰实业股份有限公司 2013 年 12 月 22 日

项 目	单 位	数 量	单 价	金 额
广告制作				¥8 000.00
合 计:金 额(大写)捌仟元整				

单位(盖章) 开票人:江猛

附表 133 - 2

中国工商银行转账支票存根

支票号码:

签发日期:

收款人:
金额:
用途:
备注:

单位主管: 会计:

中国工商银行**转账支票** 支票号码:

签发日期(大写): 年 月 日 开户行名称:

收款人: 签发人账号:

人民币(大写)	千	百	十	万	千	百	十	元	角	分

用途:

上列款项请从 复核

我账户内支付 记账

签发人盖章 验印

附表 133 - 3

费用报销单

年 月 日

单位:			金额 百 十 万 千 百 十 元 角 分	备注
用途:				
人民币(大写)				
单位领导	财务负责人	部门负责人	报销人	

附表 134－1

退货申请书

奇特实业股份有限公司：

本公司于 2013 年 12 月 15 日购进贵公司靶材 2 200 块，其中有 20 块因存在严重质量问题，无法使用，请同意办理退货。

瑞丰实业股份有限公司

2013 年 12 月 23 日

附表 135－1

中国工商银行转账支票存根

支票号码：

签发日期：

收款人：
金额：
用途：
备注：

单位主管：　　会计：

中国工商银行**转账支票**　　支票号码：

签发日期(大写)：　年　月　日　　开户行名称：

收款人：　　签发人账号：

人民币（大写）	千	百	十	万	千	百	十	元	角	分

用途：

上列款项请从　　复核

我账户内支付　　记账

签发人盖章　　验印

附表 136－1

盘点报告表

单位名称：原材料仓库　　2013 年 12 月 23 日

编号	类别及名称	计量单位	单价	实存		账存		对比结果				备注
								盘盈		盘亏		
				数量	金额	数量	金额	数量	金额	数量	金额	
	靶材	块	3.5	3 078		3 080				2	70	
	帽盖	个	2.5	3 644		3 674				30	75	
	合　计										145	

附表 137－1

收　据

年　月　日　　第　号

今收到			
人民币(大写)		¥	
事　由		现金	
		支票第　号	
收款单位	财务主管	收款人	

附表 138－1

托收承付凭证(收账通知)

委托日期 2013 年 12 月 23 日

收款人	全　称	瑞丰实业股份有限公司	付款人	全　称	利鑫有限责任公司								
	账号或地址	3293290689225		账号或地址	2982259874563								
	开户银行	工行爱民支行		开户银行	农行为民支行								
委托收款金额	人民币(大写)贰拾捌万壹仟壹佰贰拾元整				百	十	万	千	百	十	元	角	分
					¥	2	8	1	1	2	0	0	0
附件		商品发运情况			交易合同号码								
寄单证张	2 张	商品已通过铁路运输			0325912								
备注	上列托收款项如超过承付期限并未拒付时即视同合同承付				付款人开户行盖章								

附表 138－2

公路运输货车统一发票

NO　045636

托运单位：瑞丰实业股份有限公司　　　　运输日期：2013 年 12 月 23 日

货物名称	起讫地址		公里	重量	计量单位	单价	运输金额
	起点	终点					
氧化膜电阻器	南汇	海伦					320.00
运费合计(大写)叁佰贰拾元整							

车号：　　　　收款单位：(盖章有效)　　　　收款人：栾玉杰

附表 138－3

增值税专用发票

记账联

开票日期：

购货单位	名称		纳税人登记号																		
	地址、电话		开户银行及账号																		
商品或劳务名		计量单位	数量	单价	金额								税率 %	税额							
					十	万	千	百	十	元	角	分		十	万	千	百	十	元	角	分
合计																					
价税合计(大写)																					
销货单位	名称		纳税人登记号																		
	地址、电话		开户银行及账号																		
备注																					

第四联　记账联　销货方记账

销货单位(章)：(印)　　　　收款人：　　　　复核：　　　　开票人：

附表 138－4

产品出库单

用途： 年 月 日 编号：

产品名称	规格型号	计量单位	出库数量	单位成本	总成本	备注

财务： 仓库主管： 仓库经手人：

附表 139－1

中国工商银行转账支票存根

支票号码：

签发日期：

收款人：
金额：
用途：
备注：

单位主管： 会计：

中国工商银行**转账支票** 支票号码：

签发日期(大写)： 年 月 日 开户行名称：

收款人： 签发人账号：

人民币（大写）	千	百	十	万	千	百	十	元	角	分

用途：

上列款项请从 复核

我账户内支付 记账

签发人盖章 验印

附表 140－1

领料单

领用部门：

编号： 年 月 日

编号	类别	名 称	规 格	单 位	数 量		金 额	
					请 领	实 发	单 价	金 额
		合 计						
用途								

发料人： 记账： 领料部门负责人： 领料人：

附表 141－1

借款单

年 月 日

借款单位				金 额									备注
				百	十	万	千	百	十	元	角	分	
人民币(大写)													
借款事由：													
单位领导	财务负责人	部门负责人	借款人										

附表 142－1

职工困难补助申请表

2013 年 12 月 23 日

<table>
<tr><td>姓名</td><td>刘林</td><td>性别</td><td>男</td><td>年龄</td><td>40</td><td>现住址</td><td colspan="2">江中路 20 号</td></tr>
<tr><td>全家人口数</td><td>4</td><td>本人工资收入</td><td>1 200</td><td>家属月收入</td><td>600</td><td>平均生活费</td><td colspan="2">450</td></tr>
<tr><td>申请补助
详细理由</td><td colspan="3">遭受火灾</td><td colspan="5">申请金额：2 000 元
（盖章或签名）</td></tr>
<tr><td>生活委员会批准意见</td><td>车间意见</td><td colspan="2">班组意见</td><td colspan="5" rowspan="2">备注</td></tr>
<tr><td>同意</td><td>同意</td><td colspan="2">同意</td></tr>
</table>

附表 143－1

中国工商银行转账支票存根

支票号码：

签发日期：

收款人：
金额：
用途：
备注：

单位主管：　　会计：

<table>
<tr><td colspan="11">中国工商银行转账支票　　　　支票号码：
签发日期（大写）：　　年　月　日　　　　开户行名称：
收款人：　　　　签发人账号：</td></tr>
<tr><td rowspan="2">人民币
（大写）</td><td>千</td><td>百</td><td>十</td><td>万</td><td>千</td><td>百</td><td>十</td><td>元</td><td>角</td><td>分</td></tr>
<tr><td></td><td></td><td></td><td></td><td></td><td></td><td></td><td></td><td></td><td></td></tr>
<tr><td colspan="11">用途：____________
上列款项请从　　　　复核
我账户内支付　　　　记账
签发人盖章　　　　验印</td></tr>
</table>

附表 143－2

无形资产入账（出账）通知单

被通知单位：　　　　年　　月　　日　　　　编号：

类别	资产编号	无形资产名称	规格型号	研制单位	数量	原值	月摊销额	使用年限	收回残值	累计摊销额	净值	使用单位	入账（出账）原因

主管：　　　　制表：

附表 144－1

服务业专用发票

客户名称：瑞丰实业股份有限公司　　2013 年 12 月 24 日

项　目	单位	数量	单价	金额
装卸费				600.00
合计金额（大写）陆佰元整				

单位（盖章）　　　　开票人：刘北放

附表 144-2

费用报销单

年 月 日

单位：	金额									备注
	百	十	万	千	百	十	元	角	分	
用途：										
人民币(大写)										

单位领导	财务负责人	部门负责人	报销人

附表 145-1

领料单

领用部门：

编号： 年 月 日

编号	类别	名称	规格	单位	数量		金额	
					请领	实发	单价	金额
合计								
用途								

发料人： 记账： 领料部门负责人： 领料人：

附表 146-1

行政事业性收费票据

缴费单位：瑞丰实业股份有限公司 2013 年 12 月 24 日

收费项目	收费依据	收费标准及数量	金额								
			百	十	万	千	百	十	元	角	分
滞纳金、罚款						1	5	0	0	0	0
合 计：人民币(大写)壹仟伍佰元整					¥	1	5	0	0	0	0
备注：			收款单位：南汇市税务局 收款人：李冰								

第二联 收据

附表 146－2

中国工商银行转账支票存根

支票号码：

签发日期：

收款人：
金额：
用途：
备注：

单位主管：　　会计：

中国工商银行转账支票										支票号码：
签发日期(大写)：　年　月　日										开户行名称：
收款人：										签发人账号：
人民币 (大写)	千	百	十	万	千	百	十	元	角	分
用途：										
上列款项请从										复核
我账户内支付										记账
签发人盖章										验印

附表 147－1

中国工商银行转账支票存根

支票号码：

签发日期：

收款人：
金额：
用途：
备注：

单位主管：　　会计：

中国工商银行转账支票										支票号码：
签发日期(大写)：　年　月　日										开户行名称：
收款人：										签发人账号：
人民币 (大写)	千	百	十	万	千	百	十	元	角	分
用途：										
上列款项请从										复核
我账户内支付										记账
签发人盖章										验印

附表 147－2

无形资产入账(出账)通知单

被通知单位：　　　　　年　　月　　日　　　　　编号：

类别	资产编号	无形资产名称	规格型号	研制单位	数量	原值	月摊销额	使用年限	收回残值	累计摊销额	净值	使用单位	入账(出账)原因

主管：　　　　制表：

附表 148 - 1

增值税专用发票

发票联

开票日期:2013 年 12 月 24 日

<table>
<tr><td rowspan="2">购货单位</td><td>名称</td><td colspan="3">瑞丰实业股份有限公司</td><td colspan="8">纳税人登记号</td><td colspan="9">643329857321675</td></tr>
<tr><td>地址、电话</td><td colspan="3">南汇市 6566666</td><td colspan="8">开户银行及账号</td><td colspan="9">工行爱民支行 3293290689225</td></tr>
<tr><td colspan="2" rowspan="2">商品或劳务名</td><td rowspan="2">计量单位</td><td rowspan="2">数量</td><td rowspan="2">单价</td><td colspan="8">金额</td><td>税率</td><td colspan="8">税额</td></tr>
<tr><td>十</td><td>万</td><td>千</td><td>百</td><td>十</td><td>元</td><td>角</td><td>分</td><td>%</td><td>十</td><td>万</td><td>千</td><td>百</td><td>十</td><td>元</td><td>角</td><td>分</td></tr>
<tr><td colspan="2">加工费</td><td></td><td></td><td></td><td></td><td></td><td></td><td>6</td><td>6</td><td>0</td><td>0</td><td>0</td><td>17</td><td></td><td></td><td></td><td>1</td><td>1</td><td>2</td><td>2</td><td>0</td></tr>
<tr><td colspan="2"></td><td></td><td></td><td></td><td></td><td></td><td></td><td></td><td></td><td></td><td></td><td></td><td></td><td></td><td></td><td></td><td></td><td></td><td></td><td></td><td></td></tr>
<tr><td colspan="2">合计</td><td></td><td></td><td></td><td></td><td></td><td>¥</td><td>6</td><td>6</td><td>0</td><td>0</td><td>0</td><td></td><td></td><td></td><td>¥</td><td>1</td><td>1</td><td>2</td><td>2</td><td>0</td></tr>
<tr><td colspan="2">价税合计(大写)</td><td colspan="11">柒佰柒拾贰元贰角整</td><td colspan="9">¥772.20</td></tr>
<tr><td rowspan="2">销货单位</td><td>名称</td><td colspan="3">江山工厂</td><td colspan="8">纳税人登记号</td><td colspan="9">785146523782065</td></tr>
<tr><td>地址、电话</td><td colspan="3">0453－6329587</td><td colspan="8">开户银行及账号</td><td colspan="9">工行爱民支行 3245591375605</td></tr>
<tr><td>备注</td><td colspan="21"></td></tr>
</table>

第二联 发票联 购货方记账

销货单位(章):(印)　　收款人:李子辉　　复核:柏心元　　开票人:刘亚丽

附表 148 - 2

公路运输货车统一发票

NO 045629

托运单位:江山工厂　　运输日期:2013 年 12 月 24 日

<table>
<tr><td rowspan="2">货物名称</td><td colspan="2">起讫地址</td><td rowspan="2">公里</td><td rowspan="2">重量</td><td rowspan="2">计量单位</td><td rowspan="2">单价</td><td rowspan="2">运输金额</td></tr>
<tr><td>起点</td><td>终点</td></tr>
<tr><td>包装箱</td><td>南汇</td><td>南汇</td><td></td><td></td><td></td><td></td><td>40.00</td></tr>
<tr><td colspan="8">运费合计(大写)肆拾元整</td></tr>
</table>

车号:　　收款单位:(盖章有效)　　收款人:江林

附表 148 - 3

中国工商银行转账支票存根

支票号码:

签发日期:

收款人:
金额:
用途:
备注:

单位主管:　　会计:

中国工商银行**转账支票**　　支票号码:

签发日期(大写):　　年　月　日　　开户行名称:

收款人:　　签发人账号:

人民币(大写)	千	百	十	万	千	百	十	元	角	分

用途:

上列款项请从　　复核

我账户内支付　　记账

签发人盖章　　验印

附表 148－4

入库单

年　月　日　　　　发票号码：NO

材料编号	材料名称及规格	计量单位	数量		价格		运杂费	合计
			应收	实收	单价	金额		
合计								

第三联　记账联

仓库负责人：　　材料会计：　　收料人：　　经办人：　　制单：

附表 148－5

费用报销单

年　月　日

单位：	金额									备注
	百	十	万	千	百	十	元	角	分	
用途：										
人民币（大写）										

单位领导	财务负责人	部门负责人	报销人

附表 149－1

贴现凭证（收账通知）

填写日期：2013 年 12 月 24 日　　　　第 5401 号

申请人	全称	瑞丰实业股份有限公司	贴现汇票	种类	商业承兑汇票	号码	AG067911
	账号	3293290689225		签发日	2013 年 12 月 20 日		
	开户银行	工行爱民支行		到期日	2014 年 3 月 20 日		
汇票承兑人（或承兑申请人）	名称	瑞丰实业股份有限公司	账号	329329 06689225	开户银行	工行爱民支行	

汇票金额（即贴现金额）	人民币（大写）壹拾壹万柒仟玖佰叁拾陆元整	千	十	万	千	百	十	元	角	分
		¥	1	1	7	9	3	6	0	0

贴现率（每年）	贴现利息额	万	千	百	十	元	角	分	实付金额	千	十	万	千	百	十	元	角	分
8%		¥	2	2	5	3	8	9		¥	1	1	5	6	8	2	1	1

上述款项已转入你单位账户 银行盖章 2013 年 12 月 24 日	备注：

附表 149－2

中国工商银行进账单(收款通知)

年　月　日　　　　　　第　　号

<table>
<tr><td rowspan="3">付
款
人</td><td>全　称</td><td></td><td rowspan="3">收
款
人</td><td colspan="2">全　称</td><td colspan="9"></td></tr>
<tr><td>账　号</td><td></td><td colspan="2">账　号</td><td colspan="9"></td></tr>
<tr><td>开户行</td><td></td><td colspan="2">开户行</td><td colspan="9"></td></tr>
<tr><td rowspan="2">人民币
(大写)</td><td colspan="3" rowspan="2"></td><td>亿</td><td>千</td><td>百</td><td>十</td><td>万</td><td>千</td><td>百</td><td>十</td><td>元</td><td>角</td><td>分</td></tr>
<tr><td></td><td></td><td></td><td></td><td></td><td></td><td></td><td></td><td></td><td></td><td></td></tr>
<tr><td colspan="2">票据种类</td><td></td><td colspan="12" rowspan="3">收款人开户盖章</td></tr>
<tr><td colspan="2">票据张数</td><td></td></tr>
<tr><td colspan="3">单位主管：　会计：　复核：　记账：</td></tr>
</table>

附表 150－1

事业单位往来资金结算票据

2013 年 12 月 24 日

交款单位(个人)　瑞丰实业股份有限公司

人民币(大写)　肆仟元整　　¥4 000.00

交款事项　学费

收款单位盖章：　　　　收款人盖章：林光

附表 150－2

费用报销单

年　月　日

<table>
<tr><td colspan="4" rowspan="2">单位：</td><td colspan="9">金　额</td><td rowspan="2">备注</td></tr>
<tr><td>百</td><td>十</td><td>万</td><td>千</td><td>百</td><td>十</td><td>元</td><td>角</td><td>分</td></tr>
<tr><td colspan="4">用途：</td><td></td><td></td><td></td><td></td><td></td><td></td><td></td><td></td><td></td><td></td></tr>
<tr><td colspan="4">人民币(大写)</td><td colspan="9"></td><td></td></tr>
<tr><td>单位领导</td><td>财务负责人</td><td>部门负责人</td><td colspan="10">报销人</td><td></td></tr>
<tr><td></td><td></td><td></td><td colspan="10"></td><td></td></tr>
</table>

附表 151 - 1

中国银行转账支票

支票号码：

签发日期：贰零壹叁年拾贰月贰拾肆日　　开户银行名称：

收款人：瑞丰实业股份有限公司　　签发人账号：

本支票付款期限十天

人民币(大写)伍万叁仟叁佰元整	十	万	千	百	十	元	角	分
	¥	5	3	3	0	0	0	0

用途：补付货款　　科目(借)

上列款项请从我户内支付　　对方科目(贷)

转账日期　　年　　月　　日

签发人盖章　　复核：刘丽　　记账：张娟

附表 151 - 2

中国工商银行进账单(收款通知)

年　　月　　日　　第　　号

付款人	全　称		收款人	全　称										
	账　号			账　号										
	开户行			开户行										
人民币(大写)				亿	千	百	十	万	千	百	十	元	角	分
票据种类														
票据张数														
单位主管：　会计：　复核：　记账：				收款人开户盖章										

附表 152 - 1

增值税专用发票

记账联

开票日期：

购货单位	名称				纳税人登记号																		
	地址、电话				开户银行及账号																		
商品或劳务名		计量单位	数量	单价	金额								税率%	税额							
					十	万	千	百	十	元	角	分		十	万	千	百	十	元	角	分
合计																					
价税合计(大写)																					
销货单位	名称				纳税人登记号																
	地址、电话				开户银行及账号																
备注																					

第四联记账联　销货方记账

销货单位(章)：(印)　　收款人：　　复核：　　开票人：

附表 152－2

产品出库单

用途： 年 月 日 编号：

产品名称	规格型号	计量单位	出库数量	单位成本	总成本	备注

财务： 仓库主管： 仓库经手人：

附表 152－3

中国工商银行转账支票存根

支票号码：

签发日期：

收款人：
金额：
用途：
备注：

单位主管： 会计：

中国工商银行**转账支票** 支票号码：

签发日期(大写)： 年 月 日 开户行名称：

收款人： 签发人账号：

人民币（大写）	千	百	十	万	千	百	十	元	角	分

用途：

上列款项请从 复核

我账户内支付 记账

签发人盖章 验印

附表 152－4

中国工商银行进账单(收款通知)

年 月 日 第 号

付款人	全　称		收款人	全　称	
	账　号			账　号	
	开户行			开户行	

人民币（大写）	亿	千	百	十	万	千	百	十	元	角	分

票据种类		
票据张数		
单位主管： 会计： 复核： 记账：		收款人开户盖章

附表 153－1

行政事业性收费票据

缴费单位:瑞丰实业股份有限公司　　2013 年 12 月 25 日

收费项目	收费依据	收费标准及数量	金额 百	十	万	千	百	十	元	角	分
审计费						5	0	0	0	0	0
合　计:人民币(大写)伍仟元整					¥	5	0	0	0	0	0
备注:			收款单位:南汇市审计局 收款人:张国珍								

第二联 收据

附表 153－2

中国工商银行转账支票存根

支票号码:

签发日期:

收款人:
金额:
用途:
备注:

单位主管:　　会计:

中国工商银行**转账支票**　　支票号码:

签发日期(大写):　　年　月　日　　开户行名称:

收款人:　　签发人账号:

人民币 (大写)	千	百	十	万	千	百	十	元	角	分

用途:________________

上列款项请从　　复核

我账户内支付　　记账

签发人盖章　　验印

附表 155－1

固定资产盘点报告表

单位名称:一车间　　2013 年 12 月 25 日

固定资产名称	固定资产型号规格	盘盈 数量	盘盈 重置价值	盘盈 估计折旧	盘亏 数量	盘亏 原始价值	盘亏 已提折旧	原因
切割机	NLP5306	1	10 000	3 000				账外资产
处理意见	清查小组：调整账面价值并报批经。签章:李阳	设备部门：设备内部转移手续不完备所致。签章:王雪飞			领导审批：同意转作以前年度损益调整。签章:刘相平　2013 年 12 月 25 日			

复核:刘实在　　制表:江丰洋

附表 156－1

中国工商银行现金支票存根
支票号码：
签发日期：

收款人：
金额：
用途：
备注：

单位主管：　　会计：

中国工商银行现金支票　　支票号码：

签发日期(大写)：　年　月　日　　开户行名称：

收款人：　　签发人账号：

人民币（大写）	千	百	十	万	千	百	十	元	角	分

用途：________

上列款项请从　　复核
我账户内支付　　记账
签发人盖章　　验印

附表 157－1

工资结算汇总表

年　月　日

部　门	计时工资	计件工资	奖金	津贴补贴	加班点工资	缺勤应扣工资	应付工资	代扣款项				实发工资
								水电费	医疗保险	个税	合计	
合　计												

复核：　　制表：

附表 158－1

现金盘点报告表

年　月　日

名称	单位	单价	账面数	实存数	盘盈数		盘亏数		盘亏原因	备注
					数量	金额	数量	金额		
合计										

部门主管：　　出纳员：　　复核人：

附表 159－1

应交车船税计算表

年　月　日

项　目	单　位	车船数量	年基准税额	应缴车船税
合　计				

主管：　　审核：　　制单：

附表 160－1

中国工商银行转账支票存根

支票号码：

签发日期：

收款人：
金额：
用途：
备注：

单位主管： 会计：

中国工商银行**转账支票** 支票号码：

签发日期(大写)： 年 月 日 开户行名称：

收款人： 签发人账号：

人民币 (大写)	千	百	十	万	千	百	十	元	角	分

用途：

上列款项请从 复核

我账户内支付 记账

签发人盖章 验印

附表 160－2

费用报销单

年 月 日

				金额									备注
单位：				百	十	万	千	百	十	元	角	分	
用途：													
人民币(大写)													
单位领导	财务负责人	部门负责人	报销人										

附表 161－1

领料单

领用部门：

编号： 年 月 日

编号	类别	名称	规格	单位	数量		金额	
					请领	实发	单价	金额
合计								
用途								

发料人： 记账： 领料部门负责人： 领料人：

附表 162－1

中国工商银行进账单(收款通知)

年 月 日 第 号

付款人	全称		收款人	全称										
	账号			账号										
	开户行			开户行										
人民币 (大写)			亿	千	百	十	万	千	百	十	元	角	分	
票据种类														
票据张数														
单位主管： 会计： 复核： 记账：			收款人开户盖章											

附表 163-1

公路运输货车统一发票

NO 943262

托运单位:皇家公司　　　　运输日期:2013 年 12 月 26 日

货物名称	起讫地址		公里	重量	计量单位	单价	运输金额
	起点	终点					
油漆	江中	南汇		3	吨公里	20	210.00
运费合计(大写)贰佰壹拾元整							

车号:　　　　收款单位:(盖章有效)　　　　收款人:何波

地址:

附表 163-2

增值税专用发票

发票联

开票日期:2013 年 12 月 26 日

购货单位	名称	瑞丰实业股份有限公司	纳税人登记号								643329857321675								
	地址、电话	南汇市 6566666	开户银行及账号								工行爱民支行 3293290689225								
商品或劳务名		计量单位	数量	单价	金额								税率%	税额							
					十	万	千	百	十	元	角	分		十	万	千	百	十	元	角	分
油漆		桶	700	85		5	9	5	0	0	0	0	17		1	0	1	1	5	0	0
合计					¥	5	9	0	0	0	0	0		¥	1	0	1	1	5	0	0
价税合计(大写)		陆万玖仟陆佰壹拾伍元整												¥69 615.00							
销货单位	名称	皇家公司			纳税人登记号								785146523782030								
	地址、电话	0451—59871158			开户银行及账号								工行王冠支行 3245591375610								
备注																					

第二联发票联　销货方记账

销货单位(章):(印)　　　　收款人:程理　　　　复核:王开　　　　开票人:姜晶

附表 163-3

入库单

年　月　日　　　　发票号码:NO

材料编号	材料名称及规格	计量单位	数量		价格		运杂费	合计
			应收	实收	单价	金额		
合计								

第三联　记账联

仓库负责人:　　　　材料会计:　　　　收料人:　　　　经办人:　　　　制单:

附表 165－1

收 据

年 月 日 第 号

今收到					
人民币(大写)			￥		
事 由			现金		
			支票第 号		
收款单位		财务主管		收款人	

附表 166－1

应交营业税计算表

年 月 日

项 目	应纳税营业额	税 率	已缴营业税	应缴营业税
合 计				

主管： 审核： 制单：

附表 167－1

股票公允价值变动表

年 月 日

股票名称	股数	成本	公允价值变动后余额	公允价值变动前余额	当期公允价值变动
合计					

主管： 审核： 制表：

附表 168－1

领料单

领用部门：

编号： 年 月 日

编号	类别	名 称	规 格	单 位	数 量		金 额	
					请 领	实 发	单 价	金 额
合 计								
用途								

发料人： 记账： 领料部门负责人： 领料人：

附表 169－1

应收股利表

年 月 日

被投资单位	投资金额	应收股利	应计科目
合 计			

主管： 审核： 制表：

附表 170－1

入库单

年 月 日 发票号码：NO

材料编号	材料名称及规格	计量单位	数量		价格		运杂费	合计
			应收	实收	单价	金额		
合计								

第三联 记账联

仓库负责人： 材料会计： 收料人： 经办人： 制单：

附表 171－1

电子转账凭证

币别： 委托日期：2013 年 12 月 27 日 凭证编号：

汇款人	全 称	利鑫有限责任公司	收款人	全 称	瑞丰实业股份有限公司
	账 号	2982259874563		账 号	3293290689225
	汇出地点	佳木斯市		汇入地点	南汇市
汇出行名称		农行为民支行	汇入行名称		工行爱民支行

金额	人民币（大写）贰拾捌万壹仟壹佰贰拾元整	百	十	万	千	百	十	元	角	分
		¥	2	8	1	1	2	0	0	0

附加信息及用途： （银行盖章）	支付密码 根据中国农业银行 客户 号电子指令，上述款项已民由 支付。 客户经办人员： 复核： 记账：

主管： 授权： 复核： 录入：

附表 172－1

应交城市维护建设税、教育费附加计算表

年 月 日

税 种	计税依据				税 率	应纳税金额
	增值税	营业税	消费税	合计		
合 计						

主管： 审核： 制单：

附表 173-1

中国工商银行进账单(收款通知)

年　月　日　　　　　　　　第　号

<table>
<tr><td rowspan="3">付款人</td><td>全　称</td><td colspan="2"></td><td rowspan="3">收款人</td><td colspan="2">全　称</td><td colspan="9"></td></tr>
<tr><td>账　号</td><td colspan="2"></td><td colspan="2">账　号</td><td colspan="9"></td></tr>
<tr><td>开户行</td><td colspan="2"></td><td colspan="2">开户行</td><td colspan="9"></td></tr>
<tr><td rowspan="2">人民币
(大写)</td><td colspan="4" rowspan="2"></td><td>亿</td><td>千</td><td>百</td><td>十</td><td>万</td><td>千</td><td>百</td><td>十</td><td>元</td><td>角</td><td>分</td></tr>
<tr><td></td><td></td><td></td><td></td><td></td><td></td><td></td><td></td><td></td><td></td><td></td></tr>
<tr><td colspan="2">票据种类</td><td></td><td colspan="13" rowspan="2"></td></tr>
<tr><td colspan="2">票据张数</td><td></td></tr>
<tr><td colspan="3">单位主管：　会计：　复核：　记账：</td><td colspan="13">收款人开户盖章</td></tr>
</table>

附表 174-1

南汇市瑞丰实业股份有限公司
存货盘亏处理通知单

2013 年 12 月 28 日

经审查短缺材料 2 块靶材和 30 个帽盖是仓库被盗造成的,应由保管员刘温施赔偿 20%,其余作管理费用处理。

财务主管:柏大伟　　仓库主管:苏小波　　副总经理:刘相平
2013 年 12 月 28 日　　2013 年 12 月 28 日　　2013 年 12 月 28 日

附表 175-1

中华人民共和国税收缴款书

隶属关系：　　　　　　　　征收机关：
经济类型：　　　　填发日期：

<table>
<tr><td rowspan="4">缴款单位人</td><td>代码</td><td colspan="2"></td><td rowspan="3">预算科目</td><td>款</td><td colspan="2"></td></tr>
<tr><td>全称</td><td colspan="2"></td><td>项</td><td colspan="2"></td></tr>
<tr><td>开户银行</td><td colspan="2"></td><td>级次</td><td colspan="2"></td></tr>
<tr><td>账号</td><td colspan="2"></td><td colspan="2">收缴国库</td><td colspan="2"></td></tr>
<tr><td colspan="4">税款所属时间</td><td colspan="4">税款限缴日期</td></tr>
<tr><td colspan="2">品　目
名　称</td><td>课税数量</td><td>计税金额
或销售收入</td><td colspan="2">税率或
单位税额</td><td>已缴或
扣除额</td><td>实缴金额</td></tr>
<tr><td colspan="2"></td><td></td><td></td><td colspan="2"></td><td></td><td></td></tr>
<tr><td colspan="2">金额合计</td><td colspan="2"></td><td colspan="4"></td></tr>
<tr><td colspan="2">缴款单位(人)
(盖章)

经办人(章)</td><td>税务机关
(盖章)

填票人(章)</td><td colspan="4">上列款项已收妥并划转收款单位账户
国库(银行)盖章
年　月　日</td><td>备注：</td></tr>
</table>

逾期不缴按税法规定加收滞纳

附表 176 - 1

中国工商银行电汇凭证(回单)

委托日期 年 月 日 第 号

汇款人	全称				收款人	全称			
	账号或住址					账号或住址			
	汇出地点		汇出行名称			汇入地点		汇入行名称	
金额	人民币(大写)					百 十 万 千 百 十 元 角 分			
汇款用途：						汇出行盖章			

上列款项已根据委托办理。如需查询,请持此回单面洽。

单位主管： 会计： 出纳： 记账：

汇出行盖章

年 月 日

附表 177 - 1

电子转账凭证

币别： 委托日期：2013 年 12 月 29 日 凭证编号：

汇收款	全 称	虹桥股份有限公司	收款人	全 称	瑞丰实业股份有限公司
	账 号	2982259874582		账 号	3293290689225
	汇出地点	沈阳市		汇入地点	南汇市
汇出行名称		农行沈河支行	汇入行名称		工行爱民支行

金额	人民币(大写) 壹拾万零伍仟元整	百	十	万	千	百	十	元	角	分
		¥	1	0	5	0	0	0	0	0

附加信息及用途： (银行盖章)	支付密码 根据中国农业银行 客户 号电子指令,上述款项已民由 支付。 客户经办人员： 复核： 记账：

主管： 授权： 复核： 录入：

附表 178 - 1

收 据

年 月 日 第 号

今收到			
人民币(大写)		¥	
事 由		现金	
		支票第 号	
收款单位	财务主管	收款人	

附表 178－2

差旅费报销单

单位：　　　　　　　　　　　　　　年　　月　　日

出发地			到达地			公出补助			车船飞机费	卧铺	住宿费	市内车费	邮电费	其他	合计
月	日	地点	月	日	地点	天数	标准	金额							
小计															
合计人民币(大写)：															
备注：预支　　　　核销　　　　退补															

主管：　　　　　部门：　　　　　公出人姓名：　　　　　审核人：

附表 179－1

坏账准备计提表

年　　月　　日

项　　目	账面余额	计提比例	应计提准备数	账面已提数	应补提(或冲减)数
应收账款					
其他应收款					
合　　计					

主管：　　　　　制表：

附表 180－1

制造费用分配表

年　　月　　日

分配对象(产品)	分配标准(实际工时)	分配率(单位成本)	分配金额
合　　计			

财务主管：　　　　　制表：

附表 181－1

中国工商银行转账支票存根

支票号码：

签发日期：

收款人：
金额：
用途：
备注：

单位主管：　　会计：

中国工商银行**转账支票**　　　　支票号码：

签发日期(大写)：　　年　月　日　　　　开户行名称：

收款人：　　　　　　　　　　　　　　签发人账号：

人民币(大写)	千	百	十	万	千	百	十	元	角	分

用途：________________

上列款项请从　　　　　　　　复核

我账户内支付　　　　　　　　记账

签发人盖章　　　　　　　　　验印

附表 181-2

中华人民共和国税收缴款书

隶属关系：　　　　　　　　　　　　　　　　　　　　征收机关：

经济类型：　　　　　　填发日期：

缴款单位人	代码		预算科目	款		
	全称			项		
	开户银行			级次		
	账号		收缴国库			
税款所属时间			税款限缴日期			
品目名称	课税数量	计税金额或销售收入	税率或单位税额	已缴或扣除额	实缴金额	
金额合计						
缴款单位(人)(盖章) 经办人(章)	税务机关(盖章) 填票人(章)	上列款项已收妥并划转收款单位账户 国库(银行)盖章 年　月　日			备注：	

逾期不缴按税法规定加收滞纳

附表 182-1

完工产品成本计算表

生产车间：　　　　　　年　月　日　　　　　　金额单位:元

项　目	产品名称：	产品数量：
	总　成　本	单　位　成　本
直接材料		
直接人工		
其他直接费用		
制造费用		
合　计		

财务主管：　　　　　　复核：　　　　　　制单：

附表 182-2

完工产品成本计算表

生产车间：　　　　　　年　月　日　　　　　　金额单位:元

项　目	产品名称：	产品数量：
	总　成　本	单　位　成　本
直接材料		
直接人工		
其他直接费用		
制造费用		
合　计		

财务主管：　　　　　　复核：　　　　　　制单：

附表 182－3

产品入库单

年 月 日

交库单位：							凭证编号： 产品仓库： 号		
产品编号	产品名称	规格	计量单位	交付数量	检验结果		实收数量	单价	金额
					合格	不合格			
备注							合计		

经办人： 验收： 保管员： 制单：

附表 183－1

已销产品成本计算表

年 月 日 金额单位:元

产品名称	计量单位	月初结存		本月入库		本月销售	
		数量	总成本	数量	总成本	数量	总成本
合计							

主管： 审核： 制表：

附表 184－1

所得税计算表

年 月 日 单位:元

会计利润	纳税调整增减额	应纳税所得额	税率(%)	所得税额

财务主管： 复核： 制表：

附表 185－1

提取法定盈余公积计算表

年 月 日

项目	金额
净利润	
减:弥补企业以前年度亏损	
计提盈余公积基数	
本期计提法定盈余公积金	

财务主管： 复核： 制表：

附表 186－1

提取任意盈余公积计算表

年　　月　　日

项　　目	金　　额
净利润	
减：弥补企业以前年度亏损	
计提盈余公积基数	
本期计提任意盈余公积金	

财务主管：　　　　复核：　　　　制表：

附表 187－1

应付股利分配表

年　　月　　日

项　　目	分配股利基数	分配比例	分配金额
合　计			

财务主管：　　　　复核：　　　　制表：

附表 189－1

中国工商银行转账支票存根

支票号码：

签发日期：

收款人：
金额：
用途：
备注：

单位主管：　　会计：

中国工商银行**转账支票**　　　　支票号码：

签发日期(大写)：　　年　月　日　　　　开户行名称：

收款人：　　　　签发人账号：

人民币(大写)	千	百	十	万	千	百	十	元	角	分

用途：____________

上列款项请从　　　　复核

我账户内支付　　　　记账

签发人盖章　　　　验印

附表 189－2

中华人民共和国税收缴款书

隶属关系：　　　　征收机关：

经济类型：　　　　填发日期：

缴款单位人	代码		预算科目	款	
	全称			项	
	开户银行			级次	
	账号		收缴国库		
税款所属时间			税款限缴日期		

品目名称	课税数量	计税金额或销售收入	税率或单位税额	已缴或扣除额	实缴金额
金额合计					

缴款单位(人)(盖章)经办人(章)	税务机关(盖章)填票人(章)	上列款项已收妥并划转收款单位账户国库(银行)盖章年　月　日	备注：

逾期不缴按税法规定加收滞纳

附表 190－1

中国工商银行贷款还款凭证

收款日期　　年　　月　　日　　　　　　　　号码：

<table>
<tr><td>借款单位名称</td><td colspan="3"></td><td colspan="2">贷款账号</td><td colspan="3"></td><td>结算账号</td><td colspan="2"></td></tr>
<tr><td rowspan="2">还款金额（大写）</td><td rowspan="2"></td><td>千</td><td>百</td><td>十</td><td>万</td><td>千</td><td>百</td><td>十</td><td>元</td><td>角</td><td>分</td></tr>
<tr><td></td><td></td><td></td><td></td><td></td><td></td><td></td><td></td><td></td><td></td></tr>
<tr><td rowspan="2">贷　款
种　类</td><td rowspan="2"></td><td colspan="5">借出日期</td><td colspan="5">原约定还款日期</td></tr>
<tr><td colspan="5"></td><td colspan="5"></td></tr>
<tr><td colspan="6">上述借款请从本单位　　　　　　存款账户
中支付。

借款单位盖章</td><td colspan="6">会计分录：
收：
付：
复核员　　　　　　记账员</td></tr>
</table>

参 考 文 献

[1]财政部会计司法编写组.企业会计准则[M].北京:经济科学出版社,2006.

[2]中华人民共和国财政部.企业会计准则应用指南[M].北京:中国财政经济出版社,2006.

[3]财政部会计司编写组.企业会计准则讲解[M].北京:人民出版社,2008.

[4]王新钢.财务会计实训[M].北京:中国经济出版社,2007.

[5]刘喜波,崔莉莉.会计综合模拟实训[M].北京:机械工业出版社,2012.

[6]杨春兰,周凤.会计模拟实务[M].北京:机械工业出版社,2008.

[7]李凤田,石伟.财务会计实训[M].北京:冶金工业出版社,2008.

[8]刘尚林.财务会计习题集[M].4版.北京:高等教育出版社,2006.

[9]王满亭.基础会计模拟实训教程[M].2版.北京:电子工业出版社,2011.

图书在版编目(CIP)数据

财务会计模拟实训 / 安春梅，张正环，李清主编.
—西安：西安交通大学出版社，2014.6
高职高专“十二五”会计及财务管理类专业系列规划教材
ISBN 978-7-5605-6395-4

Ⅰ.①财… Ⅱ.①安… ②张… ③李… Ⅲ.①财务会计
—高等职业教育—教材 Ⅳ.①F234.4

中国版本图书馆 CIP 数据核字(2014)第 142543 号

书　　名 财务会计模拟实训
主　　编 安春梅　张正环　李　清
责任编辑 祝翠华

出版发行 西安交通大学出版社
（西安市兴庆南路 10 号　邮政编码 710049）
网　　址 http://www.xjtupress.com
电　　话 (029)82668357　82667874(发行中心)
(029)82668315　82669096(总编办)
传　　真 (029)82668280
印　　刷 陕西元盛印务有限公司

开　　本 787 mm×1092 mm　1/16　**印张** 19.625　**字数** 474 千字
版次印次 2014 年 6 月第 1 版　2014 年 6 月第 1 次印刷
书　　号 ISBN 978-7-5605-6395-4/F·428
定　　价 36.80 元

读者购书、书店添货、如发现印装质量问题，请与本社发行中心联系、调换。
订购热线：(029)82665248　(029)82665249
投稿热线：(029)82668133　(029)82665375
读者信箱：xj_rwjg@126.com

版权所有　侵权必究